政府与社会资本合作（PPP）融资新渠道

康珑 李晴 ◎主编

New Financing Channels for Public-Private Partnership (PPP)

中国法制出版社
CHINA LEGAL PUBLISHING HOUSE

政府与社会资本合作（PPP）
融资新渠道

主　　编：康　珑　李　晴

编委会成员：申　晨　伍晓雯　闫若冰　程步然　吴子瑶
冯雪倩　郑　壮　张海鑫　高　智　张　月
方崇兰　刘雁莹　李　昱　陈宝妮　肖　可
吴　北　姜佳慧　周李倩　南　茜　陈　茜

目 录

CONTENTS

第三章

通过开发性金融实现 PPP 融资

第四章

利用保险资金进行 PPP 融资

第五章

通过信托实现 PPP 项目的融资

第八章

通过 SPV 在新三板挂牌实现 PPP 项目的融资

第九章

通过发行企业债券实现 PPP 融资

第十章

通过非公开定向债务融资工具实现 PPP 融资

第十三章

通过“债贷组合”实现 PPP 融资

第十四章

通过商业银行专项金融债实现 PPP 融资

第十五章

通过小微企业增信集合债实现 PPP 融资

第一章

通过银行贷款实现 PPP 项目的融资

一、银行贷款概述

截至 2018 年 7 月底，全国政府和社会资本合作（PPP）综合信息平台项目库累计入库项目 7867 个、投资额 11.8 万亿元。其中，已签约落地项目 3812 个、投资额 6.1 万亿元，已开工项目 1762 个、投资额 2.5 万亿元[①]，PPP 市场发展前景广阔。中国银行业协会发布的《中国银行业发展报告 2017》(以下简称《报告》)指出，商业银行作为全社会资金配置的重要中介载体，已成为 PPP 资金来源不可忽视的供给主体。目前，银行参与 PPP 项目融资的主要方式包括信贷形式、PPP 基金、投贷联动等。商业银行参与 PPP 项目，不仅可以在一定程度上缓解银行资产荒的压力，同时还能有效提升银行的经营管理水平。一方面，银行为 PPP 项目提供了多元化的融资渠道，包括贷款、投行、保险、信托等；另一方面，银行积极参与项目的设计、开发等顾问服务，为项目开发提供咨询。[②]但商业银行在全程参与 PPP 项目中提供全方位金融服务的同时也面临一些困难。

目前，在我国已落地的 PPP 项目中，银行资金仍是主要来源。《国务院关于加强地方政府性债务管理的意见》[③]发布以后，地方政府债务增长受限，银行失去一个重要的业务领域，而同时我国城镇化建设、基础设施建设、市政工程建设等公共设施的建设需求还很大，因此，PPP 项目成为商业银行重要的贷款投向，

---

① 《全国入库 PPP 项目投资额超 11 万亿》，载 http://www.sohu.com/a/253304907_115865。

② 中国银行业协会：《商业银行可全程为 PPP 项目提供全方位金融服务》，载 http://finance.sina.com.cn/stock/t/2017-08-04/doc-ifyiswpt5396637.shtml，最后访问日期 2018 年 7 月 12 日。

③ 2014 年 9 月 21 日，国务院以国发〔2014〕43 号印发《关于加强地方政府性债务管理的意见》。该意见分总体要求、加快建立规范的地方政府举债融资机制、对地方政府债务实行规模控制和预算管理、控制和化解地方政府性债务风险、完善配套制度、妥善处理存量债务和在建项目后续融资、加强组织领导 7 部分。该意见提出，赋予地方政府依法适度举债融资权限，加快建立规范的地方政府举债融资机制。同时，该意见坚决制止地方政府违法违规举债。

PPP 也将成为城投债的替代和延伸。[①]

二、银行贷款的形式及特点

（一）单一银行贷款

银行贷款是银行作为贷款人，按照一定的贷款原则和政策，以还本付息为条件，将一定数量的资金提供给借款人使用的一种借贷行为。对于规模不大的 PPP 项目贷款，单家银行即可自行作出贷款决定。如财政部示范项目安徽省安庆市外环北路工程 PPP 项目的投资除项目公司的资金外其余为国开行安徽省分行的银行贷款，贷款期限 11 年，贷款利率为当期 5 年以上人民币贷款基准利率 4.9%，于 2015 年 8 月 26 日完成首笔贷款拨付。[②]

（二）银团贷款

银团贷款是由两家或两家以上银行基于相同贷款条件，依据同一贷款合同，按约定时间和比例，通过代理行向借款人提供的本外币贷款或授信业务。参与银团贷款的成员大致可分为三个层次：安排行或牵头行或牵头行小组及副牵头行、经理行或高级经理行及副经理行、参加行。

相较于传统的银行贷款，对于融资者来说，它有以下优势：

其一，银团贷款能使其获得来源长期稳定且金额稳定的资金。

其二，有利于借款人树立良好的市场形象。银团成功的组建是基于各参与行对借款人财务和经营情况的充分认可，借款人可以借此业务机会扩大声誉。

同时，银团贷款对于银行来说也具有很大的优势：

第一，有利于分散银行所承担的风险。单家银行会由于信息不对称等方面的原因难以全面地把握客户的风险，而银团贷款可以整合各家资源，各贷款行按照各自承担的贷款比例承担风险，可以分散基于贷款过度集中引起的触碰监管底线的风险以及信贷风险。

---

① 曾林峰：《银行参与 PPP 项目分析》，载《中国金融》2016 年第 23 期。

② 财政部政府和社会资本合作中心编著：《PPP 示范项目案例编选（第一辑）》，中国财经出版传媒集团 2016 年版。

第二，避免银行间的恶性竞争。银团贷款是基于相同的贷款条件，使用相同的贷款协议，各成员间互相独立，互不承担连带责任，可以避免银行间的恶性竞争。银团贷款项目融资额度大，期限长，参加行多，可以促进各银行间的合作，就项目贷款的各方面达成一致意见，提高银行信贷资源配置的效率。

第三，有利于银行增加中间业务收入。银团费用是银团贷款参与行的一项中间业务收入，国际先进银行往往通过牵头组织银团贷款获取额外的银团费用收入，大力发展银团贷款，争取合理的银团费用收入，有利于商业银行拓宽收费渠道，增加中间业务收入。

三、银行贷款的特殊性及与 PPP 的契合性

（一）银行贷款的特殊性

银行主要通过项目贷款的形式为 PPP 项目提供贷款。项目贷款①是针对单一项目公司进行贷款的，以项目产生的现金流作为还款来源，与社会资本隔离，是国际上常用的项目融资方法。项目贷款的资金来源主要是银行资金、信托资金、企业委托资金等。项目贷款一般是长期贷款，不仅期限较长，而且能够通过有限追索，实现风险隔离。

（二）银行贷款与 PPP 的契合性

PPP 项目融资涉及的领域相当广泛，主要包括医疗卫生、交通通信、国防事业、自然资源和水利工程、公共基础设施等惠民工程等。PPP 项目周期漫长，需要长时间占用资金，投资回报期限一般在 10 年以上，而银行作为主要的资金来源方，有能力为 PPP 项目提供长期资金。当 PPP 项目融资规模较大，单一银行出于规模、资本金、期限、风险等因素，完全承接存在难度时，通常会联合多家银行组团进行贷款，从而分散风险。PPP 项目由于其公共服务的属性，往往期限长、投资大、风险管理要求高，银团贷款在该领域的应用具有良好的契合度。如安徽省池州市主城区污水处理及市政排水设施 PPP 项目总规模 20.54 亿元，

---

① 《PPP：项目贷款及具体形式》，载 http://www.sohu.com/a/150702957_498910，最后访问日期 2018 年 7 月 12 日。

合作期 26 年。项目贷款 4.99 亿元，是由国家开发银行股份有限公司（牵头行）、中国农业银行股份有限公司池州分行、中国建设银行股份有限公司池州市分行、中国银行股份有限公司池州分行、中国工商银行股份有限公司池州分行组成的银团提供的，以项目特许经营权下的应收账款为质押，贷款期限 15 年（含 2 年宽限期），贷款利率为 5 年以上央行贷款基准利率下浮 10%，每个利率调整日调整一次。PPP 项目由于其公共服务的属性，往往期限长、投资大、风险管理要求高，银团贷款在该领域的应用具有良好的契合度。另外，越多的 PPP 项目就会给银行创造更多的贷款客户，同时能为银行创造提供综合金融服务的机会。

四、银团贷款的投资决策流程

（一）一级市场投资决策流程[①]

1. 项目识别。具体步骤为：第一，业务发起，银行根据借款人或项目的具体背景确立市场营销目标，分析和评估贷款，争取业务机会；第二，融资结构设计，经过充分沟通，根据借款人需求和项目特点，量身设计融资结构和条件，使得其既符合借款人需求和项目特点，又能够被市场接受；第三，信贷审批，潜在委托安排行内部完成；第四，投标建议书提交，银行获得借款人委托安排，争取借款人的银团筹组委托书。

2. 组建银团。具体步骤为：第一，信息备忘录准备，获得委托书后，委托安排行尽快组织收集信息，编写项目信息备忘录；第二，银团分销，向有兴趣参加银团的银行分发信息备忘录，或举行银行推介会；第三，文本确定，起草贷款协议、担保文件和银团贷款的相关协议，通过各方谈判、磋商确认；第四，签约仪式与广告宣传。

3. 项目执行。主要为银团放款与贷款管理。代理行审查借款人是否满足提款前提条件，建立操作档案等，担保权益代理行代表银团保存担保权益文件。代理行向参加行提交提款通知书，如有需要可随时组织召开银团会议、收集整理借款人财务信息和其他信息。

---

① 昌先宇：《银团贷款的操作及应用建议》，载《武汉金融》2017 年第 5 期。

（二）二级市场投资决策流程①

出于资产组合管理、流动性管理、市场进入和满足监管约束等多种原因，参加行可能希望在二级市场上销售或转让其银团贷款资产。当前国内的二级市场仍处于初级阶段，具体操作流程可以借鉴《银团贷款转让交易示范文本》。在签署确认函之前，转让交易的受让方要根据自身风险审批要求在内部评审，出让方可以提供材料配合但不承担责任，同时转让方要与受让方自行协商对交易进行定价。转让费用通常由受让方承担，支付给代理行，其他费用则由交易双方各自承担。代理行在交易流程中仍然要承担总账房职责。

五、银行贷款支持 PPP 融资过程中的障碍及解决方法

（一）内部障碍

对国内商业银行来说，参与 PPP 项目的经验还比较少，缺乏相当的运营管理经验，在实际操作过程中存在很多障碍。

1. 项目识别障碍。银行需要对 PPP 项目进行甄别，在全面分析项目基本情况的基础上进行有针对性的营销切入。在项目识别初始阶段，政府和社会资本均可对项目进行发起，并不一定会设立项目公司，因此给银行的项目识别工作造成一定的困扰。

2. 融资方案设计障碍。②第一，PPP 项目一般融资额度都比较大，商业银行需要自始至终掌握项目的关键信息，对项目建设运营涉及的方方面面，如利益关系的可行性、明确性，政治、法律风险，融资比例、担保、还款安排等要进行详尽分析论证。第二，在贷款方案设计，特别是贷款期限管理上，由于 PPP 项目周期长、额度大，需要充分考虑各项因素，提出合理的贷款方案。第三，项目投资额的确认方式问题。《操作指南》以项目采购方式确定的项目投资，主要包括公开招标、竞争性谈判、邀请招标、竞争性磋商和单一来源采购等形式，由财政部门（政府和社会资本合作中心）对实施方案进行物有所值和财政承受

---

① 昌先宇：《银团贷款的操作及应用建议》，载《武汉金融》2017 年第 5 期。

② 冯静生：《PPP 模式中商业银行的风险管理》，载《金融教学与研究》2015 年第 6 期。

能力验证。

3. 项目收益和还款障碍。PPP 项目的建设周期较长，项目的运营维护期限同样也是银行贷款的赎回阶段，而漫长的贷款赎回阶段则是项目风险的高发期，项目前期的预期盈利水平和模式有可能会和现实情况出现偏差，银行对项目发起人无追索权或者追索权有限，这是对银行风险防控机制的一个巨大挑战。

（二）外部障碍

从 20 世纪 80 年代起，国内民间资本就已经开始参与高速公路、电厂等基础设施建设，有很多项目都取得了成功，但失败的案例也不少。究其原因，除了银行内部的问题之外，PPP 项目还存在一系列的外部障碍。

1. 市场的不确定性问题。PPP 项目的主要资金来源是以未来现金流为保障向银行进行贷款的，但由于 PPP 模式对项目的合作时间要求明确“不低于十年”，而在过长的投资回报期内，市场的不确定性导致市场需求和市场价格均有可能发生巨大波动，因此容易导致企业资金流压力越来越大，再加之企业后期经营不善，极易导致资产损失。

2. 项目经营问题。第一，在项目融资阶段，项目公司因其内部治理问题导致经营不善引发项目公司危机；第二，在项目建设阶段，由于自身技术水平的限制导致工程延期甚至是中止等现象；第三，在项目运营阶段，项目公司因经营管理的原因导致运营事故，银行贷款回流则会发生困难。此外，部分政府付费项目缺乏稳定的资金来源和规范的支付机制，如污水处理 PPP 项目中，纳入收益权的由用户缴纳的污水处理、垃圾处理等专项收费，收缴率普遍较低，使银行在提供项目融资时面临收益回报率不确定风险。[①]

3. 政府信用问题。某些地方政府为了提高当地政府的业绩，快速建成一些公共基础设施，但是由于本地财政预算的资金有限，为了引入社会资本，可能会出台一些不合理的政策。因此，银行还需要与当地政府强化沟通，充实补充性风险缓释措施，建立行之有效的操作模式。尤其是在项目运营管理、项目移交管理两个重要环节，应当积极研究项目自身经营性资金之外的收入来源，作

---

① 冯静生:《PPP : 商业银行的机遇、挑战和应对策略》，载《农银学刊》2015 年第 4 期。

为信贷资金按期偿还的有效补充。

4. 政策问题。目前我国关于PPP项目的相关规定并不完善，政策形势可能会随着地方领导层变动、区域发展规划调整及政府财政状况波动等因素发生变化，这些都会导致PPP项目产生新的问题。对于银行来说，项目的还款能力是其关注的重点。同时，PPP融资模式也在不断地创新之中，在项目进行过程中任何不当协议引起的合规风险最终都会导致项目风险以及还款的风险问题。

综上，银行在参与PPP融资过程中会面临来自内部、外部的各种障碍，使得PPP项目存在难以收回成本、无法保证现金流、项目可能提前终止等情况。一旦出现这些情况，商业银行的贷款就难以收回，出现坏账，造成资产损失。这就需要银行积极寻求解决办法，避免风险状况的发生。

（三）解决方法

1. 增强项目识别能力。准确识别项目是银行防范PPP项目融资风险的第一道防线，在政策支持下的PPP项目数量不断增加，未来商业银行布局PPP的进程将加速推进，但这个过程中切忌盲目介入项目，过度放宽标准和要求，甚至“曲线”支持融资平台和政府隐性债务，给经济发展和银行经营带来新的风险隐患。

2. 提高银行应对项目风险的专业风控水平。银行在参与PPP项目过程中会遇到一系列不同于普通贷款项目的风险，其中包括政府信用以及国家政策等风险，因此根据具体实践情况提高自身的风控水平则十分必要。同时，吸取失败案例的教训，通过整合、优化、补充原有的风险控制技术，完备针对PPP项目的风险控制技术，实现对信用风险发生因素的全面掌握。

3. 引入多元化的担保机构。如前文所述，银行PPP项目的贷款是借给项目公司的，一旦发生违约情况，银行只能向项目公司进行有限追索，社会资本在一定程度上实现了风险的隔离。因此，引入多元化的担保机构则极为必要。

4. 银行多方面参与以保障贷款的收回。从银行的角度来看，金融业务的专业性不足以应对市场变化以及PPP项目的专业要求。完善咨询机构参与PPP项目的咨询制度是合理控制风险的一个有效途径。对于商业银行来说，应通过合理有效的方式弥补其在 PPP 项目其他专业领域的不足，实现金融业务与工程业务之间的有效对接。PPP 项目本身具有实现多方参与、多方共赢的特点，这将对商业银行完备 PPP 项目的贷款审查业务以及项目贷款的到期收回起到关键作用。

六、典型案例

本章以安徽省池州市主城区污水处理和市政排水设施 PPP 项目为例进行解析。

（一）项目背景

安徽省池州市采用“厂网一体化、存量增量一体”模式，将主城区污水处理和市政排水设施整体打包进行 PPP 项目运作。池州 PPP 项目是国内首个由财政部和住建部共同推出的示范项目。在该项目中，政府与社会资本合资组建项目公司；政府将已经建成的两个污水处理厂、排水设施转让给项目公司，同时向项目公司授予特许经营权，由项目公司在特许期内投资和建设规划中的污水处理厂及排水设施，并负责对存量和增量厂网设施运营、维护和更新；政府根据项目公司的绩效情况支付服务费；项目公司在特许期结束后将上述设施完好、无偿地移交给政府。项目发起方式为政府发起。池州市政府成立了由主管副市长任组长，由池州市住建委、财政局、发改委、国资委、国土局、环保局、监察局、规划局等相关部门领导参加的领导小组，负责项目重大问题的协调、督办。项目由池州市住建委与市财政局共同牵头负责项目实施。项目于 2014 年 12 月 29 日正式签约，2015 年 1 月 1 日正式运营。根据《关于印发政府和社会资本合作模式操作指南（试行）的通知》（财金〔2014〕113 号）中对“建设－运营－移交”（BOT）及“转让－运营－移交”（TOT）项目合作期限的规定，此类项目一般合同期限为 20 年至 30 年。而根据池州 PPP 项目的具体情况，该项目的合作期限限定为 26 年。

（二）项目交易结构

1. 池州市政府授权政府全资的池州市水业投资有限公司与选定的社会资本

即深圳水务集团签订《池州市排水有限公司股东协议》，双方分别出资4343万元、17373万元成立项目公司。

2. 池州市水业投资有限公司与项目公司签订《池州市主城区污水处理及市政排水设施购买服务项目资产转让协议》，将经合法评估确认的主城区已建的清溪污水处理厂（一期、二期）、城东污水处理厂、排水管网以及泵站等设施资产整体打包，以71227万元的价格转让给项目公司。

3. 池州市政府授权池州市住建委与项目公司签署《池州市主城区污水处理及市政排水设施购买服务项目特许经营协议》，授予项目公司26年特许经营权，内容包括：项目公司购买已建污水处理厂、污水泵站和排水管网；在特许期内投资建设规划中的污水处理厂及排水设施；负责运营、维护和更新排水设施及全部污水处理厂。

4. 池州市政府授权市财政局根据项目公司提供服务情况向项目公司支付购买服务费。

5. 项目公司在特许经营期结束后将正常运行的上述设施无偿移交给池州市政府或其指定机构。

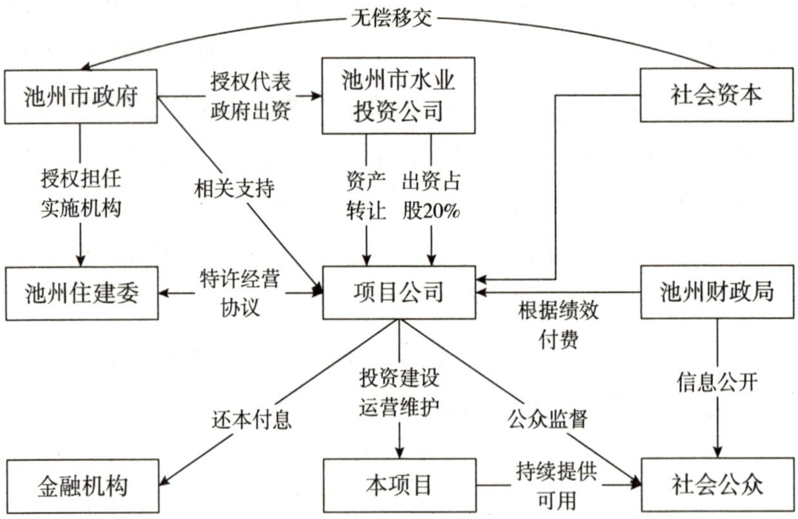

图 1-1　池州 PPP 项目交易结构[①]

---

① 财政部政府和社会资本合作中心编著：《PPP示范项目案例编选（第一辑）》，中国财经出版传媒集团2016年版。

（三）项目融资情况

项目公司股东分别为深圳水务集团和政府方出资代表池州水业投资公司，注册资本由双方以货币形式出资，深圳水务集团持股比例为 80%，池州水业投资公司持股比例为 20%。由于项目社会反响较大，金融机构参与度较高，使银行利率相对于基准利率仍有下浮空间。同时，《特许经营协议》对于银行利率下浮也做出了收益分享的规定。池州市政府成立了贷款竞标小组，采取竞争性谈判的方式来确定项目公司贷款的金融机构。最终，由国家开发银行作为牵头行，中国农业银行池州分行、中国建设银行池州分行、中国银行池州分行、中国工商银行池州分行组成的银团中标成为项目公司的贷款方。

项目公司的贷款额度为人民币 4.99 亿元，期限为 15 年（含 2 年宽限期），利率为 5 年以上中国人民银行贷款基准利率下浮 10%，利率调整方式为每一利率调整日调整一次，调整后的执行利率为：利率调整日中国人民银行公布的同期同档次人民币贷款基准利率下浮 10%。贷款以项目特许经营权项下的应收账款为质押，并在中国人民银行做质押登记。在项目方案设计中，项目公司拟以划拨方式取得池州市主城区已建污水处理厂及泵站土地使用权。但是，在项目执行过程中，考虑到土地转让过程将产生额外税费，且经金融机构确认，不变更土地使用权属不影响项目融资，经过与中标社会资本沟通，暂不转移土地的使用权。

以国家开发银行为牵头行的银团之所以统一贷款，允许项目公司以其享有的应收账款[①]作为质押担保，考虑的重要因素之一是政府购买服务费的支付是否能够得到保障。项目在筹划时，池州市财政局会同池州市住建委提前谋划，将项目应支付的购买服务费列入预算计划。在编制 2015 年预算时，池州市财政局将预计支付的购买服务费 9227 万元作为 PPP 资金专项列入财政预算并通过了池州市人大决议，从而保障了项目的顺利实施。

（四）案例分析

此项目融资的特点在于，首先，以项目公司作为融资主体，政府部门并未

---

① 即在特许经营协议项下享有的全部权益和收益。

提供代为还款的承诺或担保。这不同于在项目中，政府部门通过担保、承诺等方式成为实质的融资主体，有效地控制了政府债务的增加。其次，采取项目融资方式，银团仅要求项目公司以其合法享有的应收账款作为质押担保，而未要求项目公司或其母公司提供其他资产作为担保，实现了项目融资。最后，采用贷款招标的方式，使项目获得较低利率的贷款，减轻了项目公司运营过程中资金方面的负担。

七、相关法律法规

1.《国务院关于加强地方政府性债务管理的意见》（国发〔2014〕43号）

2.《关于印发政府和社会资本合作模式操作指南（试行）的通知》（财金〔2014〕113号）

3.《国务院办公厅转发财政部发展改革委人民银行关于在公共服务领域推广政府和社会资本合作模式指导意见的通知》（国办发〔2015〕42号）

4.《关于银行业支持重点领域重大工程建设的指导意见》（银监发〔2015〕43号）

5.《财政部关于规范政府和社会资本合作合同管理工作的通知》（财金〔2014〕156号文）

6.《基础设施和公用事业特许经营管理办法》（国家发改委2015年第25号令）

7.《银团贷款业务指引》（银监发〔2011〕85号）

8.《国务院办公厅关于保持基础设施领域补短板力度的指导意见》（国办发〔2018〕101号）

9.《国务院关于推进国有资本投资、运营公司改革试点的实施意见》（国发〔2018〕23号）

第二章

通过投贷联动实现PPP项目的融资

一、投贷联动概述

（一）投贷联动的概念

投贷联动又称“投贷一体化”和“投贷联盟”等，是指股权投资和信贷的结合，在风险投资机构评估、股权投资的基础上，银行通过与股权投资类金融机构合作或者仅通过自身直接实施的，将股权投资与信贷发放二者结合针对目标企业进行投资，从而联动股权投资与信贷方式形成的新型投资模式。[①] 其原理就是在企业发展的不同阶段，通过私募股权投资和债权投资联动的方式有效覆盖企业全生命周期不同阶段的投资风险，用股权拓展债权产品的收益有效边界，补偿信贷融资所承担的风险，用这种激励相容的金融工具的机制设计，实现了风险的合理分配和集体价值最大化的目标，提升了银行的金融综合服务水平。

投贷联动的适用范围需要从以下几方面理解：第一，从业务主体资格范围上来说，“股权投资 + 信贷投放”的主体是银行金融机构。第二，从组织结构来说，投贷联动的组织结构限于设立功能子公司负责股权投资，专营机构的模式负责贷款形式。第三，从投资客体和时间范围来说，投贷联动局限于试点银行面向试点地区的种子期、初创期和成长期科创企业。第四，从资金投资规模上来说，对银行金融机构私募股权投资的规模监管部门有限制。我国目前对银行投资的资金来源限制为银行自有资金，银行设立子公司进行投资时其比例要求为对单一科创企业的投资限制在子公司资金 10% 以下。

（二）投贷联动的发展概况

就国内银行金融机构参与股权投资领域，实施投贷联动来说，可以大致划

① 参见中国银行业 2011 年公司业务创新与营销专题研究报告：《PE 黄金期：银行金融机构如何开展“投贷联动”模式》。

分为三个阶段。

1. 第一阶段

2007 年以前，我国私募股权投资尚处于起步及摸索阶段，这一阶段外资主导的金融机构掌握了我国私募股权投资领域内的大部分市场份额。此时国内银行金融机构受制于外国金融投资机构本身的独立性，即外国外资投资机构由于资金充足与经验技术完善等条件从而不需要国内银行金融机构在私募股权投资领域的过多参与。银行金融机构在服务于私募股权业务时也仅仅是通过传统的银行业服务参与其中，诸如账户的开户，资金划转和结算，至多通过自身账户管理体系优势对基金进行托管。此阶段，银行金融机构能够获取的综合收益也较为有限，仅体现为股权基金投入及使用过程中所形成的资金沉淀和账户托管费用。在此阶段，银行金融机构对私募股权投资基本上在扮演旁观者的角色，只是提供一个平台进行交易结算。

2. 第二阶段

2007 年以后，随着我国关于私募基金领域的法律规范逐渐完善，私募股权投资领域法律形式确立，我国本土私募股权投资机构逐渐增多。2008 年金融危机后，由于外资金融机构的大范围受损，使本土股权投资机构拥有了成长的土壤。另外，随着我国市场经济发展使利率市场化水平提升，银行金融机构依靠传统收取利息的盈利模式已经无法满足自身的发展需求，越来越多的银行金融机构开始不局限于传统银行业服务的获利方式。这一时期起银行金融机构逐渐起步不同深浅程度的私募股权投资领域的业务尝试，一开始是结算和托管，进而发展出为融资者提供融资规划，为投资者提供客户资源，为基金的募集提供募集平台，最终通过部分开放信贷使传统银行信贷服务与私募股权投资相连接，全面发展投资银行、投融资顾问及理财业务，搭建综合化的金融服务平台。

浦发银行是国内银行业私募股权投资领域的第一个实践者。早在 20 世纪 90 年代，浦发银行就通过提供监督管理服务于创投企业。随着经济社会的发展，推进金融与科技联动发展的要求逐渐加强，2009 年《浦东新区关于加快推进上海国际金融中心核心功能区建设的实施意见》出台，从而要求银行业探索新型融资模式，促进投贷联动发展。随后，浦发银行即响应通知，设立专门部门进行投贷联动业务，此后，投贷联动业务逐渐扩展至包括上海农商银行等多家银行。然而此时的银行金融机构投贷联动业务在实际操作中具有许多障碍，首先，银行传统的贷款审批模式不适用于投贷联动的审批模式。投资者对投贷联动的评估实际上着重于投资对象未来可否带来足够的现金流，而传统银行评估方式则倾向于对三年以内盈利状况以及企业是否具备抵押物等条件的观察。银行金融机构在这种业务转换过程中势必受到观念变化的障碍。其次，这一阶段的投贷联动发展程度也并不能做到满足中小企业的融资需求，并不是所有有风投背景的企业都能顺利得到投贷联动贷款，投贷联动所能照顾到的融资难高科技企业仍然是少部分。最后，由于受到《商业银行法》第 43 条、《贷款通则》第 20 条以及 2009 年银监会《关于进一步规范银行金融机构个人理财业务投资管理有关问题的通知》中对银行金融机构股权投资方面的限定，银行金融机构只能通过迂回方式进行股权投资，具体方式主要有两种：第一种是银行金融机构与境外子公司合作进行投贷联动活动，第二种是银行金融机构结合风险投资机构或私募股权投资机构进行投贷联动活动。

3. 第三阶段

2014 年，在达沃斯论坛上，李克强总理针对中国经济发展进入新常态的现象提出了新的发展战略，即“大众创业，万众创新”，其中将“创业创新”作为中国经济发展的新引擎。创业和创新要求探索更加适合中小企业和科技企业的资金提供方式，融资问题更加需要被重视。2015 年《关于深化体制机制改革加快实施创新驱动发展战略的若干意见》出台，该意见选取部分银行机构进行投贷联动，从而对创业企业提供股权债权结合投资的道路进行探索。其后《关于大力推进大众创业万众创新若干政策措施的意见》出台，其中规定银行机构可以在依法合规以及风险隔离的前提下，与创业投资机构进行市场化长期性合作。以上举措逐步放开了银行机构进入创业投资领域的限制，在新模式下使得银行资金逐渐流入股权投资领域，进一步解决了创新企业融资难问题。这表明了国家对投贷联动业务的大力支持，投贷联动发展迅速，开始逐渐进入新发展阶段。

2016 年 4 月，《关于支持银行业金融机构加大创新力度开展科创企业投贷联动试点的指导意见》的发布公布了第一批试点，文件中以 5 个示范区与 10 个银行作为第一批投贷联动的试点。5 个示范区指的是北京中关村国家自主创新示范区、武汉东湖国家自主创新示范区、上海张江国家自主创新示范区、天津滨海国家自主创新示范区和西安国家自主创新示范区。10 个试点银行金融机构指的是国家开发银行、中国银行、恒丰银行、北京银行、天津银行、上海银行、汉口银行、西安银行、上海华瑞银行和浦发硅谷银行。此外，《关于支持银行业金融机构加大创新力度开展科创企业投贷联动试点的指导意见》中对银行通过子公司进行投贷联动业务进行了相关规定，[①] 试点银行金融机构可以通过自身银行集团内部设立境内子公司进行股权投资，从而更加符合国际经验（即美国硅谷银行的做法），此模式下，银行金融机构不必借助境外子公司或是投资机构，可以以自身为中心整体化地对投贷联动业务带来的利益风险等问题进行统一安排、统一筹划，业务开展的成本将会进一步降低；更重要的是银行金融机构可以独享所有收益。

随着银行金融机构投贷联动试点工作的逐渐展开，银行金融机构在股权投资领域的混业经营终于突破了以往政策法规的合规性约束，同时又契合了《商业银行法》中对“国家另有规定的除外”的规定，银行金融机构投贷联动业务的发展在未来势必随着试点工作的顺利进行而扩大范围，因此从这一时期开始又出现了一个新的投贷联动发展阶段。

二、投贷联动与 PPP 的契合性

（一）二者价值链的契合性

1. 企业未来自由现金流是二者收益的重要来源

首先，在 PPP 中，企业活动基于自由现金流为用户提供服务实现公共利益，并通过用户或政府获取自由现金流实现股东利益，这种现金流具有普遍的低波动性特征，这基本意味着低风险，PPP 股权基金还区别于传统的 PE（在退出时获得一次性的超额收益），其在长期的运营期具有强大的现金收益。其次，投贷联动的贷款的利息以及发放需要根据项目企业现金流的特点来安排。一方面，现金流的高低影响基础资产的质量，从而影响贷款利率定价；另一方面，根据营运期间的现金流量，在贷款授信额度下按照分期分次发放贷款。例如，每月按

---

① 《关于支持银行业金融机构加大创新力度开展科创企业投贷联动试点的指导意见》中规定：“试点机构在境内已设立具有投资功能子公司的，由其子公司开展股权投资进行投贷联动。试点机构未设立具有投资功能子公司的，经申请和依法批准后，允许设立具有投资功能子公司。”

照月度或者季度根据 PPP 项目资金流量需求发放贷款。其中，私募股权基金价值创造更加倾向于提高现金流的绩效费用和退出的超额收益，也即通过资产所有权增值转移创造价值，但是资产所有权转移的定价也主要由企业活动自由现金流决定。

2. 二者均重点关注对现金流量和收入的预测与衡量

首先，在 PPP 识别项目阶段会经过物有所值评价和财政承受能力评价，在项目早期进行收支方案论证，如定量评价的考量标准有风险成本、建设成本、运营成本等影响企业现金流量的因素，企业收入又与政府付费和可行性缺口补助息息相关。其次，投贷联动的银行金融机构会依据被评估公司的信誉即历史收益表，资产负债表和现金流量分析来作为衡量是否放贷和要求提前归还贷款的依据。对企业现金流量和收入，PE/VC 对企业的尽职调查目的之一就是价值发现，即除了对企业以往业绩进行验证，还对将来目标企业可以产生的现金流以及盈利结构和收支状况进行预测估值。

（二）二者风险结构的契合性

1. 二者风险匹配的契合性

金融产品与投资者的适合性取决于投资主体风险意愿和风险容忍度，并且这种适合性有其动态性特征。首先，风险管理贯穿 PPP 的各个阶段，包括风险的识别、分析和分担，PPP 项目必须经过相关的风险识别、分析和分担。PPP 项目除了各个阶段的不同风险，开发建设和经营性 PPP 项目又有其不同的风险，PPP 项目各阶段的多样化可以满足银行金融机构和 PE/VC 对接的客户不同的风险承担能力和回报要求。同时，投贷联动工具的内部联动又是基于风险分析的决策，通过这种灵活的风险管理工具，及时匹配投资者，从而获得相应的风险回报。

2. 二者风险管理期间的契合性

首先，私募股权基金的风险识别与管控期间侧重于企业从生到死的生命周期，PPP 强调基于全生命周期成本的风险识别和管控。私募股权基金的企业生命全周期理论成熟的风险识别方法以及在此基础之上的投资决策和项目管理经验，适用于 PPP 项目的筛选与风险管控。其次，PPP 项目资产通常具有可预测的生命周期。PPP 风险主要来自建设风险和发展风险，当一个项目风险随着时间的推移而降低，资产的价值可能会增加，进而产生资本收益。如果银行金融机构以 PPP 项目全生命周期为投资期间，有可以确定预测和管理这些风险的能力，就有可能为投资者提供更高的回报。

3. 二者风险识别的契合性

二者均以风险为导向，PPP 倾向于对项目本身的财务、合规、市场和运营等方面的风险进行全方位和全周期的识别。PPP 项目的风险可以分为 6 大类，即政治风险、建造风险、市场风险、收益风险、财经风险和法律风险。银行金融机构的风险识别包括项目前期对贷款方的信用等风险评估和在此基础上对贷款的风险定价，从风险收益对称和全面成本覆盖角度对项目财务风险进行识别与评估，项目中期会根据项目企业整体的资金收入和支出测算后按阶段发放贷款，整体对项目企业的资产流动进行监控。PE/VC 对企业的尽职调查目的之一就是通过风险测量模型进行价值发现，即除了对企业以往业绩验证，更重要的是预测企业未来的盈利、现金流营运资金、融资结构、资本性开支等，并在此基础上对企业进行估值，并基于这些风险识别作出投资决策。

4. 二者风险应对的契合性

首先，投贷联动灵活的内部工具的质变与量变应对 PPP 项目多样与多变化融资风险。PPP 项目风险的多样与多变化体现在 PPP 资产管理期间有不同阶段的风险、不同类型的风险、不同项目的风险和不同层次的风险等，这些风险的存在是 PPP 项目融资多样化信用结构特征的体现，也即贷款的信用支持分散到项目的各个环节，也意味着风险分散后需要设计更加灵活的风险缓释结构和措施，投贷联动通过基础工具的质变和量变制定 PPP 投资项目“差异化”风险应对方案。例如，前期融资的银行中、长期贷款，建设和运营阶段发行债券、运营阶段将应收利息的资产证券化等。投贷联动以风险为导向的灵活变动，可以满足 PPP 各个阶段的短期、中期、长期的融资需求。

其次，股权投资 + 基金 LP 身份的“多重风险隔离”机制符合银行审慎经营原则。私募股权基金分为三种类型，这三种类型各自有不同的操作结构，公司型私募股权基金投资者除非面临“刺破法人面纱”或者提供相关担保等特殊情形，原则上责任的承担是以股东出资比例为准。合伙型的基金可以通过 LP 和 GP 的设计，通过 GP 参与管理项目风险，通过 LP 来隔离投资风险，仅以出资份额承担有限责任。

最后，投贷联动专业的人员结构管理全方位管理风险。麦格里银行最为成功的原因之一就是其专业的团队，除了基本的运营集团，还包括财务管理、经营管理、法律管理和风险管理四大运营集团，全方位为项目从法律、财务、经营管理提供、执行和监控 PPP 项目方案。结合我国实践，我国银行金融机构拥有金融、财务和法律人才储备，私募股权基金除了金融、财务和法律人才，还需要注重经营管理，PPP 全生命周期需要相应人员在项目中通过融资结构、合同管理和参与经营等手段全面管控投资风险。例如，在项目的准备阶段，我国 PPP 物有所值评价需要不少于 7 名的定性专家小组由工程技术、金融、项目管理、财政和法律方面的专家组成，这就需要 PPP 项目中有相应的人员结构去设计相关的可行性论证方案，进而推动整个项目的进行。

（三）二者组织结构的契合性

1. 投贷联动基本融资结构

关于投贷联动的基本融资结构，银行金融机构有股权和债务这两种主要工具。资金流向有三处：VC/PE 管理机构，如银行给 VC/PE 机构发放贷款；私募股权基金投资；直接流向企业。基于自由现金流的分析，无论资金流向，投资主体主要依靠项目企业经营获取现金流，这些企业往往是新设的一个特殊目的的项目公司。

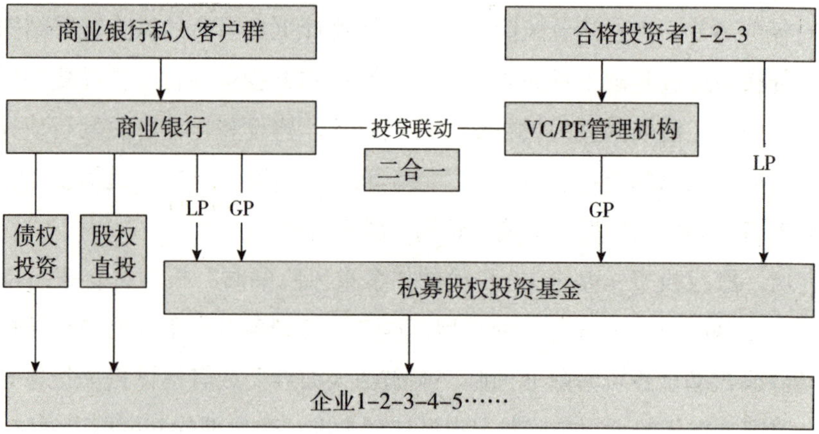

图 2–1　投贷联动基本投融结构

2. PPP 项目融资的基本结构

项目融资是 PPP 中的重要融资手段，其是指成立一个专门的特殊目的公司，简称“SPV”，基于该 SPV 的未来现金流量来进行表外融资的一种融资方式。[①]PPP 相关公司主要分为三类：项目公司、经营公司和服务公司，视其典型业务目的而定，有时角色会有重合。通过一个 SPV 承担各种 PPP 项目全周期建设、运营和服务等职能。

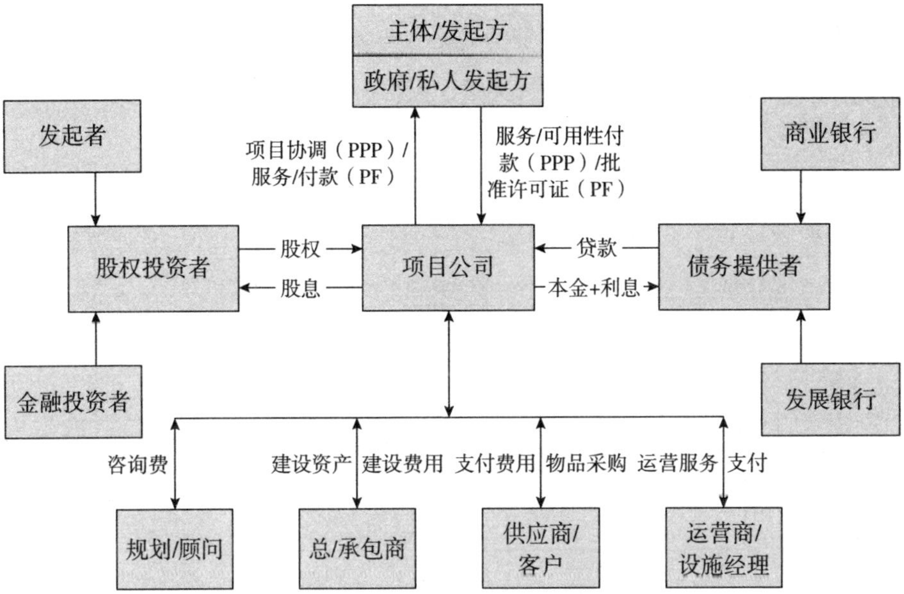

图 2–2 PPP 项目融资结构

3. 投贷联动和 PPP 项目融资

第一，通过基金捆绑投资者和融资者，以 SPV 为设计、融资、建设、运营载体获取自由现金流。SPV 是二者结合的重要连接点，SPV 没有自己的历史信誉、历史收益表、资产负债表和现金流量分析，也没有重大的固定资产，其贷款除需要考虑投资者或者发起者的资信外，更重要的是考虑项目公司的期望收益、资产价值和特许经营权合同产生的信誉等进行融资，风险介于信用贷款和固定资产贷款之间。这就需要投资者及其委托管理人在风险管控方面、融资结构控制和项目公司管理层的监管方面更加严格，更加考验团队的分析技能和专

① 这种表外融资一般以说明的形式反映在资产负债表的注释当中。

业知识，银行金融机构通过结构化融资，间接持有SPV股权，利用投贷联动工具，从风控、法律、财务、经营等角度全方位为SPV提供财务成本测算、监管框架梳理和股权结构设计等服务。第二，投贷联动各参与主体目标和功能的契合性。政府支持社会资本参与公共职能，目的是在法律合规和相关政策支持的基础上，可以尽早和快速地实施项目，产生经济利益，提高服务质量。银行金融机构运用投贷联动工具可以在不同阶段用不同身份参与PPP项目，不同身份在不同阶段的角色又会有不同的目标和功能。例如，具有项目开发和管理专长的银行或者与其他参与者作为联合体股权投资的战略参与者，有利于实现政府的经济利益，有利于在项目初期快速地进行项目实施，实现良好服务质量的目标。

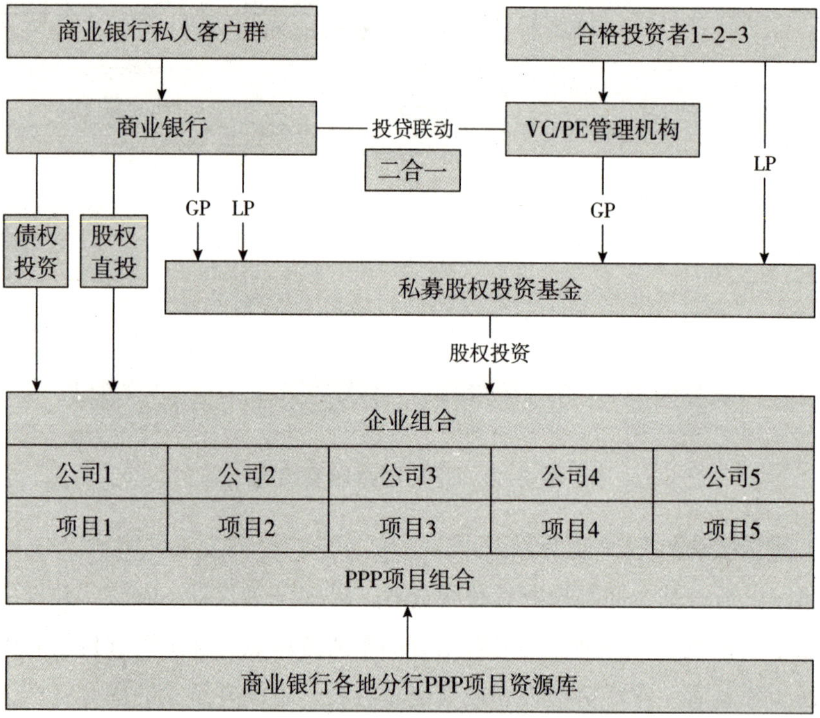

图 2-3　投贷联动支持 PPP 基本设计

（四）二者适用环境上的契合性

二者与法律的契合性体现在法律与政策的可行性基础之上，二者之间的市场契合性体现在供需关系基础之上，主要表现在以下几点：

1. 宏观的政策支持

（1）相关法律与利好政策的直接支持

例如，《投贷联动试点意见》在现有阶段规定了投资主体、方式和范围。相关政策的放松和实践经验积累，利好投贷联动向其他领域的扩张。我国已经有多个银行等金融机构投贷联动参与 PPP 的案例。

（2）即使是法律与政策有障碍，通过更高成本的合规方案也可以实现

以我国的投贷联动为例，《商业银行法》第 43 条规定，银行金融机构不得从事股权投资，除了有除外规定，法律也并没有禁止银行金融机构通过曲线直投和控股相关功能子公司的形式进行投贷联动业务，该方式会考验银行各方面的实力，包括专业能力、规模、财力等，该种可行性方案的有利之处在于在一定程度上过滤掉经济实力和专业实力不足的其他银行金融机构，不利之处在于增加了合规成本。

2. 市场存在需求

PPP 项目中的基础设施资产的表现通常与通货膨胀、GDP、人口增长等宏观指标隐含或明确地联系在一起。因此，许多投资者自然而然地将基础设施投资作为对冲手段。例如，如果一国的通货膨胀率上升或人口增长，公共养老金账户的养老金支出在增加。但与此同时，如果这个养老金计划投资于与居民消费价格指数相关联的基础设施（如管道燃气配电设施）或与人口相关的基础设施（如收费公路），该基础设施资产的投资将会达到抵销日益增加的养老金负债效果。

以我国养老金市场需求为例，2008 年经国务院批准，我国社保基金被允许投资私募股权基金，但是仅限于经发改委批准和备案的产业基金和其他基金，投资比例也限定在社保基金总资产 10% 以内。截至 2017 年年底，社保基金资产总额为 2.22 万亿元，而 2017 年社保基金用于私募股权投资比例仅为 2%，为了对冲通货膨胀、负债等风险，社保基金对基础设施相关的私募股权基金有巨大的投资需求。同时，我国 PPP 项目由于政策的支持，截至 2017 年 9 月 30 日，项目库 PPP 项目数量已达 6778 个，有其中不乏高速公路、地铁、港口等优质基础设施项目。社保基金和保险资金的投资特点是倾向于稳健型的长期投资，与周期较长的优质 PPP 的项目较为契合。其中，投贷联动主体可以充当金融投资角色，联合社保基金、保险对项目进行投资；充当战略投资者角色，拓展价值

链；充当服务者角色，通过运用专业知识在分析项目风险，提供结构化融资方案，优化项目公司财务杠杆等方面收取管理费或者咨询费，实现专业价值。

三、银行金融机构投贷联动支持 PPP 基本流程

主要流程包括基金设立、投融结构设计、资产采购、项目执行与收益分配以及退出几个方面，同时在全过程中还包含拓展价值链的专业咨询服务流程。

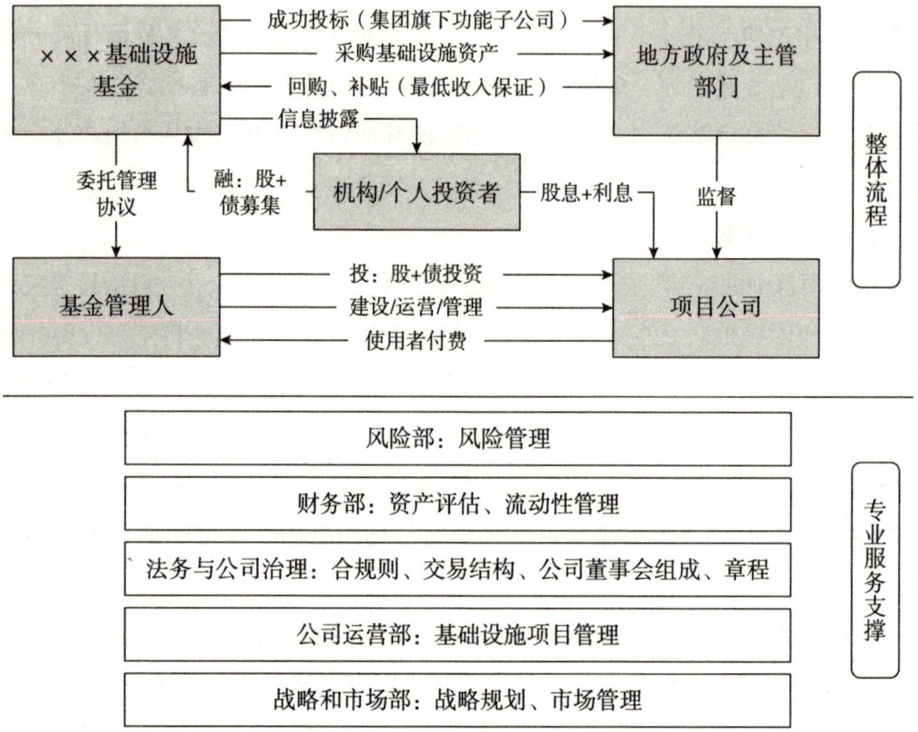

图 2-4 银行金融机构 / 集团及其功能子公司投贷联动支持 PPP 投融结构

（一）基础设施基金的设立（功能子公司实现）

流程说明：银行金融机构以基金为载体，对 PPP 项目进行股权 + 债权 + 夹层投资。包含以下几方面：

表 2-1　基金模式主要优劣势对比

	优　　点	缺　　点
公司型	独立法人主体；治理结构清晰；较为灵活；风险隔离	双重征税
契约型	法律主体地位；权利义务约定更为自由；非双重征税	复杂的内部管理设计；国企不允许作 GP
合伙型	操作流程简单；非双重征税	无法律主体地位；托管、账户开立程序复杂

第一，基金管理。首先，项目承办人应首先选择公司型、契约型或合伙型类型，并选择上市基础设施基金和非上市基础设施基金类型。其次，项目承租主体之间战略合作伙伴签订框架合作协议并委托基金管理人。第二，“捆绑”投资者。首先，项目承办人针对项目和客户风险进行分析和匹配。其次，以 PPP 基金为载体，投贷联动为工具，捆绑投资者和 PPP 项目进行结构化设计。

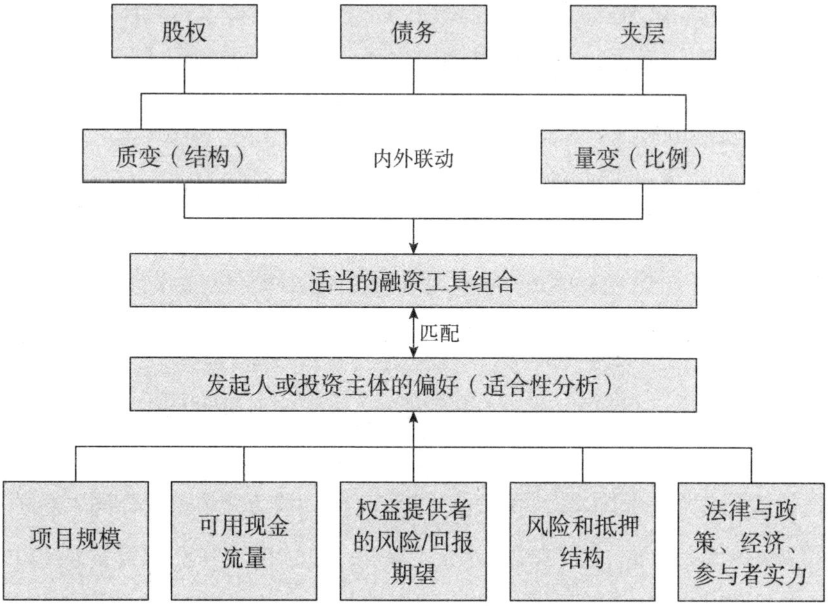

图 2-5　投资者通过投贷的“联动”和 PPP 项目风险匹配

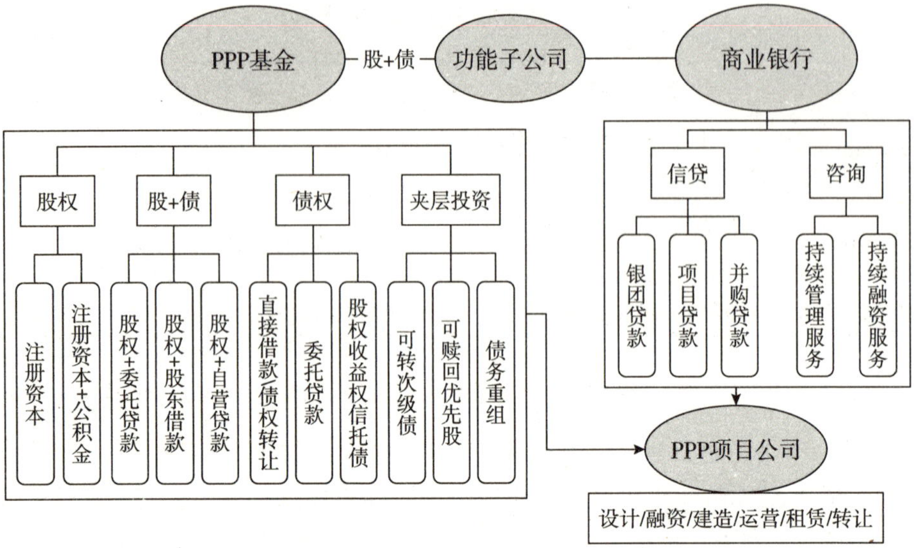

图 2-6　投贷联动支持 PPP 项目公司基本融资结构

流程说明：投贷联动支持 PPP 整体资金投融结构设计。第一，项目全周期资金募集。首先，在项目前期确定原始资本、授信贷款额度、认股期权等。其次，对资金进行托管。最后，在项目中期优化融资结构和再融资（发行债券、资产证券化、资产支持票据）。第二，项目筹集资金的“投”。首先，筛选项目和项目来源。其次，设计投资方案，包括收购债 + 股 + 夹层投资组合，收购须经过广泛的尽职调查，并且必须符合规定的投资标准。再次，形成 PPP 资产组合。最后，签订特许经营协议。

（二）项目执行阶段

流程描述：通过项目公司执行各类合同 / 条款（融资合同、建设合同、运营合同或者与其他“供应商”的合同）。第一，设立并入股项目公司。第二，与其他联合体构建相关合同体系，并执行《设计合同 / 条款》《融资合同 / 条款》《建设合同 / 条款》《运营合同 / 条款》等。第三，通过投贷联动工具管理 PPP 项目资产组合。第四，进行还款安排和再融资安排。第五，定期向投资者披露项目财务、法律、经营等信息。

（三）收益和退出

流程描述：通过项目获取利益并退出。第一，设定方案分配收益。收益来源包括用户付费（稳定现金流）、政府付费、政府可行性缺口补助等。第二，投资结构退出。首先，交易退出方式包括股权转让、债务剥离等。其次，二级市场退出方式主要包括资产证券化、PPP 基金载体 / 公司，基建基金 / 公司上市等。

（四）专业服务价值链的拓展

流程描述：为 PPP 项目全阶段融资、运营、管理等提供专业咨询服务。PPP 项目全流程财务服务和咨询服务方案：第一，在项目初期提供可行性方案和风险论证方案服务。第二，在项目中期提供招投标、设计、建设、运营和融资方案服务。第三，技术类服务方案服务，如为项目建设阶段提供工程造价服务，为项目移交阶段提供资产评估服务等。

四、投贷联动支持 PPP 项目存在的障碍与解决

（一）投贷联动支持 PPP 项目的运行障碍

障碍区别于操作难点，障碍更偏向于外部因素给自己带来的不利影响，较为客观，如政策和法律障碍、金融市场障碍，如通货膨胀、利率变化给自己带来的障碍等。

1. 我国投贷联动支持 PPP 项目的政策、法律障碍

（1）新政策不断出台，投贷联动监管框架复杂

投贷联动的监管框架有以下几大类：

第一，与银行金融机构投贷联动相关法律、政策和业务操作指引。如《商业银行法》《商业银行资本管理办法》《中资商业银行专营机构监管指引》《商业银行理财产品销售管理办法》《中国银监会关于完善银行理财业务组织管理体系有关事项的通知》等。

第二，资产管理类相关法律与政策。包括私募投资基金相关规定、《证券法》《证券投资基金法》《私募投资基金暂行条例》等相关规定，涉及管理人登记与产品备案、基金的募集、内部控制与管理、信息披露和合同指引等相关规定。

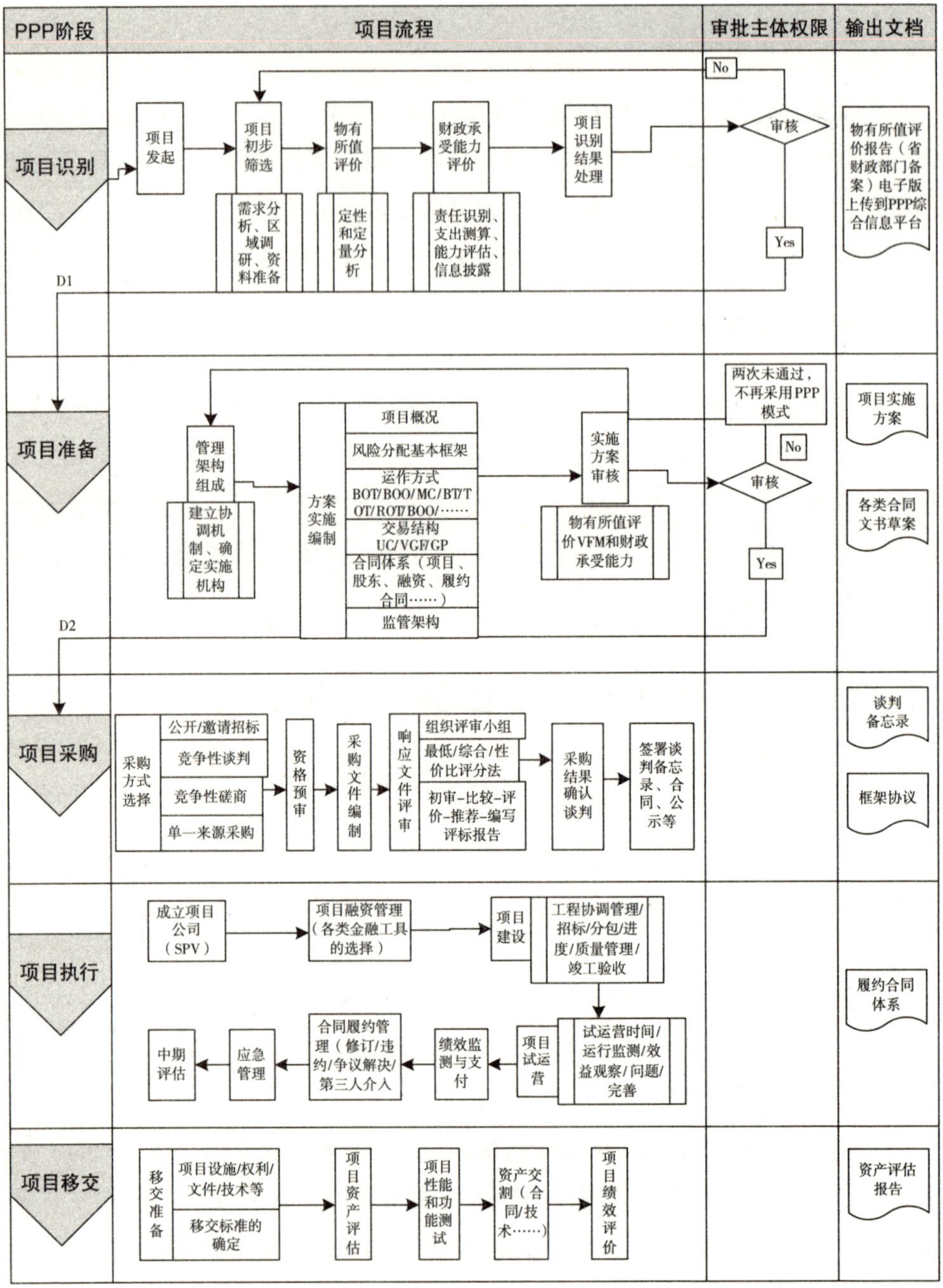

图 2-7 我国 PPP 项目全流程[①]

① 参考《PPP 模式：全流程指导与案例分析》得出。参见吕汉阳主编:《PPP 模式：全流程指导与案例分析》，中国法制出版社 2016 年版，第 34-172 页。

第三，与 PPP 有关的规定。截至 2017 年 11 月底，投资 PPP 所需考虑的相关规定包括《政府采购法》《招标投标法》《预算法》《建筑法》和国务院相关实施条例等法律、行政法规约 30 部，中央层面相关政策文件 5 部，国务院 PPP 政策法规文件约 25 部、国务院办公厅 PPP 政策法规文件 32 部，财政部 PPP 政策法规文件 88 部，发改委 PPP 政策法规文件约 50 部，其他各部门政策法规文件 53 部。这些文件自实施以来一方面有利于化解部分问题，进而推动 PPP 良性发展，但另一方面重磅级政策的屡次颁布，对新规打破了部分已有项目的合同约定，对于银行金融机构已经投入资本的项目有重要影响。

总体上来说，投贷联动因银行金融机构的特殊身份，导致其从事该业务所涉及法律与相关规范信息较多，涉及多个国家机关，再加之地方政府的行政规章和部门规定，有效信息的提炼和监管框架的构建对于一些初涉投贷联动业务的银行金融机构将会是一个较大的挑战。

（2）投贷联动支持 PPP 实施细则缺位

投贷联动相关规定：银监会发布的《投贷联动试点意见》规定了投贷联动的试点内容和条件，包括金融机构资质、业务管理、机制建设和组织架构设置要求、试点区域范围、实施和监督等。但是该意见在试点目标里仅将银行的投贷联动限定在科创企业。截至 2018 年 1 月 31 日，根据财政部和社会资本合作中心全国入库项目的调查，PPP 科技行业入库项目 124 个，占总量 7746 个的 1.6%，多数银行金融机构仅在科技领域将投贷联动适用于 PPP 的范围，投贷联动范围仅仅针对科技创新型企业。不难看出，上述《投贷联动试点意见》中对内容规定的局限导致了非科创项目在实行过程中存在操作模糊地带。

2. 我国投贷联动支持 PPP 的市场障碍

我国在信用环境、法制环境和舆论环境建设方面相对滞后，造成金融创新的供需双方皆相对匮乏，主要体现为企业对金融创新产品的接受度不高，这种需要进一步完善的金融生态环境，是身处我国市场中无法避免的障碍。

（1）项目风险制约

实际上，PPP 项目成功的一个关键点就在于对项目风险的准确预测与合理把握控制。在 PPP 项目中，风险对于项目各节点的流畅运行具有重大的影响。首先，由于 PPP 项目本身法律关系的各方盘结，使得整体的风险体系错综复杂，在识别认定风险以及适当匹配等方面都具有较高的要求。其次，由于PPP项目资金流动巨大，项目内容多涉及基础设施建设等大型活动，持续时间较长，在不间断项目进行中对风险预测管理的连贯性和风险分担机制的合理性要求都会比一般项目更加严格。再次，结合我国实际国情以及PPP项目中政府与社会资本合作进行项目的特殊性，在现行经济转型的中国，经济社会中任何政策的出台都有可能带来资本运行的不确定性，从而使得PPP风险的预测管理波动更大，不可预测性也更高。最后，实践中多方面对风险负担的态度不同，令项目很难构建合理的风险分担结构。当政府在把某项工作交给私人投资者时，实际上存在推卸政府责任的情形，而风险分配的不均衡现象会增加投资者的整体风险，继而使得投资者放弃投资。

（2）金融环境制约

运用投贷联动进行PPP项目，在实施过程中的顺利运行对金融环境也存在一定的要求。从多角度出发，做好投贷联动业务需要整合商业银行、第三方投资机构、政府及社会中介等多个平台，以解决企业多层次的融资需求。然而现实中各方平台之间联系并不密切，具体到业务对接中的信息共享和风险识别等相应工作并不能顺畅衔接，且在交易市场不能完善的前提下对项目的退出也存在一定的影响。

3. 内部障碍

（1）缺乏成熟的运作经验

由于我国PPP和投贷联动业务的发展才刚刚步入正轨，金融机构对于二者结合的应用与对政策市场环境的适应都亟待加强。一是需要商业银行树立全新的经营策略，加快金融产品设计创新。投贷联动作为一种跨市场、跨机构、跨产品的业务模式，需要商业银行进行综合化、混业的经营，整合多方资源，构建开放式合作平台。同时强化产品革新并提升发挥运用产品的能力，如围绕新三板股权推出新的股权质押贷款等新型产品。二是银行要完善对风险的管理方式。与传统的银行信贷风险管理机制不同，投贷联动需要商业银行将审慎的信贷风险管理文化与激进的风险投资文化相结合，建立一套适合股权投资的风险评估和防控机制。三是人力资源配备仍需优化。投贷联动是跨领域的合作，需要熟悉科技创新、信贷业务和股权投资的复合型专业人才。而目前商业银行具备股权投资理论及实践经验的人才较少，熟悉科技创新的技术型人才更是寥寥无几。

（2）传统思维固化

在传统银行业的发展中，由于分业经营等理念主要着重于纯股或者纯债的模式，未能重视债股的“联动性”所带来的利益模式。又如前所述，这种联动体现在机构间联动与机构和外部联动，体现出了一种协调的信息平衡能力，从而实现最优的资源配置方案与无缝衔接融资方案，针对这方面，金融机构在优化财务结构再融资上还需要加强。

（二）投贷联动支持 PPP 项目中难点问题的解决

1. 建立项目动态谈判机制以实现风险共担，同时加大风险管控力度

投贷联动支持 PPP 项目由于其项目本身的特殊性，合作时间较长，少则几年多则几十年，不确定性非常大。PPP 项目参与者并非完全理性，对后期项目可能发生问题的预期难以穷尽，初始合同条款不能涵盖所有情况。为打消社会资本的顾虑，减少项目后期的运营风险，项目各方要形成动态的合作伙伴关系，事先设置合理的再谈判机制，当非自身经营类的重大变故出现，可以做到重新谈判，保证得到相对合理的利润，从而实现风险共担。同时各方自身要对投贷联动做好风险识别和风险评估。一方面要从源头加强风险警戒，控制风险发生，即通过尽职调查和详细考察，对目标企业进行全方位、多角度的综合评判。另一方面则要做到实时追踪确保跟进识别适应风险，即在银行机构提供信贷之后对目标企业的整体资金运行情况和该信贷资金具体情况进行连续监测，从而及时排查处置法律、技术、财务等风险，保证信贷资金安全。

2. 科学规划业务发展，完善考核机制

由于近年来政府大力提倡 PPP 项目，各方投资者都存在一种貌似政府在“兜底”的幻觉，这使得该类项目似乎有一丝对风险的不敏感。然而在上文中也已经分析了运用投贷联动进行 PPP 项目存在的风险复杂性，这就要求商业银行在明确参加项目之前对此类风险进行分析并制定合理、科学、合规的业务发展规划，同时要求政府方面加强对企业的资金额度限定管理以及谨慎授信，尽量减少“兜底”的产生。此外，在科学规划发展前景中又包括完善合理的考核制度。

3. 加强对专业服务的利用，健全项目定价机制

由于投贷联动支持PPP的项目周期长、专业性强，其推广运用涉及合作方国有资产转让的管理和价值确定，必须发挥资产评估的专业作用。资产评估机构可在确定特许经营权交易底价、运营价格、项目后评价、期满退出价值等各个环节中提供专业服务，为投资主体做出合理决策提供价值尺度，防止不合理让利或利益输送，同时维护公共利益，并促进PPP项目各方平等合作、归位尽责。

4. 建立投贷联动业务专业团队

投贷联动业务对商业银行提出了很高的专业性要求，除了熟稔银行传统信贷业务及风控的人员，还需要在企业经营领域具有丰富经验的专家，以及对企业所属行业的发展特点及规律有深入研究能力的专才。因此，商业银行要培养一支具有法律、经济、财务、资本运作、前沿IT科技等方面知识的复合型人才队伍，或与相关公司合作引入一批专业人才负责开展投贷联动业务。

5. 谨慎、合理地选择PPP项目类型

基于完备的观察和标准化评价后，选择适合的项目是开展项目的首要步骤。对于项目的选择要注意风险的重要影响因素，如投资的杠杆设置以及投资机构的投资比例设置等，从而防范风险的过度集中以及特殊行业带来的行业风险等。总之，项目的选择应锁定强力的战略合作对象，选择的范围集中在政府公信力担保以及政策支持的项目上等。

6. 优化银行及集团内部业务合作机制，完善机制建设，明确分工与定位

由于我国大部分商业银行内部组织架构条线分割情况普遍存在，导致业务开展过程中出现流程割裂的问题，从而增加了业务审批流程，影响业务办理效率。一些大中型金融集团未能根据自身组织架构及业务发展特点，建立合适的母公司与子公司之间利益考核联动机制。这些问题极大地影响了投贷联动业务合作机制。要有效开展投贷联动业务，商业银行必须建立适应业务发展的合作机制，将信贷收益、投资收益、潜在风险纳入考核机制，将所有参与方视为一个有机整体。根据投贷联动业务特点，建立涵盖投贷联动营销、尽职调查、业务审批、协议签订、贷后管理等包含贷前、贷中、贷后所有流程的专门工作机制。商业银行要与投资机构加强沟通合作，形成利益共同体，合理评估投资机构对

中小企业的增信，保证银行能够顺利获得企业增值收益。明确银行与集团内部子公司、银行内部相关部门的分工与定位，降低集团内沟通成本，缩短决策链条，提高协作效率。

7. 整合集团资源，创新金融产品

具有多金融业务牌照资质的集团公司，应充分发挥不同牌照所具有的比较优势，打通不同牌照业务之间的市场壁垒，激励跨条线、跨领域的金融产品创新，为目标企业提供包含资本入股、信贷投放、债券承销的一体化服务，实现整体业务对企业发展生命周期的全覆盖。同时，银行可为投资机构提供的不仅仅是投贷联动，还可以是资金募集、托管、财务顾问、客户推荐等综合性服务。

8. 充分依托相关政策与平台

在投贷联动支持 PPP 的项目中，投资者要充分利用相关利好政策。在国家越发支持政府与社会资本合作的前提下，已经出现了许多政府、银行、企业信息间的对接平台，如科技成果转化平台、科创企业征信管理平台、科技创新综合服务平台等公共服务平台。在运用投贷联动进行 PPP 项目的过程中，各方应当加强与科技服务机构的交流合作，通过示范推广科技带来的成果创新，进行信息共享，促进科技成果转化和再创新等，逐渐实现科技资源的有序运行和流转，从而为科创企业的发展打好基础，进而间接为科创企业投贷联动项目的发展做出贡献。

五、典型案例

这一部分内容选取了中政企基金作为投贷联动的示范案例。中政企 PPP 基金是公司型私募基金，其中已经有银行金融机构的身影，为了规避《商业银行法》第 43 条，工行、农行、中行、建行、交行都通过不同的子公司架构参与了基础设施的股权投资。并以投贷联动为中心，以 PPP 价值链为半径，以 PPP 全生命周期为服务期间，以风险为导向，全方位为投资端和融资端客户提供各类金融产品和服务。

中国政府和社会资本合作融资支持基金（以下简称中政企基金），是经国务院批准，由财政部与全国社会保障基金理事会、中国中信集团有限公司、中国人寿保险（集团）公司和部分银行金融机构共同发起设立。[①] 基金形式为公司制，由中国政企合作投资基金股份有限公司（母基金，以下简称中政企基金公司）和中国政企合作投资基金管理有限责任公司（母基金管理公司，以下简称中政企管理公司）共同完成融资支持工作。该基金公司作为社会资本方重点支持公共服务领域PPP项目发展。根据中政企基金工商登记经营范围有“非证券业务的投资、投资管理、咨询；股权投资；债券投资；项目投资；投资管理；资产管理；企业管理；经济信息咨询”等十类，具备股权投资质、项目投资资质、或企业管理资质和经济信息咨询资质等必备资质。

基金公司和管理公司的股权股东持股比例实际控制人几乎一样，以基金公司投资结构为例，从表2–2中的股权参与情况来看，参与基金公司股权投资的有中国建设银行、中国银行、中国工商银行、中国农业银行和交通银行这五大银行金融机构。

表2–2 中政企基金股东结构

三级股东	持股	二级股东	持股	一级股东	持股
中国建设银行股份有限公司	65%	建信基金管理有限责任公司	51%	建信资本管理有限责任公司	16.67%
信安金融服务公司	25%				
中国华电集团资本控股有限公司	10%				
建银国际（控股）有限公司	100%	建银国际（中国）有限公司	49%		
中国建设银行股份有限公司	67%	建信信托有限责任公司	100%	建信（北京）投资基金管理有限责任公司	16.67%
合肥兴泰金融控股（集团）有限公司	27.50%				
合肥市国有资产控股有限公司	5.50%				
中国银行股份有限公司	83.50%	中银基金管理有限公司	100%	中银资产管理有限公司	11.11%
贝莱德投资管理（英国）有限公司	16.50%				

① 参见 http://www.mof.gov.cn/zhengwuxinxi/caizhengxinwen/201509/t20150930_1484957.html，最后访问日期2018年7月14日。

续表

三级股东	持股	二级股东	持股	一级股东	持股
中国农业银行股份有限公司	51.67%	农银汇理基金管理有限公司	100%	农银汇理（上海）资产管理有限公司	11.11%
东方汇理资产管理公司	33.33%				
中铝资本控股有限公司	15.00%				
光大证券股份有限公司	55%	光大保德信基金管理有限公司	100%	光大保德信资产管理有限公司	11.11%
保德信投资管理有限公司	45%				
上市	/	交通银行股份有限公司	85%	交银国际信托有限公司	8.33%
湖北省人民政府国有资产监督管理委员会	100%	湖北省交通投资集团有限公司	9.8%		
中国工商银行股份有限公司	80%	工行瑞信基金管理有限公司	100%	工银瑞信投资管理有限公司	5.56%
瑞士信贷银行股份有限公司	20%				
/		国务院	100%	中国中信集团有限公司	5.56%
		国务院	100%	中国人寿保险（集团）公司	2.78%
		/	/	全国社会保障基金理事会	2.78%
				中华人民共和国财政部	8.33%

本部分从资本金的出资者构成角度，对银行金融机构参与私募股权基金重点流程进行分析：

（一）模式选择流程：银行金融机构投贷联动支持 PPP 模式

从股东构成角度分析，银行金融机构投贷模式的选择是多元化间接私募股权投资，而并没有直接持股。银行金融机构支持中政企 PPP 的模式有以下几种：

1. 控股基金公司结合控股资管公司模式

中国建设银行（以下简称建行）持有建信基金管理有限公司 65% 的股权，处于控股地位，以便于基金募集、基金销售、资产管理。通过控股建信基金管理有限公司从事特定客户资产管理（投资私募股权基金、项目组合管理）等业务。

2. 控股基金公司结合资管子公司模式

农行持有农银汇理基金管理有限公司 51.67% 的股份，设立农银汇理（上海）资产管理有限公司全资子公司，参股中政企 PPP 基金和项目公司。

3. 控股信托或基金管理子公司模式

建行持有建信信托有限责任公司 67% 的股份，处于控股地位，获取各类信托（资金信托、动产信托、有价证券信托）、投资基金管理、项目融资、公司理财、财务顾问等业务资格，管理私募股权基金，拓宽资金端渠道和业务价值链。设立建信（北京）投资基金管理子公司获取与私募股权基金相关的投资管理、投资咨询、实业投资、资产管理、财务咨询、企业管理咨询等资格，管理各类私募股权基金，包括 PPP 相关基金。（后文将对中国建行投贷联动模式进行详细分析。）交通银行并没有设立基金管理子公司，而是直接以控股信托的形式参与 PPP 基金。

4. “曲线”投贷联动

建行在中国香港地区设立建银国际（控股）公司（以下简称建银国际），直接进行私募股权直投业务，投资领域涉及金融、医疗健康、生产制造、景区投资管理、生态环境建设等。较为出名的股权投资企业有今日头条、小马奔腾。建银国际参与我国基础设施建设的投资并非直投的模式，而是间接投资的模式，从中政企案例来说，建银控股设立建银国际（中国）子公司，通过子公司持有建信资本 49% 股权，因另外 51% 的股权是建信基金管理公司持有，建行依然是建信资本的实际控制人，通过建信资本参与国内的私募股权投资，包括 PPP 相关基金的私募股权投资。

5. 子基金结合母基金

前四种模式中政企基金中均是参与了母基金的投贷联动模式，但是参与母基金的投资并非必选项，模式可独立。农行采用了母基金 + 子基金的模式。

母基金投资路线：农行通过控股农行汇理基金管理公司，设立农行汇理（上海）资管公司参与中政企母基金投资。

子基金投资路线：农行在香港地区发起成立农银国际控股有限公司，并通过控股公司在大陆设立农银国际（中国）投资子公司（农行还通过该子公司旗下的孙公司参股新疆“一带一路”投资基金），通过子公司设立孙公司农银国际企业管理有限公司，该孙公司持有铁建广德成长投资管理有限公司 50% 的股份（该公司已经中标广州南沙开发区三个 PPP 相关项目），通过私募股权基金（广德铁建创信投资合伙企业），投资中铁建新疆京新高速公路有限公司（项目公司），而该项目公司也是中政企母基金一级投资项目组合中的项目公司。（建行同样以母子基金联动的模式参与中政企基金投资的昆明三清和福宜两个高速公路项目）

6. 外部投贷联动

中国银行和英国最大的投资管理公司贝莱德合作进行外部投贷联动。贝莱德主要业务为针对机构与零售客户提供投资管理、风险管理与财务咨询服务，旗下知名基金包括贝莱德环球资产配置基金、贝莱德世界矿业基金、贝莱德拉丁美洲基金、贝莱德新兴欧洲基金、贝莱德世界能源基金及贝莱德新能源基金等，拥有丰富的股权投资经验。中国银行与贝莱德合作成立中银基金管理公司，然后中银通过控股公司又成立了中银资管子公司，参与中政企 PPP 基金的投资。

（二）人员结构组织流程：中政企基金人员结构

《私募股权基金管理人员内部控制指引》第 11 条规定，私募股权基金管理人应具备至少两名高级管理人员。从国外银行业务的发展历程来看，专业的管理是银行成功必不可少的核心要素，这需要通过专业团队的人员构成去实现。中政企基金公司（中政企管理公司人员结构与其类似）主要管理层人员构成为 16 位，其中董事 7 位，监事 9 位。这些人员的主要特点是曾担任多家金融机构的董事、监事和高管，包括银行、私募股基金（包括 PPP 基金）、证券公司、保险公司等，还包括负责政府采购的财政部国库司司长。专业的团队拥有丰富的信贷管理经验、项目管理经验、风险管理经验、企业管理经验和财务管理经验，从而拓展了资金筹集和融资项目渠道。高管人员专业经验的积累，提升了经营水平。

（三）投资项目组合流程

从投资组合角度分析，中政企基金投资组合有以下几个子流程：

1. 投资组合分析："项目公司股权投资 + 子基金"的一级组合模式

由中政企 PPP 可以看出，其投资组合是项目公司股权投资和基金组合的形式。该组合的有利之处在于：第一，项目公司股权投资组合以基础设施行业为导向，进行股权投资。第二，基金以区域为导向，进行 PPP 投资。二者结合可以形成"区域 + 行业"灵活选择的形式，优化母基金一级投资组合结构。

表 2-3 中政企基金主要投资组合①

公司＋基金组合（一级组合）	项目数	投资时间	中政企基金一级投资项目（二级组合）	认缴出资额（元）	股权/份额占比
项目公司组合	17	2017年8月24日	昆明三清高速公路有限公司	25000万	25
		2017年8月25日	昆明福宜高速公路有限公司	25000万	25
		2017年5月27日	三亚海绵城市投资建设有限公司	23300万	20
		2017年3月30日	易县旭华园区建设发展有限公司	10000万	10
		2017年8月19日	中铁建新疆京新高速公路有限公司	/	/
		2017年2月13日	浙江杭海城际铁路有限公司	130000万	19.12
		2017年2月21日	津黔（贵阳）市政工程建设有限公司	/	/
		2017年9月26日	中建宜昌伍家岗大桥建设运营有限公司	/	/
		2017年5月27日	中电建路桥集团江门建设有限公司	13896.4万	24.5
		2017年5月26日	滁州文创建设发展有限公司	11400万	30
		2017年3月29日	抚远市黑瞎子岛东极小镇开发有限公司	/	/
		2017年9月26日	中建宜昌伍家岗大桥建设运营有限公司	/	/
		2017年11月24日	中信清水入江（武汉）投资建设有限公司	4285.71万	30
		/	遂宁实久众建市政基础设施投资有限公司	/	/
		/	荆州葛洲坝城北快速路投资建设有限公司	/	/
		2017年12月19日	红河州元蔓高速公路投资建设开发有限公司	3000万	15
		2017年12月19日	红河州元绿高速公路投资建设开发有限公司	1500万	/

① 其中，中政企管理参与约7支子基金的投资。

续表

公司 + 基金组合（一级组合）	项目数	投资时间	中政企基金一级投资项目（二级组合）	认缴出资额（元）	股权 / 份额占比
子基金组合	7	2017 年 8 月 23 日	中政企河南省发展基金（有限合伙）	/	/
		2017 年 8 月 8 日	陕西中政企业合作基金合伙企业（有限合伙）	/	/
		2017 年 9 月 14 日	中政企（宁夏）合作基金（有限合伙）	400000 万	/
		2017 年 6 月 16 日	中政企（海南省）基础设施城乡发展基金合伙企业（有限合伙）	/	/
		2017 年 2 月 17 日	内蒙古中政企投资管理合伙企业（有限合伙）	500000 万	87.72
		2017 年 3 月 24 日	贵州省中政企合作基金（有限合伙）		/
		2017 年 6 月 16 日	吉林省中政企合作基金合伙企业（有限合伙）	400000 万	88.85

2. 投资区域的选择

由中政企基金 PPP 项目组合可以看出中政企一级项目公司和子基金投资区域倾向于经济发展落后于沿海的内陆地区，这样选择的原因可能出于以下考虑：第一，从宏观政策来说，此举符合国家强调区域平衡投资的政策导向。第二，从市场角度来说，这些区域需要依靠交通带动区域经济发展，经济的发展与落后的交通设施产生了矛盾，有巨大的交通基础设施的需求。第三，地方财政承受能力和政策优惠。第四，PPP 项目库中的项目资源。例如，中政企基金投资组合中，在贵州的投资项目有 5 个，占比 24%，在全国纳入 PPP 项目库的项目中，贵州省数量最多。

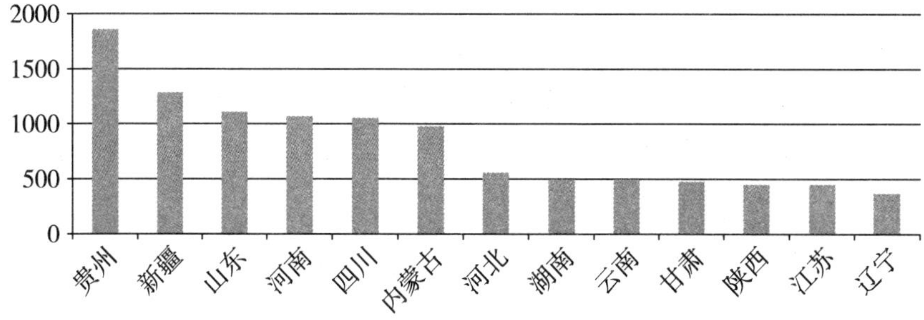

图 2-8　中政企基金主要投资区域

3. 投资领域的选择

中政企投资领域主要分布在以下几个领域：第一，交通领域相关项目公司11个，包含高速、桥梁、城铁等。其中高速公路7个、城际铁路1个。第二，土地一级和二级开发。第三，市政工程建设类。以上数据可以看出，中政企基金倾向于投资交通运输领域。交通领域（包括高速公路、铁路、城铁、港口、桥梁、人工运河等）之所以是PPP基金最为青睐的投资领域，是因为其未来现金流相对稳定和可预测，融资方式较为灵活（如后期的资产证券化和融资租赁），与市政建设和土地开发相比建设和经营管理成本较低，未来可持续的现金流量更稳定，成功经验较多，整体风险度与PPP基金资金端投资者的适合性要求较为匹配。

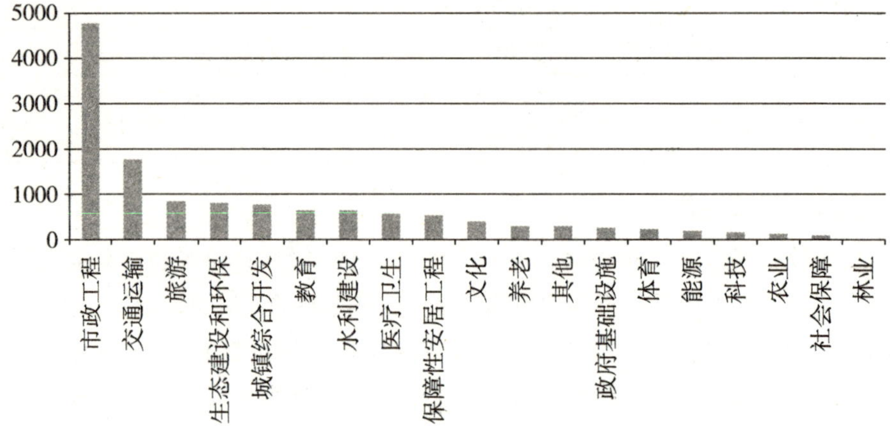

图 2–9　中政企基金主要投资领域

4. 基金模式的选择

银行金融机构参与的中政企PPP基金大多是公司型私募股权基金，可能的优势要素如下：

首先，尽管公司型私募股权基金治理结构较合伙型结构复杂，但是其为典型的资合性企业，一定程度上在管理层面摒弃了人合性企业以信任为基础的管理方式，经营决策更加理性。《公司法》对股东会、董事会及其管理人员的严格规范以及内部契约章程的灵活运用，使得股东的内部信息传递更为有效，投资决策更加科学。

其次，在未来政策允许和我国资本市场发展成熟等前提下，公司型基金可以提高中政企基金进入二级市场的可行性（国外也有合伙型私募股权基金上市案例，但在我国可行性较低），[①] 从私募转为公募 PPP 基金，直接将不同阶段的不同 PPP 项目组合匹配不同风险承受能力和风险意愿的机构投资者和一般投资者，通过上市 PPP 基金直接捆绑资金端和融资端，通过市场供需来进行 PPP 项目的价值发现，确定 PPP 基金的定价、组合、项目规模、数量和结构，降低融资中介成本，提高融资效率，更加符合市场规律。

再次，公司型 PPP 投资基金优势还体现在作为法律上独立的法律主体，相较于合伙型私募股权基金，公司型私募基金可以灵活地设立投资子公司，在一级投资上实现第一层风险隔离的同时，也实现了母子公司之间的联动。以法人主体身份作为 GP，管理私募股权基金，以 LP 的身份投资，获取投资收益的同时，实现了第二层风险隔离，形成项目公司 + 基金的组合融资模式，在一级组织结构上就将不同风险的融资工具组合，风险双重隔离，符合马尔茨维诺的组合投资理论和捆绑销售理论的帕累托效应改进，更加受各类投资者的青睐。

最后，公司型基金易于实现“双层”投融渠道，有利于投融结构内部金融工具的“转化”和“流动性”，实现资本的最优时间交换价值。在投融渠道分为基金层面和项目公司层面时，通过双重融资，项目层面成熟 PPP 项目公司资产重组或者资产证券化退出等收益用于归还基金层面的到期债务或者用于资助新项目，基金层面的再融资用于项目层面的股权和债权的投资，满足项目层面融资需求，实现基金层面和项目层面资金内部的“上下”和“平行”循环的结合，最大限度地减少资金沉淀时间差的成本，尽可能实现融资与还款安排的“无缝衔接”，达到最大化资金的时间交换价值的效果。我国合伙型基金在贷款、发行债券资质等融资层面不如公司型基金渠道多（如公司可发行债券、上市募集），公司型基金可以在“内部资金循环”获取时间价值层面，有更广的投融资渠道，“双层”投融安排可行性更高，对投资项目组合管理操作更为灵活。

---

① 参见邢会强：《有限合伙制私募股权基金上市的法律问题》，载《中外法学》2010 年第 1 期。

六、相关法律法规

1.《中华人民共和国证券法（2014 年修正）》

2.《中华人民共和国政府采购法（2014 年修正）》

3.《中华人民共和国商业银行法（2015 年修正）》

4.《关于大力推进大众创业万众创新若干政策措施的意见》（国发〔2015〕32 号）

5.《国务院办公厅转发财政部、发展改革委、人民银行〈关于在公共服务领域推广政府和社会资本合作模式指导意见〉的通知》（国办发〔2015〕42 号）

6.《商业银行理财产品销售管理办法》（银监会令 2011 年第 5 号）

7.《商业银行资本管理办法（试行）》（银监会令 2012 年第 1 号）

8.《中资商业银行专营机构监管指引》（银监发〔2012〕59 号）

9.《中国银监会关于完善银行理财业务组织管理体系有关事项的通知》（银监发〔2014〕35 号）

10.《私募投资基金监督管理暂行办法》（证监会令第 105 号）

11.《国家发展改革委关于开展政府和社会资本合作的指导意见》（发改投资〔2014〕2724 号）

12.《关于进一步做好政府和社会资本合作项目示范工作的通知》（财金〔2015〕57 号）

13.《中国银行业监督管理委员会、科技部、中国人民银行关于支持银行业金融机构加大创新力度开展科创企业投贷联动试点的指导意见》（银监发〔2016〕14 号）

14.《关于加强中国政企合作投资基金管理的通知》（财金函〔2018〕95 号）

15.《关于保持基础设施领域补短板力度的指导意见》（国办发〔2018〕101 号）

第三章

通过开发性金融实现 PPP 融资

一、开发性金融概念

开发性金融这一概念最早由我国国家开发银行提出，是对政策性金融的深化和发展，它以服务国家发展战略为宗旨，以国家信用为依托，以市场运作为基本模式，以保本微利为经营原则，以中长期投融资为载体，在实现政府发展目标、弥补市场失灵、提供公共产品、提高社会资源配置效率、熨平经济周期性波动等方面具有独特优势和作用，是经济金融体系中不可替代的重要组成部分。

开发性金融介于政策性金融和商业性金融之间，依托国家信用，与国家宏观政策规划方向一致。不同于政策性银行，开发性金融完全以市场化运作支持国家战略，只要是开发性项目都可介入。而开发性金融不同于商业性银行之处在于，开发性金融机构并非追求利润或者股东权益最大化，而是在确保收支平衡或者略有盈余的前提下努力实现政府所推动的经济社会发展的目标。

开发性金融可以由国别、区域或多边的发展银行来提供。常见的开发性金融机构包括国家开发银行、亚洲开发银行和世界银行。另外，亚洲基础设施投资银行和新发展银行也是开发性金融的提供渠道之一。国务院在 2015 年明确批复我国将国家开发银行定位为开发性金融机构。

二、开发性金融的发展概况

世界上第一家开发性金融机构诞生于 1822 年的比利时，主要职能是促进新工业的创立，购买其支持公司的股票来参与资本、建立金融机构等。[①]20 世纪 30 年代，美国、法国等发达国家也开始着手建立开发性金融机构，以应对大萧条之后的困难局面，恢复经济中的中长期投资活动。“二战”之后，以世界银行

① 李楠、张璞：《开发性金融理论研究——基于市场增进与最优制度安排的动态一致性》，载《金融教学与研究》2015 年第 4 期。

和亚洲开发银行等为代表的国际开发性金融机构，从支持各国基础设施建设的角度出发，为满足世界各国重建与工业化过程中经济发展对长期资本融资的迫切需求作出了突出的贡献，从此开发性金融逐渐被各国政府重视从而蓬勃发展起来。日本、联邦德国以及一大批战后新独立的发展中国家都先后设立了开发性金融机构。

20 世纪六七十年代，开发性金融机构为提高社会福利在世界范围内陆续成立。作为向特定部门、未开发的领域提供贷款的开发性金融，到 20 世纪 90 年代才发展成一种模式①。到了 20 世纪 90 年代末期，开发性金融机构糟糕的市场业绩和社会效益引发人们对其存在价值的重新审视，这一时期开发性金融机构数量大幅减少，生存下来的则逐步进行商业化改革，部分银行对股权结构进行了商业化调整，部分银行对运作机制进行了市场化改革，还有一部分银行的服务方式实现了商业化转型和专业化运作。

开发性金融一般经历三个发展阶段：第一个阶段是完全政策性阶段，开发性金融作为政府财政的延伸，以财政性手段弥补市场失灵；第二个阶段是混业经营阶段，也是机构拉动阶段，开发性金融机构以国家信用参与经济运行，同时从事政策性和商业性业务，担负着社会责任和市场业绩两方面的责任；第三个阶段是完全市场化阶段，随着市场的充分发展，各类制度不断完善，国家信用与金融运行分离，经济运行完全纳入市场的轨道、框架，开发性金融也就完成基础制度建设的任务，作为市场主体参与运行。②与开发性金融发展阶段相匹配，开发性金融机构存在三种不同的运作模式：低政策下的单一业务模式（完全政策性阶段）、低政策下的多元业务模式（混业经营阶段）和无政策下的多元业务模式（完全市场化阶段）。

经过 20 多年的实践探索，我国已形成具有中国特色的开发性金融之路。近年来，党中央、国务院多次强调要发挥开发性金融服务国家战略的功能和作用。从党的十八届三中全会首次在中央文件中提出“开发性金融机构”的概念，到 2014 年 4 月，中央政治局会议、国务院常务会议强调更好地运用开发性金融支

---

① 陈元：《改革的十年，发展的十年——开发性金融理论与实践的思考》，载《求是》2004 年第 13 期。

② 林勇、张宗益：《论现代金融体系下的开发性金融的理论定位》，载《重庆大学学报（社会科学版）》2007 年第 5 期。

持棚户区改造，再到2015年政府工作报告的提出，发挥好开发性金融、政策性金融在增加公共产品供给中的作用，再到2016年提出推进开发性金融支持海绵城市建设以及小城镇建设，都体现了国家对开发性金融的肯定和对更好发挥开发性金融作用的期望。

三、开发性金融的基本原理与特征

（一）开发性金融的基本原理

开发性金融的基本原理是组织增信。组织增信是指以特定组织的信用来提高某一企业或者机构的信用水平。在开发性金融的实践中，开发性金融机构依托国家信用发挥自身的融资优势，再加上政府的组织协调优势，两种优势相互结合补充，把政府的力量化为市场的力量提高市场主体的信用能力。开发性金融与政府双方通过共建信用体系和制度体系来防范风险，体现一种共识、共建、协调、合作的关系。

在组织增信的运作过程中最基本的要素是国家的信用体系。开发性金融的运行基本条件之一就是政府的信用保障，有了国家和政府的信用体系，组织增信才能顺利进行。国家的信用体系建设能够推动相关市场制度的发展完善，开发性金融机构与政府一起创建合理的信用体制、制度体制，可有效地避免信息不全、金融风险，指导市场在标准的范围内运行，对现有金融体制中的缺陷给予及时的补救。

（二）开发性金融的特征

1. 以服务国家发展战略为宗旨

开发性金融以国家利益为重，从我国的国情和发展出发，主要扶持符合我国国家政策方向的项目进行融资，率先进入市场中薄弱的领域参与市场培育和制度建设，弥补制度缺陷和市场失灵，引领其他的社会资本以实现政府特定经济和社会发展的目标，共同服务国家发展的大方向。

2. 以国家信用为依托

开发性金融机构享有准主权级的国家信用。主要体现在：开发性金融机构可以将主权信用运用到金融市场中变成筹资能力，将金融机构的短期存款和社会资金转化为长期资金，在尚未成熟的领域与将要成熟的领域搭建桥梁，对国家重点发展的产业、行业和区域提供大数额的长期贷款。开发性金融机构发挥国家信用的途径是国家及政府组织增信。通过与政府合作增信，开发性金融机构能够充分发挥政府的组织优势和政治优势，弥补现有金融制度的缺陷。

3. 以资金运用保本微利为原则

开发性金融机构的运营不以营利为首要目的，而是按照“服务发展、管控风险、适当盈利”的经营方针，在实现国家政策目标的同时兼顾资产质量和一定的收益，保持机构的持续健康发展。

4. 以市场化为基本运作模式

开发性金融机构以市场化的运作方式，在政府与市场之间搭建起一座桥梁，服务于国家发展战略。这种市场化的运作方式，使得开发性金融机构的工作效率更高、影响力更大，对政府失灵、市场失灵起到有效的防范作用。

四、开发性金融与 PPP 的契合性

（一）结构上的契合性：组织增信

PPP 是基础设施领域产生的制度创新，并且目前已经发展到覆盖大多数的公共产品和社会福利等社会基础设施，而开发性金融的经营目标是集中资金支持基础设施、基础产业和支柱产业建设，并对所投项目在资金总量和资金结构配置上负有宏观调控的职责，其经营原则是不以追求利润最大化为目的。同时，开发性金融的经营基础是国家信用，通过国家信用筹集资金，在发放贷款的同时，致力于推动市场建设和制度建设，以实现政府政策目标为己任。

（二）时间上的契合性：中长期投融资

PPP 项目期限相对较长，少则 3–5 年，多则 20–30 年，一般的商业金融机构提供的资金期限较短不能与项目所需的长期借款匹配。开发性金融机构以国家信用为基础，从事中长期投融资业务，因而 PPP 项目可以通过社会资本和开发性金融的中长期信用解决基础设施领域的资金不足以及资产负债不匹配的问题。

（三）内容上的契合性：降低市场交易成本

开发性金融通过信用建设，即国家信用、政府信用、开发性金融机构的信用为企业增信，在市场与政府之间搭建了沟通的桥梁，促进信息的有效传递，帮助政府、PPP 项目、社会资本等利益相关者之间有效传递信息，降低市场中的交易与沟通成本，增强彼此互信。

五、开发性金融参与 PPP 的决策流程

（一）开发性金融的运作模式

1. 政府选择入口

政府选择入口的主要形式是按照国家产业政策和地区战略规划，地方政府选择确定建设项目，申请开发性金融的资金支持。开发性金融机构需要对单个项目进行审核，以开发银行为载体，在信用方面对贷款主体、政府进行评审。另外，结合项目地区的经济发展水平、当地财政水平、市场主体的履约情况以及信用复核情况，具体确定是否给予融资以及调整融资金额。

构建开发性金融融资项目准入模式，首先需要成熟的融资平台作为依托。开发性金融机构与政府合作，两者在市场融资方面达成共识，由开发性金融机构提供咨询建议，结合政府的信用优势与开发性金融机构的融资优势，与中介组织、企业共建平台，充分利用政府的信用与组织资源，开发性金融机构从中推动融资，同时，群众组织如信用协会等民主参与监督和评议，担保公司担保、贷款平台辅助管理与承贷，中小金融机构代理结算。

通过利用政府组织增信，做实做强融资平台。政府增信的措施有直接投资、资本金注入、投资补助、贷款贴息、税收优惠、政策性亏损补贴、划拨资产、资产回购、授权经营、特许经营、改制重组等。

2. 开发性金融孵化

开发性金融孵化是开发性金融运作中最关键的环节，“治理结构建设”“法人建设”“现金流建设”“信用建设”这四大建设是开发性金融孵化的核心内容。

（1）治理结构建设。在没有法人或者法人初步建立之时，若制度的完善程度足以保证发展成为公司，则可以以现有相关利益主体协调下的治理结构，在

一个阶段内替代法人治理结构，即在开发银行的协助推动、政府协调下，以市场化手段形成完善的内部治理结构，弥补平台法人治理结构建设的不足。

（2）法人建设。从流动性平衡切入，将收支流量平衡的法人孵化成资产负债表平衡的法人。以融资推动法人的信用建设，使法人成为独立的信用主体，并促进企业业绩增长，使法人从无到有，使信用由弱到强，实现融资主体和融资体制的成功。

（3）现金流建设。这是政府融资平台建设的重点，即将政府补贴转为企业的现金流。开发性金融机构一般采取两种方法建设现金流：一是通过信用建设均衡现金流，采取政府参与、资源整合、法人建设、母公司贷款等进行阶段性调整弥补单个项目的现金流的不足，使之趋于均衡，成为优质贷款；二是在不均衡现金流的基础上适应不均衡，构造开发性金融产品，即采用“前低后高”的现金流贷款产品。

（4）信用建设。将地方政府的信用与开发性金融的信用和融资优势有机结合，经过管理、使用、分配和考核以及最后的转化，集中用于企业信用的培育与完善，使之发挥最大的效益。因此，一方面促进融资主体的信用意愿的提升，另一方面通过完善信用结构，形成信用保障。

3. 市场出口

市场出口即开发性金融的退出。通过上述开发性金融的孵化，市场主体的行为得到规范，市场融资更加完善，这使得大量融资“瓶颈”逐渐转变成可商业化、市场化运作的发展领域，进而带动其他商业资金以及社会资金进入市场，使项目融资从单纯的政府拉动转向真正的市场拉动并具备未来持续发展的增长潜力，实现市场出口的最终发展目标。

确保开发性金融资金得到偿还的重要手段就是形成市场出口。在对 PPP 项目进行支持时，不仅要动态调节，也要在合适的时机选择退出以实现资金的退出。在实际操作流程中需要考虑注资之后的经营管理情况及项目的发展前景，适时调整投资项目的退出计划。

开发性金融机构决定撤回资金时，退出时机的选择十分关键，需要考虑国家有关政策、产业发展阶段、市场回报、产业风险、环境等因素。

对于以银行信贷为主要形式的业务可以通过渐进退出、资产证券化、信贷转型、清算、贷款销售、并购、回顾等形式实现资金退出。对于以风险投资等融资方式为主的业务也可以通过IPO、回购、清算、并购等方式实现资金的退出。

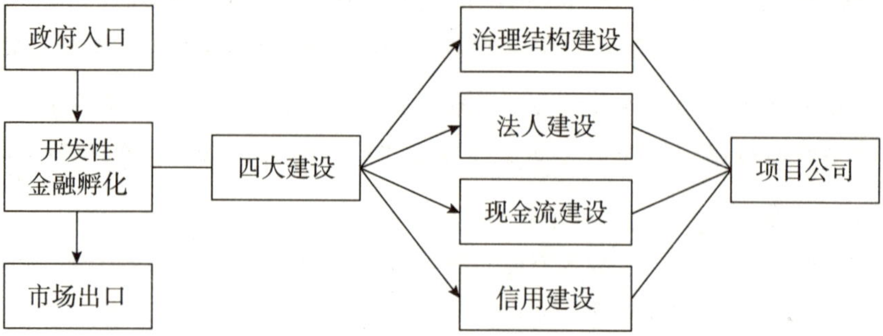

图 3-1　开发性金融的运作模式

（二）开发性金融参与 PPP 的运作流程

开发性金融合作阶段，主要包括政府组织增信、建设信用平台以及开发性金融合作协议的签订等流程。这一阶段也是整个融资模式运行的核心阶段。

开发性金融机构根据项目情况提供规划建议，与当地政府共同搭建平台，成立项目投融资公司（平台建设），统一承担资金贷款、还款责任以及资金的使用、建设及运营管理，发挥融资主体的功能。政府根据项目的资金需求向开发性金融申请贷款，须承诺在项目中给予财政贴息，并在项目中减免相应税收给予支持。开发性金融机构对申请贷款项目的借款人资质、贷款用途范围、还款来源、信用结构等进行审核，决定是否进行融资。确定项目后，当地政府与开发性金融机构签订合作协议，明确双方的权利和义务、贷款具体事宜、双方的合作目标等；开发性金融机构与项目投融资公司签订合同项目，确定贷款的具体数额、贷款期限、贷款利率等具体事宜。另外，开发性金融机构为项目投融资公司开立专项资金账户，归集相关收入资金，进行监管。开发性金融机构的项目信贷资金将配合政府财政补贴按比例投入项目建设，项目投融资公司负责项目资金的运营。项目投融资公司用现金流、经营性收入、土地出让收入等进行还本付息，若资产出现风险导致现金流不足以覆盖本息时，由当地政府给予财政补贴，保证开发性金融机构信贷资金的来源。为保障资金的有效使用，国开行应建立监督机制，派人进行定期、不定期检查，核实项目的进展以及资金使用情况，评估风险。

确定 PPP 公司阶段。公开招标后，开发性金融机构、当地政府、投融资公司对开发商进行选择。政府与开发商签订合作协议，组建 PPP 项目公司，明确双方的权利义务、履约担保、违约责任等。

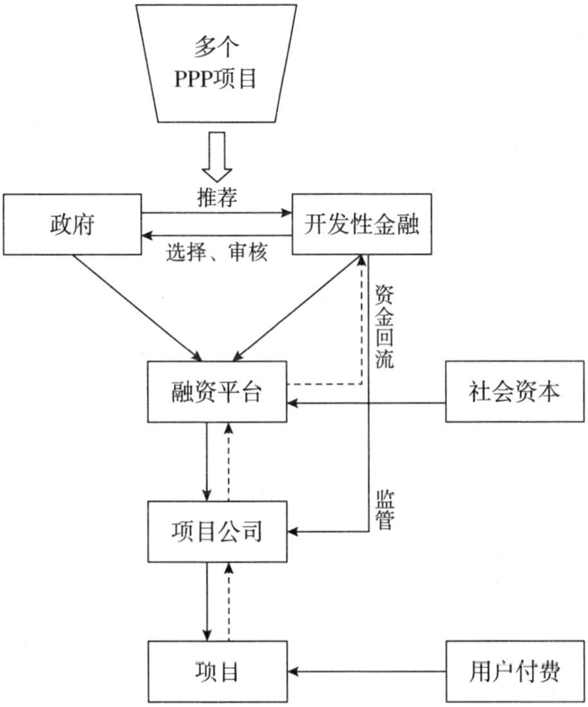

图 3–2　开发性金融支持 PPP 的运作流程

项目的实施阶段。项目公司在建设期间根据与开发性金融机构的协议获取贷款资金，将资金转款注入项目，同时开发性金融机构与政府在项目的建设期间进行监督。

在项目建设完成投入使用之后产生的回流资金，如用户付费、偿还本息等用于偿还开发性金融机构。根据不同的 PPP 项目的类型以及借款主体、借款性质，开发性金融机构对应不同的资金偿还渠道。可以将项目分为全部公益性、仅具有部分偿还能力、能够完全依靠自身还款三种情形。对于全部公益性的项目，政府需要继续承担补贴还款责任；有部分偿还能力的 PPP 项目，PPP 项目公司需要逐步覆盖贷款额，政府可以逐步减少补贴；对于可以完全依靠项目运营自身进行还款的，政府只需要在其中承担组织增信的责任。

六、开发性金融支持 PPP 过程中的操作障碍及解决

（一）开发性金融支持 PPP 过程中的操作障碍

1. 信用风险控制手段比较有限

从信用结构来看：近几年，受经济下行压力持续加大和资产荒的影响，资金出路较为有限，各路资本涌向 PPP 领域，尤其是政府付费类 PPP 项目竞争已呈白热化，表现为利率普遍下浮 5%–10% 和信用结构单一，基本上是仅有 PPP 协议项下的应收账款质押，没有附加第三方担保、资产抵押等其他担保方式，再加上 PPP 融资为项目融资，不是一般意义上的公司融资，一旦项目运营失败，金融机构只能追索到 SPV 项目公司。信用结构单一，导致信用风险控制手段单一。

从 PPP 模式的契约性来看：重合同、守信用的契约精神是 PPP 模式的基石。PPP 模式推行的关键在于政府的契约精神，较高的政府信用度是采用 PPP 模式融资的必要条件，而目前国家相关部门以及地方政府出台的涉及财政风险防范的相关政策少之又少，金融机构面临较大的信用风险。

2. 引资过程存在问题

一是项目审批和融资方案孰先孰后问题。国家独立对项目进行投资时，要求在项目可行性研究报告中必须确定融资方案，然后才能获得审批，即先确定融资方案，再进行项目审批。但在引入社会资本的过程中，项目投资方出于对风险的控制，要求先提供可研性报告，证明项目的可行性才能同意投资，即先审批项目通过再确定融资方案。二是当前 PPP 项目融资产生了如下变化：融资主体由地方政府背景企业转变为 PPP 项目公司；项目的还款来源由土地出让金收入、财政回购款变为了 PPP 项目经营性收入；追索权由向地方政府的无限追索变为了对项目公司或者其担保人的有限追索。那么开发性金融机构对 PPP 模式的关注点需要由原先的对主体甄别为主，转变为对 PPP 项目以及其项目公司的实际判断，项目的盈利能力、国别风险、市场风险、补贴机制、风控措施、担保措施等都需要进行综合考虑。

3. 回报率低且政府的补贴和价格协同机制落后对社会资本的吸引力弱

PPP 项目建设期和投资回收期长，对银行资金占用时间长，资产流动性差。基础设施项目的投资回收期一般为 10 年以上，有的达 30 年甚至更长。社会效益

往往大于经济效益，且回报率较低。有些项目自身收益并不十分理想，甚至无回报或项目本身没有还款能力，这很大地减弱了 PPP 对社会资本的吸引力，即便是以国家信用背书的开发性金融机构牵头融资也很难改变资本逐利的本质。在新的预算体制的要求下，政府进一步规范了财政对于此类准公益性项目的财政支持方式，要求以特许经营权、合理定价、财政补贴等事先公开的收益约定规则补贴项目建设运营的收益，同时将补贴纳入财政预算管理。以“基金 +PPP”模式为例，政府与银行合作设立基金，并通过银行表外理财让社会资本介入，银团贷款后续跟进投放到融资项目中，从回报率来看，基金收益大约在 6% 至 7%，前期要进行多轮招标敲定“组团”参与基金的商业银行，后续这些银行对项目的贷款利率下浮不超过 6%，这种模式其实就是给基建项目提供综合融资解决方案，与贷款相结合，杠杆率比较高，对银行而言是保本微利，并且政府的补贴和价格协同机制落后，所以开发性金融机构的融资之路并非一片坦途。这需要政府建立投资、补贴与价格的协同机制，毕竟基础设施建设投资短期内很难有收益。

（二）开发性金融支持 PPP 模式的解决建议

作为政府的开发性金融机构，国开行承担着国家新型城镇化主力融资行的战略使命，在助力国家推进城镇化 PPP 融资上，国开行作为熟悉政府投融资的金融机构，积极参与，发挥优势，在破解城镇化融资难方面提供融资融智服务。

1. 规划先行，共同推进建立 PPP 示范项目库

发挥开发性金融机构的专家优势和在城市基础设施领域多年积累的经验以及能力，运用国开行规划先行的理念，通过财务顾问、融资规划与地方政府及财政部门一道共同开展项目筛选，建立省级 PPP 示范项目库，共同孵化。开发性金融机构主动参与地方政府 PPP 项目的前期规划、项目设计、合作伙伴选择以及合同设计、业务谈判、风险管理等领域，帮助公私双方规范业务合作，建立长效机制。

2. 坚持试点先行，做好风险管控

PPP 项目结构复杂、时间长，涉及政府、私营合作伙伴方、融资方等多个利益相关体，涉及的风险因素较多。开发性金融机构在参与 PPP 项目中，运用政府评级、客户风险防控相关技术，协助测算评估各参与方的实力和水平，合理设计项目风险分担机制，为项目合同框架和原则提供支持和建议。

3. 优先选择用户付费性 PPP 项目，同时开展政府付费项目的探索

用户付费项目在现金流设计上相对容易，且对政府后期的预算支持影响较小，更适合当前财政预算硬约束明显加强、政府债务规模控制的要求。国开行结合地方政府合作经验和地方系统性融资规划编制的知识储备，协助地方政府及财政部门优先实施此项目；同时结合地方政府实际情况，对政府债务水平低、政府付费意愿强、社会效益高的项目，应积极进行探索试点。[①]

七、典型案例

本章以包头市北梁棚户区改造 PPP 项目为例进行解析。

（一）案例背景

首先，包头市北梁棚户区是全国最大的集中连片城市棚户区，位于包头市东河区中心区域，总面积约为 13 平方公里，其中国有土地约为 8 平方公里，集体土地约为 5 平方公里，居民约有 4.7 万户、12.4 万人。受自然环境、历史条件、经济水平和社会等各种因素影响，北梁棚户区存在市政基础设施匮乏、生活环境和居住条件差、低收入人群居多、多民族聚居并有地形结构复杂等特点，导致拆迁难度大，建设周期长而不适用传统的改造模式。其次，北梁棚改项目总投资为 232 亿元，除国家和自治区、市两级的自筹部分，仍有 170 亿元的资金缺口。另外，由于拆迁涉及居民 12.4 万人，三年内需拆迁房屋建筑面积 373 万平方米，新建回迁住房 395 万平方米，建设配套设施 55 万平方米，而购买安置房、棚户区拆迁、新建安置房以及配套基础设施等环节需要同步进行，使得资金使用、监管以及回笼控制难度大。棚户区改造举步维艰。

（二）开发性金融支持北梁棚改的主要做法

国家开发银行是支持北梁棚户区改造的主力银行，以“政府主导、市场运作、金融支持、滚动发展”的运作模式推进棚户区改造项目的实施。

国家开发银行从规划视角进行全局谋划。通过亲赴现场调研，国开行编制

---

① 刘翔：《浅论 PPP 模式建设融资和开发性金融支持途径》，载《江西建材》2016 年第 10 期。

《内蒙古棚户区改造系统性融资规划》与《包头市系统性融资规划》，设计了新型的投融资机制，确定区域投融资发展线路图，并且将包头市列为全国唯一一个省级平台以外的棚户区改造贷款试点城市。国开行通过与市政府研究居民安置计划、实施方案以及融资计划，将棚户区安置区建设、现有棚户区市政设施改造、棚户区保留建筑的保护及旅游开发纳入规划。

在控制政府债务风险上，国开行实行"统一评级、统一授信、统借统还"。通过开展统一评级，确定市政府的信用等级，对包头市的整体偿债能力做出预期判断；通过统一授信，规范市政府的债务管理，确定政府的融资空间；通过统借统还，对总量进行控制，做强做大融资主体，实行统一申贷、统一还款。

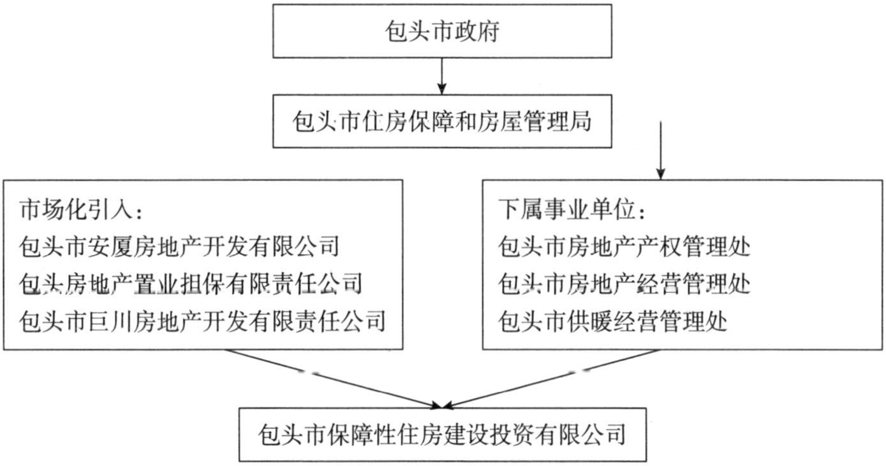

图 3-3　投融资主体搭建图示

国开行就棚户区改造项目中"拆迁难、拆迁慢"的问题，提出"购买、建设结合，优先支持购买安置房，快速启动棚改工作"的模式，该模式系国开行系统内首创，北梁棚改也成为首个通过购买安置房解决棚改问题的成功案例。2013年6月，国开行承诺贷款11.2亿元用于购买5193套安置房，当月发放5亿元，包头市当月即完成全年任务量50%。

国开行与包头市政府运用"公司合营"的模式，通过多元融资做大投融资主体。一是有效整合财政资金，做大做强包头市保障性住房发展建设投资有限公司。二是通过对包头市保障性住房发展建设投资有限公司注资，降低其资产负债率。三是以市场化的方式引入包头市安厦房地产开发有限公司、包头市房地产置业担保有限责任公司等企业，利用其专业运营和管理经验，完善公司的治理结构和现金流建设。协调内蒙古电力公司等区内企业做好配套基础设施建设，积极协助政府引入市场化主体。

国开行为北梁棚户区改造项目量身定做产品组合。通过协同专项贷款、专项债权以及专项基金，多渠道为北梁棚户区改造进行融资。在贷款上，国开行加大专项贷款的投放力度，保证足额到位，发放10亿元过桥贷款弥补项目资金短期投入不足，后续再发放100多亿元的中长期贷款解决滚动开发的资金需求；在债券上，协助包头市发行“债贷组合”专项债权，共同策划发放20亿元企业债券，解决期限错配问题，实现稳定的项目现金流；在基金上，国开行与包头市政府设立北梁专项基金等，引导社会资金注入，加大北梁棚户区改造项目的支持力度。国开行通过“融智+融资”模式，改善投资环境，其他的金融机构也积极参与国开行的贷款银团或提供授信服务，如中国农业发展银行贷款40亿元支持北梁土地储备项目。

在信用结构的设计上，通过土地抵押、开立偿债资金专户、应收账款抵押等形式为国开行回收资金提供保障。一是国开行将整合后的资金统一发放至包头市保障性住房发展建设投资有限公司，包头市保障性住房发展建设投资有限公司将一部分资金用于购买和建设安置房；其余部分由北梁棚户区搬迁改造现场指挥部用于棚户区居民区及企事业单位的征拆。二是当棚户区居民被安置到新购买的安置房后，产生回流资金，一部分资金以购房款的形式回收至包头市保障性住房发展建设投资有限公司；另一部分在对棚户区居民进行安置后，搬迁腾空后规划建设用地约10000亩，先期选择2000亩条件较好的成熟地块，通过招商引资的方式进行土地一级开发，利用市场资金推进房屋征收和安置房建设，以有效解决资金缺口，缓解政府资金投入压力。同时逐步将搬迁腾空的8000亩土地纳入土地储备计划，集中进行收储，并进行土地整理和配套建设，待土地升值后适时挂牌出让，以土地开发收益的形式回收至包头市政府，充实财政资金，确保市财政及时足额地向借款人包头市保障性住房发展建设投资有限公司拨付委托代建资金，最终上述两部分资金通过偿还本息等形式回收至国开行，以有效防范政府信贷风险。

截至2015年9月，国开行累计向北梁棚户区发放贷款142亿元，惠及居民

15.3 万人，充分彰显了服务国家战略、关注热点、解决难点、以国为家的家国情怀。

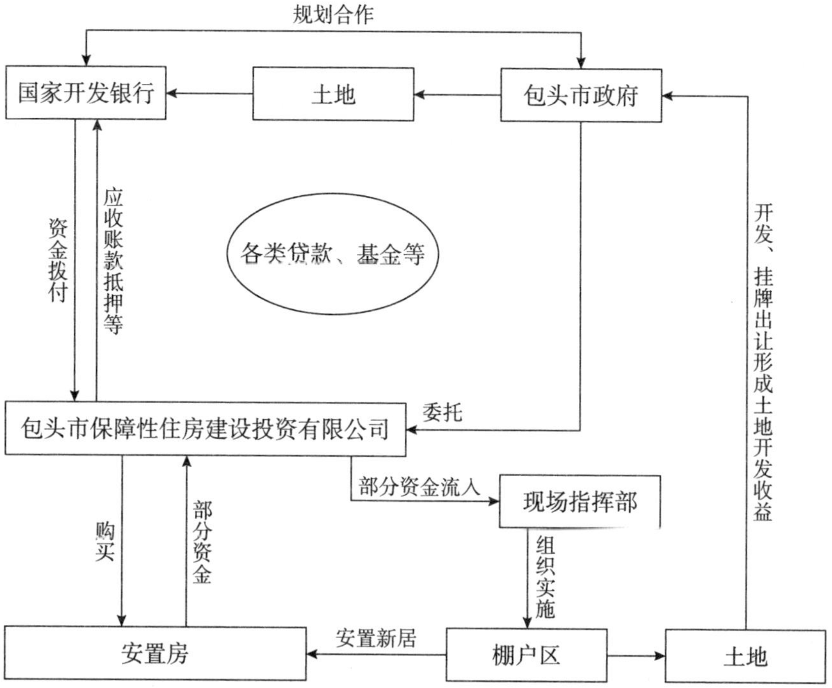

图 3-4　棚户区改造投融资模式图

八、相关法律法规

1.《国务院关于进一步做好城镇棚户区和城乡危房改造及配套基础设施建设有关工作的意见》（国发〔2015〕37 号）

2.《国务院办公厅关于推进海绵城市建设的指导意见》（国办发〔2015〕75 号）

3.《国务院关于创新重点领域投融资机制鼓励社会投资的指导意见》（国发〔2014〕60 号）

4.《中共中央国务院关于深化投融资体制改革的意见》（中发〔2016〕18 号）

5.《住房和城乡建设部、国家开发银行关于推进开发性金融支持海绵城市建设的通知》（建城〔2015〕165 号）

6.《中国银监会、国家发展和改革委员会关于银行业支持重点领域重大工程

建设的指导意见》（银监发〔2015〕43号）

7.《关于金融机构资产管理业务的指导意见》（银发〔2018〕106号）

8.《关于规范金融企业对地方政府和国有企业投融资行为有关问题的通知》（发改办财金〔2018〕23号）

第四章

利用保险资金进行 PPP 融资

一、保险资金的概念及保险资金投资 PPP 项目的发展状况

（一）保险资金的概念

保险资金是指保险集团（控股）公司、保险公司以本外币计价的资本金、公积金、未分配利润、各项准备金及其他资金。[①]

（二）保险资金投资 PPP 项目的背景及发展状况

1. 保险资金参与 PPP 项目的背景

随着 2006 年保监会《保险资金间接投资基础设施项目试点管理办法》正式对外发布实施，保险资金的投资渠道得以拓宽，国家和地方基础设施项目的融资方式也更加多样化。就政府投融资方式中的资金来源角度分析，通过投融资平台进行地方政府融资的模式已经不再是政府融资的主要选择。在社会、经济全面发展的大环境下，保险行业整体实现大跨步式发展，行业实力得到显著提升。

2. 保险资金投资 PPP 项目的发展状况

随着 2006 年《保险资金间接投资基础设施项目试点管理办法》的实施，保险资金直接或间接通过各类资管产品投资基础设施类项目已有十余年的时间。自 2010 年起，保监会逐步开始拓宽保险资金投资基础设施项目的渠道，保险公司也纷纷利用其保险资金成立自己的资管公司与信托公司，通过相匹配的资管产品投资于地方基础设施项目。保险资金事实上已凭借其资金实力、投资规模成为建设基础设施类项目的主力投资者。2016 年，保监会《保险资金间接投资基础设施项目管理办法》取代原《保险资金间接投资基础设施项目试点管理办法》，进一步明确保险资金可以投向 PPP 项目，并且放宽了保险资金投资 PPP 项目在项目增信、可投项目标的等诸多方面的条件。保险资金自 2006 年以来积极

---

① 参见 2014 年修订的《保险资金运用管理暂行办法》第 3 条。

参与 PPP 项目，将大量资金投资于大型基础设施项目，参与众多国家及地方基础设施投资项目。其中的经典项目包括 2008 年保险资金投资 160 亿元成为京沪高铁第二大股东，参与京沪高铁建设；2010 年以 150 亿元的合同规模参与建设南水北调工程；2013 年投资中石油西气东输油气管道项目；2014 年发起并投资粤东西北城市发展产业投资项目，项目规模达 120 亿元；2014 年设立规模达 70 亿元的“中再－北京地铁 16 号线股权投资计划”等。

二、保险资金与 PPP 项目的契合性

（一）保险资金投资的特点

与传统 BOT 相比，政府对项目中后期建设、维护、管理运营过程参与程度更深，企业在调查、科研、立项等工作阶段更为深入，双方依据各自特点进行优势互补成为 PPP 的主要特点。在具体的 PPP 项目中，政府与企业双方均全程参与项目建设，双方之间信息更对称，双方的合作时间更长。整体而言，保险资金具有投资期限长、供应稳定、投资需求大等特点，而 PPP 项目具有建设运营周期长、收益稳定、资金需求量大等特点，双方的优势互补且吻合。[①]

参与基础设施投资收益较为稳定，适合险资等久期较长的资产配置。投资收益率平均在 6%–8%，投资计划期限主要以 5–10 年为主，收益率较同期企业债、国债、存款等稳健投资产品收益率普遍较高。在现行投资市场整体环境不佳的状况下，基础设施投资的渠道既稳健回报率又高。对于这类投资，保监会也比较支持，2016 年的《关于基础设施债权投资计划管理暂行规定》，在基础设施债权投资计划的发行门槛、发行限度方面有所放宽。再加上最新一轮中央政府及各地方政府的基础建设项目集中获批，各地不断推出经济新政策，使得基础设施项目还将持续增长。

（二）契合性

在保险公司竞争非常激烈的今天，根据赔付率之差赚取死差率盈利已越来

① 李致鸿：《保险资金与 PPP“最佳拍档”？参与深度、广度仍待加强》，载《21 世纪经济报道》2016 年 10 月 12 日。

越困难。因此，保险公司越发重视通过险资投资的收益率与基准利率之差赚取利差利益。同时，由于近年来房地产行业持续走低，保险公司失去了一个优质的长期投资的渠道，此时投资于基础设施建设可弥补长期投资不足的短板，优化其资产负债的合理匹配。

1. 结构上的契合性

保险资金与 PPP 项目相对照，前者具有投资期限长、供应稳定、投资需求大等特点，而后者具有建设运营周期长、收益稳定、资金需求量大等特点，二者特征具有高度的吻合性。具体而言，首先，保险资金中融资、投保两项业务与 PPP 模式较为相关；其次，由于保险资金缺乏影响力和宣传力，同时存在投融资方式滞后、操作办理手续条件要求复杂等问题，使得保险资金需要借助投资 PPP 项目进行提升。在诸如风险把控、交易结构、收益分配等方面做好两者之间的平衡，保险资金将成为 PPP 项目长期稳定的绿色资金源和黄金资本。

2. 时间上的契合性

以养老险和寿险为代表的保险资金，有其他机构无可比拟的投资期限上的优势。PPP 项目投资期可长达几十年，而银行可释放的中长期贷款的时间及空间均有限，其他投资机构也面临期限不适配的风险，但保险资金投资期限可长达 10–30 年，与 PPP 项目的投资期可匹配。

3. 政策上的契合性

基础设施的建设是社会发展及稳定的需要，险资参与基础设施投资可保其高安全性、适当的收益性及高稳定性，不仅如此，险资参与基础设施建设还可以促进经济建设的发展，进而提升人们生活水平，增加对保险的需求，险资增加了又可以参与基础设施建设，从而形成良性循环。除此之外，运用 PPP 融资模式既可以实现保险公司与政府分享收益、分担风险，还可以加大保险公司与政府的合作；既可以促使保险公司在一定程度上获得政府的政策支持，还可以使政府的工作得到资金的支持。保监会出台了包括《保险资金间接投资基础设施项目管理办法》在内的多项政策支持保险资金参与 PPP 融资项目。

4. 实际操作上的契合性

保险资金属于低风险偏好型，PPP 是通过政府信用背书的政企合作项目，在企业违约率提升、经济下行的宏观经济背景下，相比其他投资，PPP 项目显然更为安全。

保险资金与私募基金等主要关注高利润的投资资金不同，保险资金要求稳健、适中的回报率，与 PPP 项目所追求的防暴利原则恰好相匹配。

保险资金通过参与 PPP 项目，还可以获得其他附加利益，优化政企关系，如可以在农业保险、大病保险等保险专业领域与政府建立合作关系，还可以销售诸如建筑工程保险等险种。

三、保险资金参与 PPP 项目路径分析

自 2001 年，保监会发布一系列相关文件，放宽保险资金投资固定资产投资渠道。在实践中，保险资金参与 PPP 项目主要有间接投资和直接投资两种渠道（详见下图）。间接投资是指保险资金对施工单位提供债权融资或参与 PPP 基金，直接投资是指保险资金以股债形式直接投资 PPP 项目（或项目公司）。

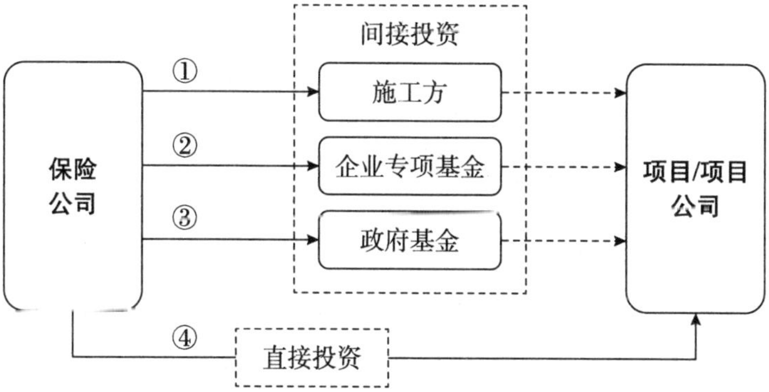

图 4–1　保险资金参与 PPP 项目的两种途径

（一）间接投资

1. 向施工单位提供债券融资，由施工单位提供担保

该模式是保险资金投资基础设施的传统方式，如某保险资管公司与中建某局成立的投资于某省五条市政路的债权计划，增信方式是偿债主体母公司提供连带责任担保。优点在于施工单位可自行决定资金的使用方式，当然，其仍然属于依赖股东信用的融资，未能够充分体现出 PPP 模式的特征。而且，目前施工单位出于降低资产负债率的考虑往往不愿意提供担保，即使能够提供担保也

可能会选择来自银行的低成本资金，因此，该种保险资金投资的传统模式可能会遇到一定困难。

2. 与施工单位成立专项企业基金，由施工单位或项目端提供增信

该模式是指保险资金与施工单位（实业资本）共同成立产业基金投资于PPP项目。优点在于可以放大杠杆率，同时避免金融机构直接投资PPP项目的风险，促进PPP项目落地。PPP基金是目前金融机构介入PPP项目的主要方式之一。

该模式与基础设施股权计划有相似之处，区别在于交易结构更为复杂多样，增信方式更为灵活。企业基金模式存在多种形态，我们在实务中接触到的有：

（1）金融机构主导型。例如，某基金公司与某市轨道交通集团共同成立城市发展产业基金投资于当地PPP项目，某基金公司下属公司担任GP，某基金公司担任优先级LP，某市轨道交通集团担任次级LP，并对优先级承担差额补足和回购义务。

（2）金融机构与实业资本共同主导型。例如，某建设公司与银行系基金公司共同成立GP管理人，建设公司任劣后级LP，并承担差额补足和回购义务。

（3）实业资本主导型。例如，某大型央企下属基金公司与政府共同成立GP，政府为中间级LP，基金公司为劣后级LP，增信方式来源于PPP项目自身现金流。

3. 认购地方政府PPP引导基金LP份额，由地方政府提供增信

自2015年以来，中央和地方政府先后成立了多支PPP政府引导基金。例如，500亿元额度的中央引导示范性PPP基金。再如，财政部与十大金融机构成立了1800亿元额度的中国政企合作投资基金股份公司。此外，山西、山东、江苏、河南等省级政府相继成立PPP政府引导基金。中央和省级PPP基金多投资入财政部综合信息平台、发改委项目库和省库的PPP项目。据报道，中国人寿（集团）公司是财政部1800亿元基金发起人之一。政府引导基金多采取常规基金形式或母子基金形式，两者相比，母子基金的形式进一步放大了杠杆率，且在项目管理方面更为灵活。

（1）常规基金形式是指省级政府、金融机构或社会资本共同成立基金，直接投资PPP项目，如河南省、四川省的政府引导基金。

（2）母子基金形式是指省级母基金设立子基金，引入市、县级政府财政资金和金融机构资金，通过子基金投资于PPP项目，如江苏省、山东省的政府引导基金。

（二）直接融资

通过基金方式投资虽然可以避免项目搜索成本和筛选、谈判风险，但基金端本身存在运营成本，会削减投资收益，而且若各方对项目投资和基金管理存在分歧，还可能出现效率问题，而直接投资于项目公司则可以避免此类问题。目前也有不少金融机构采取此方式。直投模式要求保险资金擅长项目筛选、熟悉项目运作，对其投资能力要求较高。直投模式下存在股权投资和债券投资两种模式。

1. 股权投资

股权投资是指保险资金直接作为 PPP 项目公司的股东，债权投资是为项目提供建设运营资金。根据相关规定，项目资本金需要达到总投资的 20%–30%，由于施工单位垫资能力有限，资本金融资在市场上有很大需求。

（1）作为社会资本方参与

保险资金可以选择单独的社会资本方或者组成联合体参与 PPP 项目的投标。金融机构单独投资模式早有先例，如邮储银行通过竞争性磋商程序中标济青高铁，然后再通过招投标程序选择社会资本方。该模式的弊端在于投资机构风险过重，需承担建设、运营风险，优点在于可以控制建设成本，提升整体利润率。我们不建议保险资金单独作为社会资本方投资 PPP 项目，因为利润提升的收益很可能无法弥补风险成本。

联合体投标是指投资机构联合施工单位、运营单位等主体组成联合体，共同参与社会投资人的竞标，并共同成为社会投资人。此模式的案例非常多，如上海建工与锐懿资产组成联合体中标温州瓯江口新区市政路 PPP 项目。联合投标模式有利于分散建设运营风险，而且增加中标机会。联合投标模式的缺点在于社会投资人需要承担连带责任，因为《招标投标法》第 31 条第 3 款规定，“……联合体中标的，联合体各方应当共同与招标人签订合同，就中标项目向招标人承担连带责任”，这样有可能反而增加社会投资人风险，当然实务中也有应对措施。

（2）财务投资

财务投资是金融机构参与建设项目的传统方式，指仅为 PPP 项目提供融资，不承担 PPP 项目设计、建设、运营、维护等工作，其仅作为借款人提供全部或部分项目建设、运营资金。财务投资的优点在于：风险小、责任轻、前期成本低、退出不受限制。

在项目锁定概率相同的情况下，根据国外PPP资料研究，保险资金作为风险偏好更低、更为保守的资金，往往作为替换资金进入二次融资，即以购买债券等形式介入。因为PPP项目前期谈判成本高、不少项目终止于谈判阶段。在国外第一阶段融资主力是银行，因为银行可以为项目提供财务顾问服务，而且银行往往是以融资方的身份介入。有人担心财务投资的方式无法作股权投资，其实财务投资并不排斥股权投资，并不会导致无法进行资本金融资的后果。

2. 债权融资

保险资金以债权方式投资基础设施项目时，一般采用基础设施债权投资计划。根据保监会《基础设施债权投资计划管理暂行规定》，基础设施债权投资计划，是指保险资产管理公司等专业管理机构作为受托人，面向委托人发行受益凭证，募集资金以债权方式投资基础设施项目，按照约定支付预期收益并兑付本金的金融产品。债权投资计划发行采用注册制。债权投资计划的设立需要满足相关条件：

（1）符合要求的投资项目

满足以下条件：①具有较高的经济价值和良好的社会影响，符合国家和地区发展规划及产业、土地、环保、节能等相关政策；②项目立项、开发、建设、运营等履行法定程序；③项目方资本金不低于项目总预算的30%或者符合国家有关资本金比例的规定；在建项目自筹资金不低于项目总预算的60%；④一组项目的子项目，应当分别开立财务账户，确定对应资产，不得相互占用资金。

（2）具有符合要求的偿债主体

债权投资计划的偿债主体应当是项目方或其母公司（实际控制人）并符合下列条件：①经工商行政管理机关（或主管机关）核准登记，具备担任融资和偿债主体的法定资质；②具备持续经营能力和良好发展前景，具有稳定可靠的收入和现金流，财务状况良好；③信用状况良好，无违约等不良记录；④还款来源明确、真实可靠，能够覆盖债权投资计划的本金和预期收益；⑤与专业管理机构不存在关联关系。

（3）有效的信用增级

专业管理机构设立债权投资计划，应当确定有效的信用增级，并符合下列要求：①信用增级方式与偿债主体还款来源相互独立。②信用增级采用A类增级方式[①]，B 类增级方式[②]，C 类增级方式[③]，或上述三类增级方式的组合。

四、保险资金投资参与 PPP 项目的融资流程

根据财政部《政府和社会资本合作模式操作指南（试行）》（财金〔2014〕113 号），PPP 操作程序可分为 5 个阶段共 19 个操作步骤。保险资金在这 5 个阶段，参与的方式也不一致。现以保险资金以股权投资为视角，展开 PPP 项目融资的全流程。

（一）项目识别

项目识别阶段，是对项目的初步筛选，只有投资规模大、需求长期稳定、价格调整机制灵活、市场化程度较高的项目才适合 PPP 模式。PPP 项目既可以由政府发起，也可以由社会资本发起，只有通过物有所值评价和财政承受能力论证的项目，才可以进入项目准备阶段。同样，保险资金会对潜在的 PPP 项目进行评估筛选，尤其是准经营项目和非经营项目，涉及政府付费和可行性缺口补助的情况下，只有通过了物有所值评价和财政承受能力论证的项目才能列入财政部 PPP 信息综合平台或各地方的 PPP 项目库，才能够列入当地政府的财政

---

① A 类增级方式：国家专项基金、政策性银行、上一年度信用评级 AA 级以上（含 AA 级）的国有商业银行或者股份制商业银行，提供本息全额无条件不可撤销连带责任保证担保。上述银行省级分行担保的，应当提供总行授权担保的法律文件，并说明其担保限额和已提供担保额度。

② B 类增级方式：在中国境内依法注册成立的企业（公司），提供本息全额无条件不可撤销连带责任保证担保，并满足下列条件：（1）担保人信用评级不低于偿债主体信用评级；（2）债权投资计划发行规模不超过 20 亿元的，担保人上年末净资产不低于 60 亿元；发行规模大于 20 亿元且不超过 30 亿元的，担保人上年末净资产不低于 100 亿元；发行规模大于 30 亿元的，担保人上年末净资产不低于 150 亿元；（3）同一担保人全部担保金额，占其净资产的比例不超过 50%。全部担保金额和净资产，依据担保主体提供担保的资产范围计算确定；（4）偿债主体母公司或实际控制人提供担保的，担保人净资产不低于偿债主体净资产的 1.5 倍；（5）担保行为履行全部合法程序。

③ C 类增级方式：以流动性较高、公允价值不低于债务价值 2 倍，且具有完全处置权的上市公司无限售流通股份提供质押担保，或者以依法可以转让的收费权提供质押担保，或者以依法有权处分且未有任何他项权利附着的、具有增值潜力且易于变现的实物资产提供抵押担保。质押担保应当办理出质登记，抵押担保办理抵押物登记，且抵押权顺位排序第一，抵押物价值不低于债务价值的 2 倍。

预算，保险资金投资 PPP 项目的收益才会有保障。

（二）项目准备

项目准备是指针对项目的具体情况，建立项目协调机制，编制项目实施方案，并对实施方案进行审核，最终确定项目是否采用 PPP 模式实施。项目准备阶段，保险方会进行详细的市场调查，分析相关调查结果并研究可行措施，最后制定出拟投资的 PPP 项目可行性研究报告，并运用相关方法（如 SPV）对拟投资的 PPP 项目整个运营阶段的风险进行评估、量化，并自留最有控制力的风险因素，以确定拟投资 PPP 项目规模、年限、收益等指标，并需收集整理有关材料以论证可行。

（三）项目采购

项目采购是指政府或其授权主体根据实施方案确定的采购方式，选择资本的过程。PPP 项目经过识别后，保险资金对通过初步可行性分析的项目可开展准备工作，主要包括组建管理框架和设计实施方案。

1. 组建管理框架。一般情况下，保险资金会与其他社会资本方组成联合体，组建专业的团队，对接项目的实施机构，根据各自专业优势对拟投资的 PPP 项目进行评审，推进项目协调等工作。

2. 设计实施方案。项目实施前应制订一套科学、全面、可行的实施方案，保险资金与其他社会资本方的投标方案针对拟投资的项目，设计相关合同体系，对于风险框架、交易结构、合同体系、监管机构、采购方式等内容进行约定。

（四）项目执行

项目执行阶段包括项目公司设立、融资管理、绩效监测与支付、中期评估等程序，是 PPP 项目实质性开展融资、建设、运营等的关键环节。政府授权的实施机构会和保险资金参与的联合体正式签订包括 PPP 项目合同在内的一系列协议，由联合体或联合体与政府方出资代表共同组建项目公司（SPV），由其负责整个项目阶段的资金筹集。SPV 公司需在政府相关部门的监督下，组织相关项目的招投标工作，并与选出的贷款人、各债权投资者、运营维护和建筑承包商等各相关方签订相应的合同。在设计风险分担结构体系方面，保险资金应注重风险识别和风险的合理分配。应采取有效的风险分配方案，尽量把各个风险分配给最有能力处理该风险的相关方。

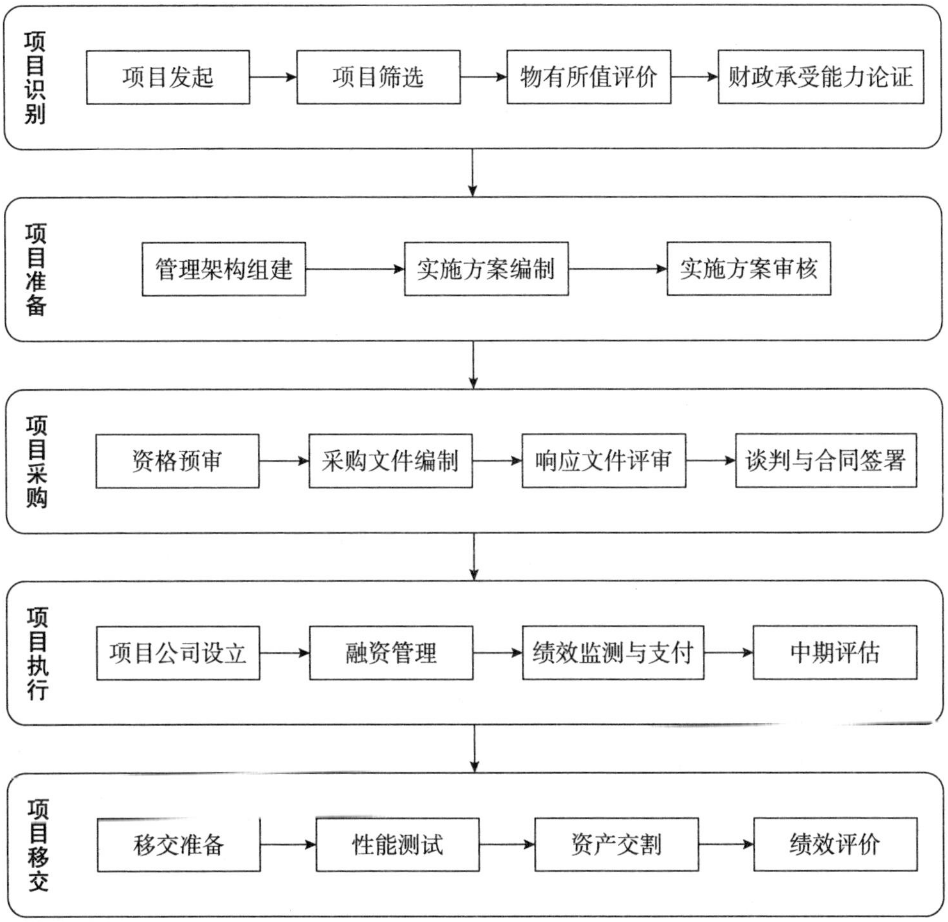

图 4–2　PPP 操作程序

（五）项目移交

项目移交是指社会资本或项目公司在项目运营期满或根据合同约定将项目资产移交给政府或其指定机构。在特许经营期结束后，SPV 公司应将 PPP 项目移交政府，通常情况下，保险资金在特许经营期内能够获得期望报酬率，SPV 公司根据合同规定的方式对项目进行有偿或无偿的移交。1. 移交准备。在项目特许经营期结束前一定时期，应对项目进行移交准备工作，确定移交日期等。2. 移交验收。特许经营期满，政府应对特许经营公司移交的项目进行验收，主要对移交资产的状态进行评定，应保证后续经营期内的正常运行。在符合标准的情况下，政府对项目进行回收。3. SPV 公司清算与解散。项目移交后，SPV 公司可进行项目清算工作，随后 SPV 公司解散。

当项目运营到达移交阶段时，已经是 PPP 项目全生命周期的末尾，这时保险资金一般已经获得期望报酬或相应的利润，但是仍然不能掉以轻心，保险资金应规避社会投资人违约、项目移交质量不合格等风险。另外，保险资金应对移交完成的项目进行工作总结，吸取经验，可以为参与下一次的 PPP 项目的建设提供参考。

五、典型案例

（一）中再—北京地铁十六号线股权投资计划

1. 基本情况

中再—北京地铁十六号线（以下简称 16 号线）股权投资计划是 80 个国务院首批推出的鼓励社会资本投资建设营运示范重点项目之一。北京市基础设施投资有限公司（以下简称京投公司）具体负责项目招商工作，PPP 咨询顾问服务由北京金准咨询有限责任公司等多家专业机构提供。2015 年 2 月，北京市交通委员会代表北京市政府与北京京港地铁有限公司及其三方股东签订了 16 号线项目“特许协议”，标志着初步完成 16 号线 PPP 项目招商工作。

复合型 PPP 模式，即将 EPC 工程总承包、成立专项投资基金、股权融资、土地资源开发等创新元素加入传统 PPP 模式。而 16 号线 PPP 项目就是将险资股权融资加入传统 PPP 模式，采用“特许经营 + 股权融资”的复合型 PPP 模式。城市轨道交通建设由政府支持和主导，投资资金期限长、规模大、收益相对稳定；而险资具有长期性、稳定性、资金量大的优势。轨道交通建设项目和保险资金股权投资从投资期限、收益需求、资金规模等方面都高度匹配。

2. 案例分析

（1）资本层面

16 号线 PPP 项目分 A、B 两部分，A 部分通过特许经营方式引入京港地铁 150 亿元，B 部分是引入中再资产约 120 亿元保险股权投资，合计吸引社会资本约 270 亿元。

（2）投资者层面

考虑到风险承担意愿和利益诉求等在不同投资者身上有不同偏好，16 号线项目设计了对应的融资模式以对投资者特性进行了区分，以实现顺利融资的目的。如股权投资人对投资回报的要求较低，偏向于稳定收益，而不愿参与运营、建设等诸多环节；地铁运营商对投资回报率的要求则偏高，参与运营、建设并承担风险的意愿性较强。16 号线融资模式充分遵循收益和风险相匹配的原则进行设计，能够发挥不同模式的优势，进而调动不同类型的投资者的积极性，为顺利大规模引入社会资本提供坚定基础。

（二）国寿苏州城市发展基金

1. 基本情况

2016 年 11 月，苏州市政府为顺利引入稳定的保险资金，支持城市基础设施建设，与中国人寿签订战略合作协议，约定双方设立股权性质的苏州市城市投资发展基金。国寿苏州城市发展基金主要用于苏州公租房廉租房、城乡一体化建设、文化旅游等项目。

2. 案例分析

（1）资本层面

基金规模为 100 亿元，60 亿元优先级份额由国寿认购，社会资金认购 10 亿元夹层份额，30 亿元劣后级份额由苏州国发创投认购，到期由苏州城投按固定价格收购及商业银行增信提供差额补足。组成规模为 100 亿元人民币的中国人寿苏州城市发展产业投资企业（有限合伙），主要投资于具有资产增值预期与稳定现金流的与苏州市城市战略发展相关的产业项目。

（2）投资者层面

保监会相关文件规定，保险资金投资基础设施项目可以采取物权、股权、债权及其他可行方式。目前，债权投资成为国内保险资金投资的主要方式，股权投资的案例比较少见。

中国人寿不参与基金具体管理，基金盈亏对国寿的固定收益并无影响的运营模式导致了中国人寿虽名义上对该项目进行股权投资，但其收益方式更像是债权计划。由于苏州市政府缺少资本金，国寿虽以股权的方式进入，但作为营利性企业，其在考虑到控制风险后，仍以债权的方式锁定每年的收益率，因而产生了如此形式的股权投资，在收益确定方面体现出债权投资的内容。国寿以股权方式参与，解决了苏州市城市投资发展基金资本金不足的问题。但险资在加大地方基建投资的同时，也要严控风险，如此才能双赢。

（三）广东（人保）粤东西北振兴发展基金

1. 基本情况

自 2008 年，中国人保集团与广东省政府在健康保险、财产保险、人身保险等保险项目以及人才培养、资本合作、项目投资等方面开展了多领域、多层次的战略合作。开展广东交通债权计划融资合作和设立广东（人保）粤东西北振兴基金不仅是落实与广东省政府于 2008 年签署的全面战略合作协议的又一个重大举措，也是推进广东省投融资体制改革的探索创新。此次签署股权和债权投资框架协议，不仅实现广东省引进险资合作第一单，对广东省区域协调发展也具有重要意义。

2014 年，中国人民保险集团与广东省政府、中国建设银行签署两份总金额达 271 亿元的《广东（人保）粤东西北振兴发展股权基金合作框架协议》和《广东交通 150 亿元融资合作框架协议》。粤东西北产业中心城区、园区及新区的基础设施是广东（人保）粤东西北振兴发展基金主要投资方向。

2. 案例分析

（1）资本层面

该基金由中国人民保险认购 60 亿元的优先级份额，建设银行认购 20 亿元夹层份额，中银粤财和粤财控股分别认购 1 亿元、40 亿元劣后级份额，建行提供流动性支持并由粤财控股兜底回购。

（2）投资者层面

根据上述协议，中国人保集团发行了主要投资于广东省“十二五”期间高速公路项目的广东交通基础设施债权投资计划，债权计划受托人由集团旗下的人保资本投资管理有限公司担任，总规模为 150 亿元。广东（人保）粤东西北振兴发展股权基金主要投资于粤东西北地级市（含肇庆）的中心城区及新区的提质扩容项目，规模为 121 亿元，其中粤财控股跟投 1 亿元，建行广东分行出资 20 亿元，广东省财政出资 40 亿元，人保集团出资 60 亿元。

六、保险资金参与 PPP 项目的风险和对策

“小心前进”既是对当前“PPP 热”的理性回归，也是险资安全性的必然要求。如何摸着石头过河、小心前进呢？PPP 项目良莠不齐，个别地方政府几乎将所有当前和未来的基建项目都纳入 PPP 库中，如果项目选择不慎，保险资金很可能成为接盘侠。

（一）存在的风险

1. 法律法规不完善

首先，我国关于 PPP 模式的立法层次较低。目前我国关于 PPP 的立法多为部门规章、地方性的管理条例和其他规范性文件，法律位阶低，缺乏全国性的统一立法，因此无法对全国范围内的 PPP 项目的运作起到统一指导和规范的作用，导致保险资金参与 PPP 项目对自身权益的保障存在一定的担忧，不利于调动更多保险资金参与 PPP 项目的积极性。

其次，PPP 监管存在制度和政策冲突。目前对 PPP 模式进行制度规范的部门主要为发改委和财政部，由于两部委对各自认定的标准有着不同的看法进而导致出台的相关规定存在一定的冲突，在实际操作过程中的矛盾性容易引发法律风险。例如，财政部在 PPP 项目合作指南中明确“本级人民政府下属的政府融资平台公司及控股的其他国有企业不得作为社会资本方参与本级政府辖区的 PPP 项目的建设”，而发改委并未有此规定，这不仅导致地方在实际操作中难以抉择也容易为项目后期运作留下隐患。再如，两部委均推出了各自的项目库和示范项目，但对于入库标准和示范项目的认定标准却不尽相同，造成 PPP 项目的实际操作和推介过程中出现适用上的困惑。政出多门客观上造成了相关标准不一和规定混乱。随着我国经济的快速发展以及对 PPP 项目的投资力度加大，政出多门的情况直接影响了保险参与 PPP 项目的热情。

2. 信用风险

在基础设施项目运行的整个过程中参与者众多，如政府、投资者、运营商、原材料供应商等，这些参与者的技术水平、资产和负债情况及以往的表现都可能会影响整个项目的运行。在整个过程中，这些参与者是否有效履行自己的职

责，是否能够按照协议规定的内容完成本职工作都会对整个项目的完工产生影响，使其可能面临信用风险。而且，一个项目牵涉的利益相关方越多，信用风险也就越高，如果是双方交易，那么此时的信用风险就只有交易对手风险。而如果是多方博弈，此时的信用风险就会放大数倍，因为在交易环节的任何一方违约都会造成整个项目的延期甚至是失败。因此，信用风险是保险资金运用PPP模式投资基础设施建设最重要的一个风险，应予以重视。

3. 项目合法合规性

PPP项目操作程序应符合法律法规规定，履行立项入库、物有所值评价、财政承受能力论证、审批等程序，通过法律法规规定的竞争性方式选择社会资本。采购程序的规定较为复杂，如果采购程序上出现合规瑕疵，则中标结果将被推翻，后果十分严重。

4. 项目风险分担机制不成熟

PPP项目参与方众多，涉及的风险也较其他项目大。项目风险主要包括：政策风险，如外企企业出口退税政策、“营改增”政策等；成本控制风险，如价格、原材料、人力成本变化、汇率变化等；运营风险，如客流风险等。PPP模式的好处就在于可以将风险进行分散，通过引入资金实力和项目管理经验丰富的企业，将项目风险分散给政府、各个不同企业中，从而将风险分散在不同的“篮子”中。风险分担机制是合理规避风险，确保项目可持续运营的必要条件，但是我国目前的项目风险分担机制还不成熟，对于项目设计规划、建设、运营、移交过程中涉及的风险，并没有一个明确的风险框架体系，因而可能导致存在由政府“兜底”的现象，从而增加了项目失败的可能性。

（二）对策

基于项目自身信用和混合信用的融资，包括直接投资模式和部分以项目信用作为增信方式的间接投资模式，均需对项目风险进行判断。保险资金如何控制PPP项目风险呢？我们建议：

1. 完善PPP项目融资的高位阶立法及其配套法规

（1）制定PPP项目融资专门性立法

PPP项目融资立法的首要问题是相关法规位阶较低，多为部门规章和地方性法规条例等，缺少针对国内资本参与政府与社会资本合作的法律规制，且由于立法不明确导致地方政府的法规条例也缺少统一的规范准则，影响了项目融资的可操作性。因此，制定 PPP 项目融资专门性立法是保障 PPP 项目融资顺利实施的基本措施之一。2017 年国务院法制办发布《基础设施和公共服务领域政府和社会资本合作条例（征求意见稿）》的通知，广泛征求社会各界意见，最终《基础设施和公共服务领域政府和社会资本合作条例》的具体内容，我们拭目以待。

（2）完善 PPP 项目融资配套法律法规

我国现阶段除缺少 PPP 项目专门性法律外，也缺少规制 PPP 项目配套法律法规。目前我国 PPP 项目集中于基础设施领域，基础设施和公用事业特许经营是我国进行政府与社会资本合作最基础的方式。因此对基础设施与公共事业特许经营立法方面的推进，也是引导规范 PPP 项目融资的重要立法举措。应在发改委颁布的《基础设施和公用事业特许经营管理办法》基础上，积极推进《基础设施和公用事业特许经营法》的立法进程。各地政府在制定管理规定时应严格按照我国 PPP 项目法律规定，根据各地的具体问题具体制定适宜本地区 PPP 项目发展的规定，减免由于立法不明确而导致的地方管理模糊。

2. 提前介入 PPP 项目磋商和谈判

若与施工单位作为联合体共同竞标社会资本时，应直接参与项目磋商与谈判，通过合同条款的具体规定控制风险。即使作为财务投资人，也应提前介入合同文本拟定，确保上述风险得到妥善处理，避免因项目政府与施工单位的 PPP 合同条件失当而错失融资机会。

3. 通过合同条款设计避免风险

PPP 项目合作期限长、风险因素多，主要有政府信用风险、法律政策变化风险、建设风险、运营风险、价格风险、流量风险、金融风险、不可抗力风险等。其中，金融风险又包括利率风险、通货膨胀风险、汇率风险、融资风险等。建设风险主要是延期风险、质量风险、残值风险、造价风险等。政府信用风险包括不当干预、监管不利、审批延误、违约等风险。

根据《国家发展改革委关于开展政府和社会资本合作的意见》（发改投资〔2014〕2724 号），“原则上，项目的建设、运营风险由社会资本承担，法律、政策调整风险由政府承担，自然灾害等不可抗力风险由双方共同承担”。也就是说，除法律变更风险由政府承担外，原则上所有市场风险、商业风险均由社会资本承担。其实，根据项目具体情况和政府与社会资本不同职责分工，部分市场风险也可能由政府承担，如政府指定设计的（如鸟巢项目），政府应承担设计变更带来的造价和延期风险。因此，根据项目具体情况，细致设计合同条款是避免风险的有效途径。

4. 完善 PPP 项目的风险分担机制

PPP 项目涉及的风险较多，合理的分配风险是确保项目正常运行的必要条件，因此需要制定一个科学合理的项目风险分担机制。

（1）风险识别。要成立专家组，组员包括政府人员、企业人员以及法律等咨询人员，详细对项目可能的风险进行识别，从而确定城市轨道交通 PPP 项目可能产生的所有风险。PPP 项目的风险通常包括：政治和法律风险、经济风险、社会文化风险、技术风险、市场风险、操作风险、运营风险、战略风险、流动性风险等。在识别的时候需要根据项目具体情况列明各项风险的成因。

（2）风险排序。要在详细测算的基础上对风险进行排序，并对会引起项目成功或失败的关键风险引起重视，组织专家组制定出专门的应对措施。

（3）风险分担。风险分担应当遵循“对风险有控制力的一方承担相应风险的原则”和“风险与收益相匹配原则”，将风险进行分配。对于政治和法律风险、经济风险、社会和文化风险，政府的控制力较强，因此可由政府负担；对于市场风险、流动性风险、运营风险等，社会资本有更强的能力进行规避，因此可由社会资本负担。同时，社会资本可以充分利用保险机构、承包商、供应商等，有效地将风险进行转移；对于市场风险等不可抗力风险，由于双方都无法掌控，因此可通过设计调价机制、缓冲机制等，由政府和社会资本共同进行承担。

（4）风险监控。在整个项目建设和运营的过程中，需要有专门部门对项目风险分担进行监控，避免出现一方承受过多风险的不公平现象，确保参与各方能够保持良好的合作伙伴关系。①

5. 与具有较大影响力的企业建立全面有效的长期合作

可通过与其他有影响力的保险公司或者拥有雄厚资本的私营公司进行合作，将项目的一部分分散给这些公司，这样可将整体项目进行分散化并交与在相关

---

① 宋剑：《基于层次分析法的境外轨道交通公私合作模式风险分析方法》，载《城市轨道交通研究》2012 年第 10 期。

风险管理方面具有比较优势的公司进行管理，同时可规避法律风险及政策风险。在与具有影响力企业合作的同时，也能发挥外部性，促进合作的更好进行。

与产业链上的合作单位签订一个明确、具体、全面的法律合同，明确各方的利益和责任。例如，与施工方签订完备的施工合同，要求承包商若是无法按时完工，需要补足己方应得的利益，利益核算应该等于整体工程款项的违约天数相当的利息。还需要与供应商建立良好的合作伙伴关系，确保原材料供应充足，储备体系完善，保证原材料的价格在可控制的区间内浮动。

七、相关法律法规

1.《保险资金运用管理办法》（保监会令〔2018〕1 号）

2.《保险资金间接投资基础设施项目管理办法》（保监会令〔2016〕2 号）

3.《政府和社会资本合作（PPP）综合信息平台信息公开管理暂行办法》（财金〔2017〕1 号）

4.《财政部政府和社会资本合作（PPP）专家库管理办法》（财金〔2016〕144 号）

5.《国家发展改革委、中国证监会关于推进传统基础设施领域政府和社会资本合作（PPP）项目资产证券化相关工作的通知》（发改投资〔2016〕2698 号）

6.《国家发展改革委、住房城乡建设部关于开展重大市政工程领域政府和社会资本合作（PPP）创新工作的通知》（发改投资〔2016〕2068 号）

7.《基础设施债权投资计划管理暂行规定》（保监发〔2012〕92 号）

第五章

通过信托实现 PPP 项目的融资

一、信托的概念

现代信托源于英国法律上的“Trust”，汉译为信托。中世纪时，宗教信徒为了规避国王亨利三世制定的《没收法》对于其将土地财产遗赠给教会的限制，便不再直接将土地遗赠给教会，而是将土地转让给他人从而使教会受益，这种做法要求转让方与接受方之间存在信任基础，因此被称为“信托”。

根据我国《信托法》第 2 条的规定：“本法所称信托，是指委托人基于对受托人的信任，将其财产权委托给受托人，由受托人按委托人的意愿以自己的名义，为受益人的利益或者特定目的，进行管理或者处分的行为。”可见，信托制度是一种财产管理、处分制度，它包含委托人、受托人、受益人三方主体，由受托人基于委托人之信任，对信托财产进行管理或处分，但是其管理或处分行为受特定目的的限制。

二、信托的发展

1979 年，中央政府设立中国国际信托投资公司，标志着中国现代信托业的恢复，各省纷纷建立信托投资公司，当时的信托投资公司主要作为政府的融资平台，为政府筹集计划外的资金。[①] 从 1979 年到 2007 年三十年间，信托业先后经历了六次大规模的整顿。[②] 前五次的整顿多着重于对信托业务方面的规制，直至第六次整顿，才从立法层面考虑推动信托公司向信托本源回归。2001 年，《信托公司管理办法》和《信托法》相继颁布，2002 年出台的《信托投资公司资金

---

① 何光辉：《货币银行学》，复旦大学出版社 2016 年版，第 117 页。

② 参见陈涵、涂永式：《从起承转合谈信托业发展历史——兼论信托公司转型升级》，载《武汉金融》2017 年第 6 期。

信托暂行管理办法》将信托公司的资金信托划分为单一资金信托和集合资金信托，这些规则的出台使信托业制度得到完善，但它们仅关注到对信托公司负债能力的约束，对于信托公司资产运用方面的规范则未作调整。2007 年，银监会对《信托公司管理办法》《信托公司集合资金信托计划管理办法》进行修订，自此“信托投资公司”统一更名为“信托公司”。2010 年，银监会发布《信托公司净资本管理办法》，将信托公司纳入资本金管理的监管范围。

我国信托业资产规模自 2010 年以来一直保持增长趋势，用 7 年时间完成了从 3 万亿元到 20 万亿元的跨越。与此同时，信托业资产来源结构也在持续发生变化。我国信托业对于单一资金信托的资产来源依赖度下降，资产来源结构逐渐呈现多元化趋势。此外，信托业融资类业务所占比重下降、事务管理类业务所占比重攀升，反映出信托业近年来在业务结构方面的转型。

2018 年 4 月，中国人民银行等五部委联合发布《关于规范金融机构资产管理业务的指导意见》，其中第 2 条第 2 款规定：“……金融机构开展资产管理业务时不得承诺保本保收益。出现兑付困难时，金融机构不得以任何形式垫资兑付……”对信托公司而言，刚性兑付将成为违规行为。第 22 条对嵌套和通道业务进行了限制，这对于通道业务占比较大的信托公司来说将面临较大的业务调整压力，对于行业而言，则需要重视主动管理类业务的开拓以弥补通道业务的下降规模。

三、信托的特点

在宏观经济的大背景之下，信托作为连接实体经济、资本市场和货币市场的金融子行业，发挥着重要的资金融通作用。[①] 我国最初引进信托制度，其主要目的也是在于开辟新的融资渠道。[②] 如今，信托已经与银行、证券、保险并列为金融行业的四大支柱，它更应该以一种独立制度的身份出现在金融市场之中，如何更好地利用信托自身特色参与 PPP？这就有必要从信托的特点开始说起。

---

① 苏保祥:《全面推进信托业转型》，载《中国金融》2017 年第 11 期。

② 我国最初将信托机构作为国家银行的补充机构引入，是为了对高度集中的金融体制进行改革。

（一）传统信托制度的特点

信托本质上是一种财产管理制度，其主要有五大特点：[①]

1. 信托建立在委托人对受托人信任的基础之上

“信任”是信托的基础，是信托成立的第一要件。委托人基于信任，向受托人转移并交付财产，受托人按照委托人指定的目的，占有、管理和处分财产。作为信任之“对价”，受托人负强制性的“信义义务”。在PPP项目中，这一特点表现为委托人对收益的期待和信心、受托人（信托公司）在项目选择（或建议）上的谨慎和理性。

2. 信托以委托人向受托人转移财产权为条件

财产权是一个来源于英美法的概念。大陆法系在其物权、债权等有关财产权利的法律用语上没有统一的上位名词。因此，在我国，能作为信托财产的包括金钱、不动产、动产等具有财产价值的有形财产和著作权、专利权等知识产权中的财产权部分，还包括除所有权外的各种财产权利，如抵押权、质权、地上权、债权等。[②]委托人在信任受托人的基础之上，必须通过转移财产，给予受托人财产权来对这种“信任”做出为人知晓的、具有公示性的外在表示。在PPP项目中，信托机构一般以委托人转移的货币资金为基础参与项目。

3. 受托人以自己名义管理、处分信托财产

这是信托与代理、委托最大的不同之处。委托人转移财产权后，便对信托财产失去直接控制，由受托人在信托目的之内，以自己的名义对外进行财产管理。我国《信托法》所要求的“受托人以自己的名义”，是在信托财产转移给受托人的背景之下，强化受托人的独立地位、限制委托人的指示权，使信托不致混同于委托。[③]这一重要特征体现了信托制度对委托人的保护，同时也是受托人履行保密义务的基础。

4. 受托人为受益人的最大利益管理信托事务

委托人转移财产权，受托人管理财产，最终目的都是使受益人得到基于该

---

① 朱崇实、刘志云：《金融法教程》，法律出版社2011年版，第371–372页。

② 刘迎霜：《论信托的本质——兼与“信托异化论”商榷》，载《法学评论》2011年第1期。

③ 季奎明：《论金融理财产品法律规范的统一适用》，载《环球法律评论》2016年第6期。

笔财产的收益。因此受托人不仅需对委托人承担“忠实义务”，还必须对受益人承担诚信、尽职的义务，按规定定期履行信息披露的职责，以最大限度地确保信托目的实现。

5. 信托财产具有独立性

信托财产的独立性是信托最大的特色。它不但独立于委托人的其他财产，还独立于受托人的固有财产。信托设立之后，合法的信托财产与委托人的财产完全分离，成为受托人手中一项独立运作的财产，仅服务于信托目的。

依托体量庞大的信托财产，信托公司以金融工具的地位，在市场中发挥着作用。由此可见，信托的本质和其特点本身，便为其本源业务与其资金融通功能之间搭建了“必然”的桥梁，即信托的融资功能实际是实现其财产事务管理功能的一种结果形态。①

（二）作为金融工具的信托之特殊性

1. 信托可采用三方法律关系或双方法律关系

通常一项信托法律关系由三方主体构成，即委托人、受托人、受益人。② 但是信托同时具有设立和运用上的灵活性。在“自益信托”中，委托人可以为自己的利益设定信托，此时委托人与受益人重合，信托关系恢复为双方法律关系。正是因为信托相比于银行、证券、保险行业，可采用三方关系，且委托人可一定程度地隐藏其身份，而受托人负有保密义务，有利于财产的真正独立，使信托在财产管理和资金募集方面具有更大的吸引力。

2. 信托的功能和融资途径多样

信托当然地具有财产增值、投资、财产事务管理和融通资金等金融工具的一般功能。就其融通资金功能来说，与商业银行就存在本质区别。商业银行的融资模式一般为间接融资方式，即针对货币资金的吸存放贷；而信托则是以各种财产权为对象，可兼采直接与间接两种模式。但是除此之外，信托依其财产独立性的特点，还具有财产保全和破产隔离的功能。在人们日益重视“福利社会”的当下，信托的社会福利职能也得以凸显，如通过设立公共基金信托、失业保

---

① 徐保满：《金融信托与租赁》，科学出版社 2007 年版，第 6 页。

② 罗大钧：《信托法律关系探析》，载《政法论坛》2001 年第 2 期。

险信托、医疗保证金信托以及学术、教育、环保、科研等多种形式的公益信托，以促进社会福利的拓展和社会保障的加强。PPP 模式就是信托参与公共基础设施建设，以增进社会福利的“双赢”形式。

3. 信托的跨市场配置能力

根据《证券法》第 6 条的相关规定，我国对证券业、银行业、信托业、保险业实行分业经营、分业管理。但是信托财产的管理和运用却是多渠道的。它是目前国内唯一可以连通货币市场、资本市场、实体经济的金融业态，具备“多方式运用、跨市场配置”的特点，因此一直都是表外融资的金融实践“先行者”。[①]正是因为信托有多种运营模式可供选择，有巨大的潜力以及创新空间，因此其不能仅仅局限于充当其他行业的融资管道，而应该更加注重回归本源业务，发展自身独立的财产管理和资本运作模式。

4. 信托融资拥有丰富“官方合作”经验

信托制度作为英美法系国家的舶来品，在最初引入我国时主要目的在于开辟新的融资渠道（主要是作为中央为地方政府开辟的一种“计划外”的融资渠道），是中央政府和地方政府为筹集发展资金而推动的强制性制度变迁。[②]在操作方法上，其多数作为商业银行存贷款业务的混合经营形式。[③]

2014 年《国务院关于加强地方政府性债务管理的意见》规定，剥离融资平台公司政府融资职能，单纯地把信托作为“政府融资管道”的做法已经被叫停，但是这种财政与金融交织下的“混合信托”，即政信信托，[④]实际上已经成为我国信托业发展强大的“隐形”背景和特色。

首先，政信信托的融资方基本为各级政府融资平台或地方国有企业，投资项目基本为各种基础设施，受到政府支持。因此，相对其他金融机构，信托公司进入基础设施建设的时间早，对接银行和政府资源更有优势。其次，经过多

① 张楠、许学军：《我国信托业的发展现状与转型问题研究》，载《金融经济》2013 年第 18 期。

② 谢宗藩：《新中国信托制度演化路径探析》，载《上海经济研究》2017 年第 1 期。

③ 陈涵、涂永式：《从起承转合谈信托业发展历史——兼论信托公司转型升级》，载《武汉金融》2017 年第 6 期。

④ 政信信托作为信托特色业务之一，是指信托公司与各级政府合作，各级政府的融资平台作为融资方，信托公司作为普通债权人，为政府基础设施项目、民生工程等提供资金支持的信托。

年的实践和业务发展，信托公司开始自主对接项目，业务熟悉度和获取项目资源能力日益增强，为其从通道类业务转为主动管理型业务后参与相关项目积累了经验。最后，政信信托的模式也为信托公司创设新的利润增长点提前做出了尝试，提供了有益的参考和启示。

四、信托与 PPP 模式的契合性

PPP 模式是政府和社会资本在基础设施及公共服务领域建立的一种长期合作关系。它使政府的角色由融资人转变为合作方，而之前作为融资管道的信托公司成为项目的股东或合伙人。PPP 模式在把政府和信托机构从“付费”“刚兑”的枷锁中解救出来的同时，也为信托资金参与项目运营超额收益的分配提供了可能。[①]它与传统的“政信合作”模式存在本质上的不同。[②]但想要兼顾双方利益，将两者更好地结合在一起，定要从 PPP 模式与信托的契合性入手。

（一）需求上的契合性

1. 信托资产解决 PPP 资金供给问题

这是信托与 PPP 模式的契合点中最重要也是最突出的一点。截至 2016 年年末，全国 68 家信托公司管理的信托资产规模已经达到 20.22 万亿元；[③]2019 年 1 季度末，这一数字已达 22.54 万亿元。[④]信托以其自身财产管理、财产增值、强大的跨市场配置能力，吸引着越来越多的社会资金。在信托业结构不断优化以及相关制度安排完善、信托业务重心向资产管理转移的宏观大背景下，信托资金的体量必然日益扩大；从居民财富不断累积、财富管理需求增长的微观角度看，信托的股权投资功能必将得到凸显，项目股权投资、私募股权投资等投资

---

① PPP 模式大多是通过设立项目公司的方式，首先吸引社会资本以股权投资的形式“入股”，之后以项目公司自身产生的“净现金流入”（多来自使用者付费，少数如“非盈利项目”则来自政府付费）作为主要的投资回报。

② 陈赤：《政信合作谋求转型——信托参与 PPP 模式的挑战与对策》，载《金融博览（财富）》2015 年第 8 期。

③ 邢成：《20 万亿时代，信托业的挑战与风险》，载《金融博览（财富）》2017 年第 5 期。

④ 中国信托业协会特约研究员 周萍：《2019 年 1 季度中国信托业发展评析》，载中国信托业协会网站：http://www.xtxh.net/xtxh/statistics/45322.htm，最新访问日期 2019 年 7 月 30 日。

方式将成为资金的主要流向。而PPP模式下基础设施建设的投资规模，动辄数十亿元甚至上百亿元，正需要大量信托资金的参与以驱动。

2. PPP为升级后的信托业务模式提供分散风险的渠道

在信托业的“双轮转换”中，[①]资产管理业务和财富管理业务逐渐成为主流，其业务性质也从风险型转为收费型，信托公司不再设定预期收益率，而是开始注重投资者的需求，站在投资者的角度运作信托财产。[②]但是，信托公司在减轻“刚性兑付”压力的同时，必须通过多渠道的投资分散风险，以实现使信托财产保值增值的目的。这正好与PPP模式低风险、收益较为稳定的特点相契合。PPP项目作为极富发展潜力的政府和社会资本合作模式，为信托提供了一个较为稳健的投资方向。随着信托产品的不断创新，信托基金化、新三板信托、附信托私募企业债[③]、消费信托、家族信托等新型信托产品和下游转化渠道的出现，解决信托参与PPP模式的流动性问题也指日可待。

3. 信托融资期限与PPP项目运作周期

信托作为一种金融工具，其天然的“融资”和“财富管理”功能使其资金倾向于对接中长期融资项目，较注重收益率和流动性。而PPP项目的运行周期一般在10年以上，属于长期和超长期项目。从这个角度看，两者在期限上似乎存在一定矛盾。但信托机构在将业务重心转移至资产管理之后，其所拥有的信托财产即出现明显的“分层”现象，[④]其中不乏长期信托财产，特别是一些家族信托，它们更加注重和追求稳健增长，是股权投资等长期融资项目的主力。由此，这类信托融资便与PPP模式的长期性相匹配，具体操作上的关键则在于信托公

---

① “双轮转换”指由单纯依靠债权融资类业务这一“独轮”逐渐转变为依靠债权融资类和资产管理类业务“双轮”。

② 信托业的“双轮转换”指资产管理业务与财富管理业务成为主流，而债权融资类业务逐渐退出，成为一种附属业务。之所以称之为“双轮”，是与信托初级阶段以债权融资类业务为其主营业务的“独轮车”模式相比较。详见陈赤:《我国信托发展的三阶段论构想》，载《中国金融》2015年第24期。

③ “附信托私募企业债”是一种信托产品创新的构想。其属于高收益债券，指企业在债券发行前，与受托人即信托公司签订信托合同，将担保物权设定给受托人，使受托人为全体企业债权人的利益进行保管并行使担保物权，同时为债权人的利益履行其他法定义务和约定义务。详见陈赤:《培育新动力拓展新空间在“十三五”期间实现信托转型升级》，载《金融时报》2015年11月16日。

④ 指信托财产开始在期限的长短上出现明显区别。信托机构将拥有一定量的长期信托财产。

司对项目的选择。中短期的信托财产也可以参与 PPP 项目——“期限”障碍的本质在于流动性，PPP 模式的运作周期长、资金回笼缓慢等问题有希望通过信托产品创新、资产证券化以及构建信托产品流通市场等方式解决。

（二）参与方式上的契合性——投资途径多样

目前，信托资金进入 PPP 项目的途径主要有两种：第一种，直接参与。即以社会资本身份直接进入 PPP 项目。其中又可细分为完全独立参与和联合参与；根据资金进入时点的不同，又可分为项目公司设立之初以资本金方式投入以及为运行后的项目公司提供债权融资。第二种，间接参与。即为具备融资条件的、有较强实力的参与 PPP 项目的运营主体提供融资支持。

信托投资的领域、方式都具有多样性的特点，而 PPP 模式本身的灵活性正好使信托可以在自主选择的基础上多途径参与 PPP 项目。首先，信托公司可基于不同的考量以及资金到位的速度决定参与方式。其次，通过间接融资中依托有经验的 PPP 项目运营主体，可以在一定程度上减少信托参与 PPP 的技术障碍（主要指运营经验和项目建设所需技术等方面），也为信托转型和产品创新提供了契机。最后，信托公司可自主选择股权投资或债权投资的参与方式，给予了信托公司主动权和选择权。

（三）结构上的契合性——信托与 PPP 项目公司构成双重风险隔离机制

首先，信托财产其本身具有独立性，独立于委托人。因此第一层的风险隔离便在于信托本身，即“委托人破产但信托财产不破产”。其次，信托参与 PPP 项目，无论采用何种形式进入，其最终风险必然会被隔离于项目公司之上。第二层的风险隔离便存在于项目公司的股东有限责任之上。即“项目公司破产，未参与该项目的其余信托财产不受影响”。项目公司由政府和社会资本方共同组建，多以项目法人或公司形式出现，其法人财产具有独立性。信托支持的社会资本方作为股东之一，仅以出资额为限对外承担责任，不会影响信托项目的其余资金。PPP 项目的风险隔离机制符合信托财产运作过程中规避风险、降低风险的要求。因此，对于委托人和受益人来说，相比于其他高风险的投资方式，信托参与 PPP 项目更具有安全性。

（四）实际操作上的契合性——传统信托运作的经验积累助力PPP项目运营

前已述及，信托业拥有强大的政信合作背景，而PPP模式实质上是“政信合作”业务的“替代”,[①] 其相较于银行、保险等金融行业更早进入与政府合作的领域，首先，在合作经验以及沟通方面拥有先天的优势。其次，虽然信托公司缺少项目管理和运营经验，但可采取与其他具有相关经验的社会资本联合共同参与，或以为项目公司注资的方式参与基础设施建设。[②] 相比于项目经验等技术层面，与同为项目公司股东的政府之间的沟通协作和信息传导更为重要，因此信托机构的参与，能有效降低边际成本。

五、信托参与PPP的决策流程

一般来说，PPP项目由政府提出立项，此时，信托公司若有意参与PPP项目融资，需要对项目进行可行性分析，如果信托公司经过可行性分析有参与项目意向，则可选择进入“确定SPV的步骤”，针对政府发布的招标公告报名竞标。信托公司常与其他投资机构组成联合体参加竞标，联合体中往往有代表政府股权的投资机构，这样的联合体符合PPP项目要求，具有很强的竞争力。[③] 政府通过对投标书评估，初步拟定若干投标者为暂定中标者，再由政府通过竞争性磋商的方式来确定SPV的社会资本方投资人。磋商成功的联合体申请成立项目公司，信托公司可以发起信托计划向投资者募集资金以入股项目公司，项目公司与政府签订PPP协议，后续的协议内容不能违反PPP协议中约定的内容。在项目投入使用后，通过项目的现金流收入进一步安排项目资金配置。此外，信托公司不仅可与其他投资机构组成联合体参与PPP项目的融资，还可以直接以股权或者债权的形式为已成立的项目公司融资。

---

① 政信合作即传统的“政信信托”。即信托公司以普通债权人身份，直接与政府的融资平台对接，为政府项目提供资金支持，其本质即为单纯的融资“管道”。

② 周兰萍:《PPP项目运作实务》，法律出版社2016年版，第56页。

③ 中国信托业协会:《2015年信托业专题研究（上）》，第419页，中国信托业协会网站http://www.xtxh.net/xtxh/reports/38527.htm，最后访问日期2018年1月12日。

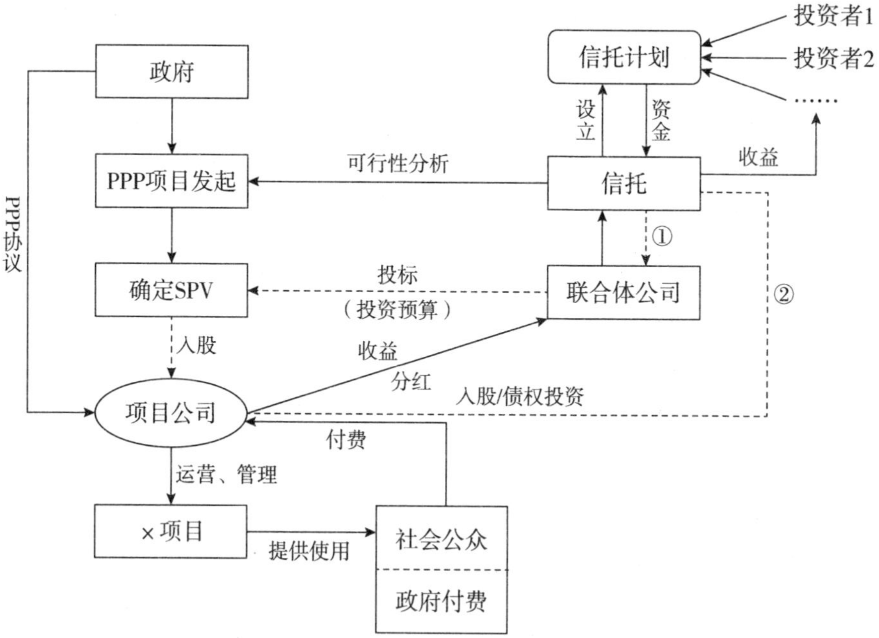

图例：

①——信托直接参与PPP项目中的“联合参与”方式（股权投资）
信托间接参与PPP项目（债权投资——为参与PPP项目的公司提供资金）

②——信托直接参与PPP项目中的“独立参与”方式（股权投资——入股）
信托间接参与PPP项目（债权投资——直接为项目公司提供资金）

图 5–1　信托参与 PPP 项目投资流程

六、信托支持 PPP 模式的操作障碍及解决

（一）操作障碍

1. 信托公司缺少项目建设和运营经验

根据财政部政府和社会资本合作中心官方网站的统计数据显示，截至 2019 年上半年，在全国政府和社会资本合作（PPP）综合信息平台项目库的管理库项目中，净增投资额前五位是交通运输（2996 亿元）、市政工程（648 亿元）、城镇综合开发（646 亿元）、生态建设和环境保护（409 亿元）、林业（282 亿元）。[①]

① 《全国 PPP 综合信息平台项目管理库 2019 年上半年执行情况》，财政部政府和社会资本合作中心网站 http://www.cpppc.org/zh/pppjb/8841.jhtml，最后访问日期 2019 年 8 月 4 日。

这些项目都存在对相应领域的技术知识、能力的较高要求，而信托公司作为金融机构并不当然掌握相应的基础设施建设项目的建设和运营经验，而在大部分PPP项目中，政府起到的是引导资金的作用，也不具备项目建设运营管理能力。[①] 因此，对于信托公司而言，在参与PPP项目融资过程中，由于自身缺乏项目相关领域的建设和运营经验，且政府作为另一参与方也很少具备相关项目运营能力，给信托公司在项目管理的过程中带来一定的挑战。

2. PPP 项目投资回报率低，信托融资成本较高

PPP项目在建设期无现金流入，在该期间无法提供信托计划分红的流动性支持。[②] 此外。基于PPP项目的公共属性，PPP项目的投资回报率有限，而信托公司作为金融机构参与PPP项目,PPP项目的投资回报率也是其关注的核心问题。信托公司若是以股权形式参与项目，必然追求高回报，若是以债权形式参与项目，则难以与低成本的银行贷款竞争。[③] 目前在PPP项目中占主要地位的市政设施和交通设施项目，通常只有6%–8%的内部收益率，已经接近贷款基准利率，项目的利润空间十分有限。[④] 信托公司的经营目标是保障委托人与受益人的收益，实现价值最大化。在其发行产品实现资金募集进而参与PPP项目融资时，过度强调PPP项目的营利性会导致公共领域产品市场化，违背项目初衷，而过度强调PPP项目的公益性会使其对社会资本失去吸引力。[⑤] 如果PPP项目的投资回报率难以覆盖信托公司的融资成本，信托公司支持PPP项目融资的步伐将受阻，进言之，在信托公司参与PPP项目的情形下，针对项目的投前估值、测算预期收益等则会是信托公司需要重点关注的问题。

---

① 中国信托业协会:《2015年信托业专题研究（上）》，第407页，中国信托业协会网站 http://www.xtxh.net/xtxh/reports/38527.htm，最后访问日期2018年1月12日。

② 中国信托业协会:《2015年信托业专题研究（上）》，第410页，中国信托业协会网站 http://www.xtxh.net/xtxh/reports/38527.htm，最后访问日期2018年1月12日。

③ 刘夏村:《抢滩遇挫信托公司探索PPP参与模式》，载《中国证券报》2015年1月16日第A06版。

④ 王彧:《中国PPP项目的发展现状及问题》，载《上海大学学报（社会科学版）》2017年第5期。

⑤ 郭凯乐:《信托公司参与PPP项目的可行性、难点与出路》，载《经济论坛》2017年第3期。

3. 信托与 PPP 融资期限匹配问题导致再融资风险和压力增大

财政部于 2015 年下达《关于进一步做好政府和社会资本合作项目示范工作的通知》[①] 规定“政府和社会资本合作期限原则上不低于 10 年”，项目运行期限较长，然而从当前信托公司的产品设计来看，投资者的投资期限一般为 3–5 年，一般倾向于中短期信托融资，因此，对于信托公司来说，如果项目运作正常、资金周转顺畅，则更易实现再融资，但如果项目运行情况出现问题，那么项目的再融资就会面临风险和压力的增加。

（二）解决路径

从前文分析可知，信托公司参与 PPP 项目融资，在项目运营经验、融资体量、收益率、期限方面存在困难，下文拟提供一些解决问题的思路：

1. 项目选择

PPP 项目的收益率始终是信托公司关注的核心，经营性 PPP 项目由于在项目投入使用后能获取使用者付费，具有稳定现金流收入的特点，项目的收益相对来说更有保证，因此该类经营性 PPP 项目也是信托公司参与支持 PPP 项目融资中应关注的重点项目。

2. 与有项目运营经验的社会资本组成联合投资体

在 PPP 项目的参与方中，如果政府和信托公司作为参与者都缺乏项目管理、运营的经验，则难以保证项目的顺利建设，但若再通过招标等方式寻找项目建设、管理公司进行项目管理，又会提高项目成本，压缩项目利润空间。基于项目管理需求和项目利润空间需求的平衡考虑，信托公司在参与 PPP 项目融资时，可以考虑与有项目运营经验的社会资本组成联合体，共同进入 PPP 项目。

3. 通过 PPP 产业基金的运作方式缓解融资体量大的压力

由于 PPP 项目的融资体量较大，PPP 项目作为各地方基础性建设项目，往往有政府的产业领导和区域开发的属性。[②] 信托公司可以考虑通过与政府部门合作设立 PPP 产业基金的方式，集合多方资金以满足 PPP 项目的融资需求。在产

---

① 《财政部关于进一步做好政府和社会资本合作项目示范工作的通知》（财金〔2015〕57 号）。

② 中国信托业协会：《2015 年信托业专题研究（上）》，第 407 页，中国信托业协会网站 http://www.xtxh.net/xtxh/reports/38527.htm，最后访问日期 2018 年 1 月 12 日。

业基金的合伙人设置中，由信托公司和政府部门担任有限合伙人，信托公司依托其发行的信托计划进行项目资金募集，并凭借募集资金服务获取较为稳定的报酬。

4. 通过信托产品创新缓解收益分配、期限匹配问题

由于 PPP 项目具有期限长及收益率偏低的特征，针对 PPP 项目设计的信托产品应在产品设计方面进行创新。产品在期限方面的创新一方面有利于提升信托计划对资金募集对象的吸引力，另一方面也有助于信托公司保护信托财产安全，维护信托财产利益的实现。

考虑弹性期限设计。在针对 PPP 项目设计的信托计划中，预设一个基本期限，再附设提前结束信托计划或者延迟结束信托计划的条款，以应对项目运营的波动。弹性期限的设计主要为投资者提供较为灵活的投资选择来吸引投资者，当 PPP 项目进入运营阶段，产生较为稳定的现金流时，可以起到鼓励投资者延长投资期限的作用。

考虑信托计划的结构设计。在资金结构方面，考虑优先级资金和劣后级资金的资金结构构建。对于优先级资金优先进行固定收益分配，而劣后级资金更多是享受项目的超额收益，因此可以根据投资者对资金成本的承受力水平来进行资金募集。值得注意的是，由于劣后级资金的受益与项目运营状况联系紧密，实际上可以考虑引入项目运营方资金作为信托计划中的劣后级资金，借以激励项目运营公司通过维护项目的良好运营来获取更多的收益；在期限结构方面，将信托计划中的信托受益权划分为几种到期期限不同的信托受益权，信托公司可以综合考虑 PPP 项目运营的不同阶段的资金需求状况，以及有意向投资 PPP 项目的投资者对于期限的不同需求来设计信托计划的内部结构。

总而言之，信托参与支持 PPP 融资，首先在项目选择方面要进行充分的评估，尽量争取那些具有较为稳定的未来现金流的项目进行投资，同时，为了弥补信托公司在项目建设运营方面的经验、技术的缺乏，可以考虑通过与有项目运营经验的社会资本组成联合体进入 PPP 项目。在需要缓解融资体量大的压力时，可以考虑通过 PPP 产业基金的运作方式，借助规模效应，集合多方资金来满足 PPP 项目的融资需求。此外，信托公司可以在具体的信托产品方面进行创新，缓解信托产品与 PPP 项目的期限匹配问题。

七、典型案例

2017 年，在 PPP 模式和产业基金模式的带动下，基础产业信托一跃成为信托资产配置的第三大领域。截至 2019 年 1 季度末，投向基础产业的信托资金余额 2.81 万亿元，占比 14.77%，较 2018 年 4 季度末上升了 0.19 个百分点。相关报告指出，作为国家逆周期调节的重要手段，年初以来基础设施建设投资明显提速，预计未来流向基础产业的信托资金或进一步增加。①

信托参与 PPP 已成为信托业转型、寻找新的增长点的关键途径之一，也已经成为政信合作的主要方式。自 2016 年 1 月 11 日，财政部发布《对地方政府债务实行限额管理的实施意见》，对地方政府债务余额实行限额管理，推动有经营收益和现金流的融资平台公司的市场化转型改制，先后有中信信托、中建投信托、紫金信托等十余家信托公司投入 PPP 相关项目的研发中，其中中信信托参与的“2016 年唐山世界园艺博览会基础设施及配套项目”更是被称为“国内首单信托式 PPP”。以下将以中信信托参与的多个不同形式的 PPP 项目以及备受关注的云南大理洱海环湖截污 PPP 项目为例，简要介绍信托参与 PPP 的不同路径及其存在的问题。

（一）中信信托多途径参与 PPP 项目

1. 唐山世界园艺博览会基础设施及配套项目

该项目采用政府和社会资本合作（PPP）模式，以为举办专业性国际博览会提供场馆等基础设施建设为目的。项目总投资预计为 33.63 亿元，设立专门性项目公司——唐山世园投资管理有限公司。其中代表政府的南湖投资公司、世园管理公司投入项目公司的注册资本为 4.05 亿元，中信信托设立“唐山世园会 PPP 项目投资集合资金信托计划”，引入社会资本 6.08 亿元，银行贷款 23.5 亿元。项目合作期限（特许经营期）为 15 年（其中建设期为 1 年，运营期为 14 年），社会资本的年回报率为 8%，收益来源为项目运营收益，不足部分由政府安排运营补贴。项目到期，政府指定专门机构对社会资本股权原值回购。

---

① 周萍：《2019 年 1 季度中国信托业发展评析》，中国信托业协会网站：http://www.xtxh.net/xtxh/statistics/45322.htm，最后访问日期 2019 年 7 月 30 日。

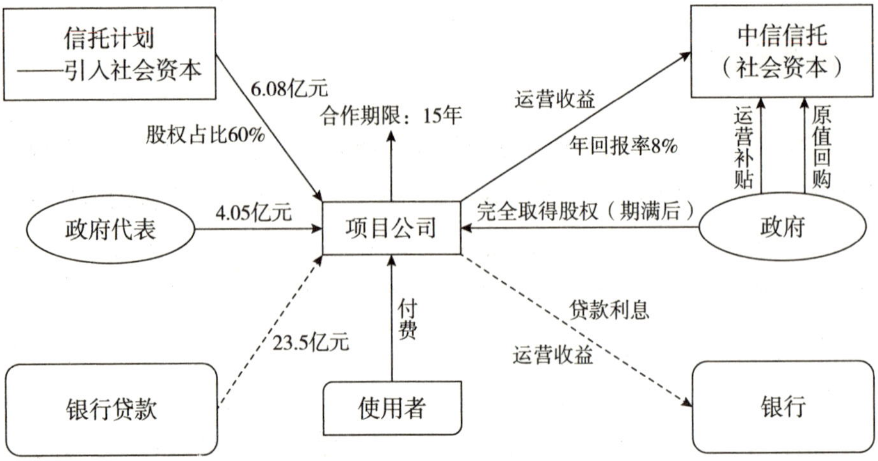

图 5–2　案例图解

如图所示，该项目属于信托直接、独立地参与 PPP 项目。信托公司直接设立集合资金信托计划筹集资金，与政府资金合作，共同成立项目公司进行具体的管理和运作。其中中信信托持股 60%。这种方式相当于信托作为财务投资人参与股权投资。该项目中集合资金信托计划的资金规模为 6.08 亿元，期限 15 年，属中长期，与信托的投资期限较为匹配。故主要问题在于运营和收益之上。

信托资金单独参与 PPP 项目存在以下几个问题：

（1）回报率——警惕银行贷款利息对运营收益的挤占

本项目中，项目公司申请的银行贷款高达 23.5 亿元，约占总投资额的 70%。PPP 模式作为对基础设施建设的支持计划，具有极强的社会公益性，其本身便不是以营利为主要目的。但对社会资本的年回报率预估（8%），又不得不使它带上逐利的性质。且信托资金的收益主要来源于项目公司的运营收益。因此，项目公司的收益实际上不仅需要支付社会资本即信托资金的收益，还需要支付银行的贷款利息。两者叠加，给有可能需要支付运营补贴的政府带来了无形的压力。

（2）流动性及风险——信托计划应注意流动性安排

信托资金一般有期限限制，而以股权投资方式进入 PPP 后，在很长一段时间内（建设期）是无法得到分红的。[①] 若信托公司希望长期持有项目公司股权，

① 中国信托业协会：《2015 年信托业专题研究（上）》，第 410 页，中国信托业协会网站 http://www.xtxh.net/xtxh/reports/38527.htm，最后访问日期 2018 年 1 月 12 日。

则应有合理的流动性安排以应对资本从投入到产出（取得收益）之间漫长的过程。这也是信托参与 PPP 模式最主要的障碍。该项目建设期为 1 年，相对其他大型基础设施来说，期限较短，因此对流动性的影响体现得并不明显。该项目中，信托等社会资本还面临着运营收益不能覆盖投资收益预估（8%）的风险，这就需要信托方与政府方进行良好的沟通，共同协商解决方案。

（3）项目建设经验

由于实施具体的项目需要相关专业知识和操作能力，当只存在政府和信托公司两方为主要参与人成立项目公司时，必须有一方本身拥有较为专业的建设和运营能力，否则成立项目公司后需要额外通过招标等方式寻找建筑施工和运营管理企业进行合作，这无疑会使项目前期的支出增加，而使投资回报期延长。但本项目中不存在这一问题。代表政府方的世园管理公司承担了建设运营和管理的主要工作，信托公司虽为主要出资人（大股东），但仅起到品牌输出、融资和项目全周期的资金流动规划作用。

（4）项目运营监督

PPP 项目运作的监督者一般为政府方，但信托公司方面也应有了解相关专业知识的人与项目运营对接，以实现对项目的监督并及时发现问题，迅速做出应对，来保护投资者和受益人的权益，否则便有极大的可能面临项目失败或无法得到投资收益的危险。在本项目中，中信信托作为集合资金信托计划发起人，应具有相关项目管理和运作知识。

（5）信托公司选择 PPP 项目时相关因素的考量

中信信托参与该项目主要基于三方面考虑：一是认可唐山市目前在河北省乃至全国的经济地位以及“京津冀一体化”背景下的发展机遇；二是唐山市政府为该项目实施给予了大力支持，政策配套和执行推动效率很高；三是通过世园会 PPP 项目，中信信托将与唐山市进一步建立长期合作关系。① 据此可以看出，信托公司在选择 PPP 项目时，除了考虑项目运营中可能遇到的风险和收益水平等效益性因素之外，还应对该项目的发展前景以及当地政府的履约能力等综合性外部因素有一个大致的定位和判断。特别应重视 PPP 项目合作可能带来的长期

① 冀欣:《中信试水国内首单信托式 PPP 持股项目公司 60%》，载《21 世纪经济报道》2015 年 7 月 17 日，http://epaper.21jingji.com/html/2015-07/17/content_5907.htm，最后访问日期 2018 年 1 月 12 日。

合作关系和后续项目资源。

2. 潍坊民生工程与湖南省永州市湘江西岸片区道路及风光带建设 PPP 项目

2017 年 8 月 11 日，中信信托拟与山东省潍坊国家高新技术产业开发区、山东伟浩建设工程有限公司合作，共同参与潍坊高新区市政道路和排水工程、综合管廊工程、城区道路提升工程、东三河综合治理工程等多个民生工程，助力当地基础设施建设完善、提高居民生活质量。

2017 年 9 月 20 日，中信信托与北京建工集团有限责任公司、北京建工路桥工程建设有限责任公司组成的联合体，成功中标湖南省永州市湘江西岸片区道路及风光带建设 PPP 项目。项目预计总投资约为 14.10 亿元，期限为 10 年，其中建设期 3 年，运营维护期 7 年。

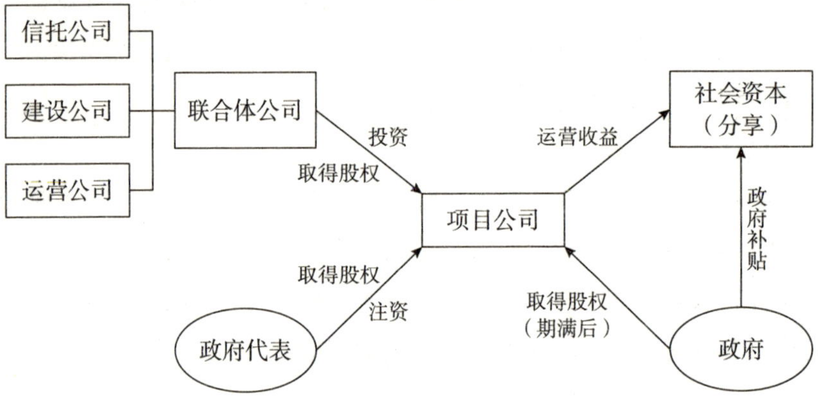

图 5–3　案例图解

与唐山世园项目不同的是，它并非信托公司单独作为社会资本方，而是联合拥有丰富运作经验的产业资本共同参与，分享项目公司的收益。从本质上来看，其是“与产业方组成联合体参与股权投资”。

这种模式成功弥补了信托公司、政府方以及项目公司在建设和运营等专业方面的不足。以上联合体中的山东省潍坊国家高新技术产业开发区即为拥有运营经验合作方，而山东伟浩建工、北京建工和北京路桥则拥有相应的工程经验。因此，这种模式的主要问题便集中于选择 PPP 项目时的未来预期、项目投资期与信托资金流动性要求上的矛盾。

（1）回报率——联合体分享收益

信托联合富有建设和运营经验的主体共同参与，能够省去项目建设和运营上的招标成本和复杂程序，但也必须和联合体共享项目收益。PPP 项目的收益和回报率本身不高，且联合体股权投资这一参与方式为各方长期合作、分享收益，与信托单独参与相比，财产投资回报率将进一步降低。

（2）流动性与期限——信托公司为主要资金来源

在联合体参与股权投资的模式下，信托面临更大的流动性压力。其一，由于 PPP 项目本身的期限较长，投资回报周期也相应较长，信托财产在项目期限内属于“冻结”状态；其二，联合体中的建设公司和运营公司属于技术提供者，因此主要的资金来源仍由信托提供，加之项目收益由联合体共享，信托投资的收益被挤压，流动性问题凸显。以上案例中，项目期限相对较短，该矛盾还未被放大。因此在选择“联合体”参与 PPP 时，信托公司应特别关注流动性问题，设计好信托资金的退出渠道。

（3）潜在“风险”——主要收益来源单一

PPP 项目多为基础设施建设等民生工程，如案例中的“市政道路和排水工程”、风光带建设等，其唯一的运营收益为政府购买相关维护服务所支付的费用。政府的付费和补贴通常有稳定、低风险的特点，相应的投资收益也较低。但单纯依靠政府付费，使资金回收的风险过于集中，政府可能由于财政政策的调整以及“换届”等客观因素拖延支付甚至违约。这就需要信托公司借助其“政信合作”经验，与政府建立良性的沟通机制，同时也应设计出相应的应急方案。

（4）建设和运营经验

联合体参与方式最大的优势即在于“不求人”。它拥有强大的项目建设操作能力和运营专业团队，使 PPP 项目节省了相关的招标成本。这种模式一方面使得 PPP 项目的建设能够在中标后的短时间内迅速开始，另一方面也能够使建设和运营“无缝衔接”，相互监督。同时，信托公司本身也能够通过这种方式积累建设和运营经验，熟悉相关专业知识，以便监督项目的运作，也为建立联合体间的长期合作关系打下基础。

（二）云南大理洱海环湖截污 PPP 项目

洱海是国内第七大淡水湖，是云南省九大高原湖泊之一。但是随着城镇化以及旅游业的发展，洱海流域产生的生活污水、垃圾和农业面源污染控制难度逐年加大。治理压力不断增大，但政府财力十分有限。洱海保护治理面临重要“拐点”。

PPP 模式得到推广以后，洱海环湖截污工程一期成功入选财政部第二批 PPP 示范项目，已于 2018 年上半年投入运营。工程建成后，将彻底斩断流向洱海的生产、生活污水，使洱海更洁净清澈。①

该项目运作方式为已建立的大理洱海保护投资建设有限责任公司作为政府出资平台，与中信水务公司②合资设立项目公司，具体负责合作范围内全部工程的设计、投资、建设及运营维护，直至合作期满。项目公司注册资本 10.47 亿元，其中政府出资代表占股 10%，社会资本占股 90%。

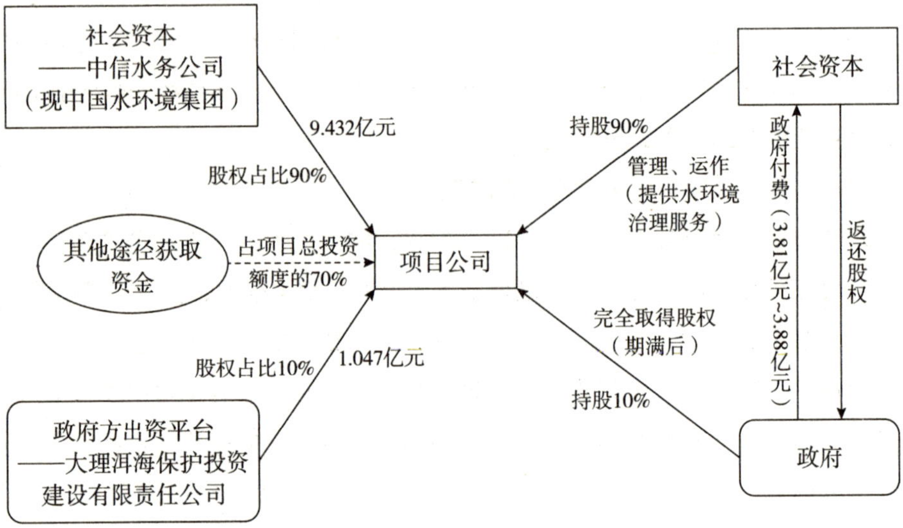

图 5–4　案例图解

项目前期进行了多轮市场测试，并采用了竞争性磋商方式，促使社会资本发挥专业优势，以节省项目投资。最终中标的中国水环境集团③经多方努力，确定了签约控制价为 29.8 亿元的 PPP 协议，比项目招标金额节省了 5.1 亿元，节省投资 14.6%。

大理水环境项目的回报机制为政府付费模式。因此，根据财政部发布的《政

① 李颖、刘慧娴、罗杰、龚新华：《还洱海一泓清水——云南大理推进洱海环湖截污 PPP 项目纪实》，载《中国财政》2016 年第 22 期。

② 即中国水环境集团。

③ 中国水环境集团是中信产业基金旗下的水环境专业投资公司，已成为国内领先、世界一流的综合水环境治理服务投资运营商与 PPP 领跑者。

府和社会资本合作项目财政承受能力论证指引》（财金〔2015〕21 号）中的要求，“每一年度全部 PPP 项目需要从预算中安排的支出责任，占一般公共预算支出比例应当不超过 10%。”。

经测算，该项目政府每年需要付费 3.81 亿元至 3.88 亿元，扣除大理市政府收取的洱海资源保护费（约 2.19 亿元 / 年）、污水处理费（约 2650 万元 / 年）、上级财政补助（8000 万元 / 年），大理市财政预算每年需安排 6250 万元，占大理市 2014 年一般公共预算支出的 1.49%，属于可承受范围之内，政府未来不会“没有钱还”，这在很大程度上也做到了让社会资本放心。[①]

从这一案例可以看出，基金参与的单纯依靠政府付费的 PPP 项目主要亮点在于前期的一系列项目筹备、立项及招标流程。它与信托参与的政府付费 PPP 项目一样，项目公司基本无额外的运营收益，社会资本方收益主要来自政府付费。因此与信托参与相比，基金参与存在以下优势：

（1）资金规模方面

PPP 项目的资金需求量一般较大，动辄上亿元。从单纯依靠政府付费的期限较长、较为缓慢的收益方式来看，基金所能提供的长期资金量理论上大于信托财产。因为基金的退出机制和流动性渠道较为健全。本案中的中国水环境集团依托中信产业基金，具有强大的资金背景，比信托更加适合于该类资金需求量巨大、收益期较长但风险相对较小的项目。

（2）期限、风险及流动性

单纯依靠政府付费的 PPP 项目期限一般较长，因为政府付费的性质必然导致其回报率较低、风险一般来说相对较小，但不排除政府违约的可能。因此这类期限较长、存在一定风险（较低）但收益较小，资金需求量却巨大的 PPP 项目，一定要有相应的流动性方案支持。从这个角度来看，信托参与该类项目所付出的隐形“成本”将大于退出机制和市场基础设施都比较完善的基金。

（3）收益回报率

基金财产的投资运作带有更加明显的分散风险的特性。PPP 项目作为相对稳健的低风险投资对象，与基金、信托财产的运作要求都有很高的契合性。但

① 张璐晶：《为了总书记的嘱托——云南大理利用 PPP 模式治理洱海水环境纪实》，载《中国经济周刊》2016 年第 20 期。

是当项目要求长期或者超长期的资金供给时，有一定流动性渠道支撑的基金财产更加适应这种收益回报率较低、回报期限较长的单纯政府付费模式。

（4）运作经验

信托机构本身不具备项目的建设和运作经验，因此信托一般联合建设公司、运营公司组成联合体投资 PPP 之后进行工程招标。大多数基金公司也仅仅负责提供资金。但本例中的中国水环境集团，即为水环境专业投资公司，是集投融资、设计、建设、运营为一体的全产业链的轻、重资产高度融合的水环境服务专业化企业，其主要业务为提供水环境治理服务，具有极强的专业能力。故信托公司在参与类似 PPP 项目时，还应考虑自身的集团背景和资源支持。

八、相关法律法规

1.《信托法》

2.《国务院关于加强地方政府性债务管理的意见》（国发〔2014〕43 号）

3.《国务院关于创新重点领域投融资机制鼓励社会投资的指导意见》（国发〔2014〕60 号）

4.《国务院办公厅转发财政部发展改革委人民银行关于在公共服务领域推广政府和社会资本合作模式指导意见的通知》（国办发〔2015〕42 号）

5.《国务院办公厅关于进一步做好民间投资有关工作的通知》（国办发明电〔2016〕12 号）

6.《关于规范金融机构资产管理业务的指导意见》（银发〔2018〕106 号）

7.《关于推广运用政府和社会资本合作模式有关问题的通知》（财金〔2014〕76 号）

8.《关于印发政府和社会资本合作模式操作指南（试行）的通知》《政府和社会资本合作模式操作指南（试行）》（财金〔2014〕113 号）

9.《信托公司管理办法》（中国银行业监督管理委员会令〔2007〕第 2 号）

10.《信托公司集合资金信托计划管理办法》（中国银行业监督管理委员会令〔2007〕第 3 号）

11.《信托公司净资本管理办法》（中国银行业监督管理委员会令〔2010〕第 5 号）

第六章

通过私募股权投资基金实现 PPP 项目的融资

一、私募股权投资基金的概念

私募股权投资基金，是指以非公开的方式向特定投资者进行资本募集，以财务投资为策略，不以取得控制权为目标，对被投资企业进行股权投资，由具有专业能力的管理人负责投资管理，并在有限存续期内适当时机退出的投资机构。[①] 其中“私募（Private Placement）”一词，由美国《1933 年证券法》（Securities Act of 1933）第 4（2）条的私募发行注册豁免而来，又称非公开发行，一般理解为：采用非公开发行的方式向特定投资对象融资而成立，其募集对象为特定对象，是具有较强的商业判断能力和抗风险能力、资产信用良好的个人或机构投资者。换言之，“私募股权投资基金”是股权投资组合的投资方式。

从组织形式上看，私募股权投资基金大致可分为信托制基金、合伙制基金以及公司制基金。信托制基金是指基金发起人（即受托人）通过与投资者（即委托人）订立信托合同，通过发行基金份额（即受益凭证）募集资金而设立的股权投资基金。合伙制基金是指基金投资人通过成立有限合伙企业募集资本并开展项目投资，部分投资人担任普通合伙人（General Partner，GP），执行合伙事务，承担无限责任；部分投资人担任有限合伙人（Limited Partner，LP），不执行合伙事务，以出资额为限承担有限责任。公司制基金是指基金投资人通过成立股份有限公司或者有限责任公司进行资金筹措并进行项目投资，其实质是借用公司的外壳来组织运作股权投资基金，即由所有投资人共同出资设立基金公司，投资人即基金公司的股东，股东出资即形成投资基金。

---

① Jack S. Levin, Structuring Venture Capital, Private Equity, and Entrepreneurial Transactions, Wolters Kluwer Law & Business, 2009: 3.

二、私募股权投资基金的发展概况

私募股权投资基金在我国的发展最早是以风险投资基金和创业投资基金的形式开始的。20 世纪 80 年代，创业风险投资基金在我国政府的支持下初现雏形。随着市场经济的推进，私募股权投资基金这种融资方式在我国也得到不同程度的发展。

2005 年，非创业型私募股权投资基金的出现，标志着我国私募股权投资基金的发展步入在政府引导下的理性发展阶段。具体而言，证监会于 2005 年提出了股权分置改革方案，制度逐渐完善。2006 年 1 月，党中央和国务院发布了《国家中长期科学和技术发展规划纲要（2006–2020）》及其相关配套措施，对加快发展创业风险投资提出了明确的政策要求。央行、证监会、银监会、发改委等部门在国务院的领导和统筹协调下，不断推出发展我国创业风险投资和资本市场的具体政策法规，如 2003 年的《外商投资创业投资企业管理规定》、2006 年的《创业投资企业管理暂行办法》、2007 年的《关于促进创业投资发展有关税收政策的通知》、2008 年的《关于创业投资引导基金规范设立与运作的指导意见》等。2001 年的《信托法》、2007 年的《信托公司集合资金信托计划管理办法》和 2008 年的《银监会关于印发〈信托公司私人股权投资信托业务操作指引〉的通知》，以及国家于 2005 年对《公司法》和《证券法》、2006 年对《合伙企业法》等法律的修改，为信托制、公司制和有限合伙制私募股权投资基金的设立提供了法律依据。

近年来，私募股权投资基金的发展更是呈现出一片欣欣向荣之势。清科研究中心关于中国私募投资基金的数据统计显示①，截至 2017 年上半年，国内私募基金管理人共计 1.97 万家，其中私募股权 / 创业管理人超过 1.1 万家，私募基金市场空前活跃。

---

① 参考资料：清科研究中心 2017 年 8 月发布的《2017 年上半年中国股权投资市场回顾与展望》。

三、私募股权投资基金的特点

（一）投资方式为股权投资

私募股权投资基金投资方式为股权投资，且主要限定于未公开上市交易的股权（包括未上市企业的股权和上市公司定向募集的股权），其依靠标的公司的业绩增长来获取回报收益。PPP项目公司通过私募融资可获得长期或永久使用的资金，所融资金直接构成了公司的资本。项目公司私募融资获得的资金不需要归还给投资人，投资人达到预期收益后可通过出售公司股权收回本金。

（二）具有高风险、高收益特征

私募股权投资基金由专业化的投资团队进行管理，具有高效的管理水平和激励机制，为了追求最大化的退出收益，投资标的一般定位于高风险、高收益的项目。当然为了有效降低投资风险，私募基金管理人一般会通过设计灵活的优先、劣后方案，建立有效的风险隔离机制，严控项目筛选标准，签订对赌协议等措施进行防范和规避。

（三）法律合规性特点

我国法律明文规定，私募基金募集方式必须为私募，即必须满足非公开发行的要求，才可豁免发行核准。[①] 如根据2006年《国务院办公厅关于严厉打击非法发行股票和非法经营证券业务有关问题的通知》第3条的规定，非公开发行股票及其股权转让，不得采用广告、公告、广播等公开或变相公开方式向社会公众发行，且发行或转让后股东人数不得超过200人，否则，构成公开发行。

私募基金发行对象必须限于具有风险识别和承担能力的投资者。我国《信托公司集合资金信托计划管理办法》对以信托集合资金计划形式设立的私募股权投资基金（即信托制基金）设定了合格投资者制度[②]。2012年新修订的《证券

---

① 参见王荣芳:《私募股权投资基金监管法律问题研究》，中国政法大学出版社2013年版，第26页。

② 参见《信托公司集合资金信托计划管理办法》第6条之规定。

投资基金法》也规定了合格投资者制度[①]，要求投资者必须具有风险识别和风险承担能力。

（四）实质是一种集合理财方式

私募基金是通过汇集投资者的资金，并将其投资于未上市交易的股权进行获利的资金集合，其投资时一般不谋求控股，设立目的是获取利润。故私募股权投资基金的实质是一种集合理财。

四、私募股权投资基金与 PPP 的契合性

作为 PPP 融资的一种新型模式，私募基金可以社会投资人或财务投资人的身份参与 PPP 项目。

（一）社会投资人

社会投资人是指与当地政府在基础设施等领域进行合作，承担建设、运营等工作，并通过事先约定付费方式（如采用“使用者付费”）获得投资收益的社会资本方。

作为社会投资人，私募基金参与 PPP 项目中，可以全局把控项目整个过程，有利于严格控制项目风险，增强对项目的理解和执行，降低整个生产线的成本，提高项目收益。例如，引入专业化团队提升 PPP 项目运营效率；也可与当地政府进行深入合作，采用 BLOT（建设—租赁—运营—移交）模式，与公共部门签订长期租赁合同，由社会资本方在公共土地上投资、建设基础设施，并在租赁期内经营该设施，通过向用户收费而收回投资实现利润。合同结束后将该设施交还公共部门。

当然，作为社会投资人，私募基金介入 PPP 项目也面临一些问题和挑战：一是根据相关政策法规，开展 PPP 项目合作的期限一般不少于 10 年，并且不得

---

① 2012 年 12 月 28 日修订通过的《证券投资基金法》第 88 条规定：非公开募集基金应当向合格投资者募集，合格投资者累计不得超过 200 人。前款所称合格投资者，是指达到规定资产规模或者收入水平，并且具备相应的风险识别能力和风险承担能力、其基金份额认购金额不低于规定限额的单位和个人。合格投资者的具体标准由国务院证券监督管理机构规定。

以保底承诺、刚性兑付等方式进行变相融资。二是需要认识到 PPP 项目存在前期谈判成本高昂、耗时过长的问题。三是私募需要有先进的管理团队，具有优秀的项目管理能力，在为期数十年的 PPP 项目合作中，私募基金担任社会投资人，必须全面协调解决 PPP 项目建设、运营过程中出现的种种难题。

（二）财务投资人

财务投资是金融机构参与 PPP 项目的常用方式。金融机构作为借款人，仅仅为PPP项目提供建设运营资金，不承担PPP项目建设、运营、维护等实质管理工作。

作为财务投资人，私募基金介入 PPP 项目的优势在于整体风险水平较低。私募基金不用参加竞争性采购程序，无须承受 PPP 项目建设和运营风险，没有禁退期的规定，具有前期成本低、责任轻、退出方便等优点。

但是我们也应注意到，作为财务投资人，私募基金参与 PPP 项目，会缺乏对项目的整体掌控，难以从大方向统筹把控项目风险，也无法取得因参与项目运营管理所带来的超额收益。

五、私募股权投资基金参与 PPP 的决策流程

通常情况下，私募股权投资基金投资 PPP 项目的流程可分为五个阶段：搜寻与筛选 PPP 项目、PPP 项目尽职调查及项目评估、投资决策、PPP 项目管理与监控以及 PPP 项目退出。具体的投资流程如图 6–1。

图 6–1　私募股权投资基金投资 PPP 项目流程

（一）搜索与筛选 PPP 项目

私募基金投资 PPP 项目一般具有投资周期较长、流动性较差、高收益与高风险并存的特点，因此私募股权投资基金在选择投资对象时都较为谨慎，对投资对象的各个环节都有比较高的考察标准。通过对投资对象筛选和进行基本考

察后，才会锁定拟投资企业，进入下一个投资环节。

首先，投资的 PPP 项目需要优秀的管理团队和研发人员。拟投资项目管理层不仅要具有相关的专业知识和技能，而且还要具有战略眼光，能够为项目设计并规划正确的发展方向和合理的业务布局，同时还要具有较强的执行力，能够有效地实施项目的战略规划，使项目高效运转。其次，投资的 PPP 项目运营规范、所处行业成长性较好。私募股权投资基金会从法律和财务风险的角度对拟投资项目进行考察，如相关知识产权手续是否完备、是否涉及民事纠纷或诉讼、产权归属是否明晰、是否存在违法经营行为等。最后，投资的 PPP 项目增值预期强、成长速度快、发展空间大。私募股权投资基金投资项目的最终目的就是能够在一定时限内完成投资项目退出，获取投资收益。故在考察投资对象时，一般要求 PPP 项目具有较快的复合增长率，成长空间大，增值预期强的特点。

（二）PPP 项目尽职调查及项目评估

私募股权投资基金根据上述标准对搜寻到的 PPP 项目经过初步审核和筛选后，将不符合投资标准的投资项目排除，对剩余的拟投资项目开展详尽的尽职调查和项目评估。私募股权投资基金会收集拟投资项目方方面面的材料和数据，同时聘请会计事务所、律师事务所、财务人员以及相关行业专家对拟投资项目的运营状况、财务状况、股本结构、产权归属、核心技术、自主创新和研发能力以及管理系统等进行通盘考察，建立相关的数据模型和财务模型，量化考察对目标项目的投资额度和投资计划。

一般来讲，投资 PPP 项目的尽职调查内容和评估体系主要包括：团队结构和能力、技术可行性和市场发展前景、财务数据分析和风险检测等方面。第一，考察拟投资项目的运营管理团队和技术人员构成。私募股权投资者一般会对管理运营团队的人员构成、团队协作能力、知识结构与专业技能、管理能力、技术研发能力、个人素质等各个方面进行综合考察和判断。第二，评估拟投资项目的市场发展前景，重点考察拟投资项目的现有客户群和潜在市场消费主体、行业竞争状况、产品的平均成本和销售状况、产品价格和市场需求的关系、产品持续创新升级的能力、新产品的市场反应等。第三，评估和分析拟投资项目的财务状况。通过考察研究财务报表、构建财务数据评估模型、分析工商和银行等机构提供的相关材料等综合判断拟投资项目的财务状况。第四，评估拟投资项目面临的各类风险。私募股权投资机构会设计风险预测评价体系，对项目面对的各种风险（如市场风险、财务风险、技术风险、管理运营风险、政策法律风险等）对项目运营和发展的影响进行评估。第五，评估退出渠道和方式。主要考察拟投资项目如何实现资金回流和资金退出。

（三）投资决策

在对拟投资 PPP 项目作出详尽的尽职调查和评估之后，私募股权投资基金会根据拟投资 PPP 项目的尽职调查报告和相关评估结果对是否进行投资作出最终抉择，并就何时投资、投资方式、投资规模等一系列问题与相关地方政府进行磋商，如果双方能够达成一致，则共同签署 PPP 项目合同完成投资交易。一般来说，双方磋商的股权投资协议条款以及具体内容应包括：投资方式与投资周期；股权交易价格及股权比例；项目的发展战略规划和预期成长速度；双方在项目运营管理中的责权与义务；拟投资退出方案和计划等。

（四）PPP 项目管理与监控

完成股权投资交易后，私募股权投资基金会对被投资 PPP 项目进行跟踪监控与管理，利用其专业知识、经验以及广泛的社会资源帮助被投资项目快速发展。他们通过股东大会参与被投资项目的重大战略决策，通过董事会席位优化被投资项目的内部管理和组织效率，通过监控约束管理层行为有效化解委托代理关系，等等。具体来讲，私募股权投资基金对 PPP 项目的管理和监控主要表现在以下几个方面：

第一，通过股东大会或董事会参与 PPP 项目重大战略规划和其他重要事项的决策。私募股权投资基金可就有关事项召集股东大会，要求项目公司向股东大会披露公司内部信息和经营状况，同时就 PPP 项目的发展战略规划进行探讨和协商，为项目提供战略咨询和建议。有时私募股权投资协议中也会明确规定，私募股权投资基金作为外部董事占有董事会席位，并拥有一票否决权。

第二，通过管理层雇佣条款控制管理层的不当行为。PPP 项目管理层一般拥有项目公司的控股权，为了有效控制管理层行为所引致的经营风险，私募股权投资协议中通常会设计管理层雇佣条款（通常会涉及在一定情形下回购股份，解雇、撤换管理层等内容）。

（五）PPP 项目退出

私募股权投资基金进行 PPP 项目投资的终极目标就是完成投资项目的市场退出，从而获取投资收益。是否成功完成 PPP 项目的市场退出直接决定着投资的成败，影响着私募股权投资基金的运营绩效和市场声誉。PPP 项目的退出方式主要包括股权协议转让、股份回购等。

①股权协议转让。股权协议转让是指私募股权投资基金将所持有的项目公司股份通过签署股份转让协议，以协议价格过渡给其他私募股权投资机构。

②股份回购。股份回购是指在一定期限后，项目公司的管理层依照约定价格赎回部分或全部私募股权投资基金所持有的项目公司股份。这种方式的优点在于股权和债权相结合，投资风险由私募股权投资基金与项目公司共同承担，同时，在私募股权投资基金的帮助下，PPP 项目发展成长后，项目公司也乐于购回公司股份，加强对公司的控制权。

六、私募股权投资基金支持 PPP 融资的难点与建议

（一）私募股权投资基金支持 PPP 融资的难点

私募股权投资基金支持 PPP 融资，存在项目管理与监控的问题。较之于传统金融融资方式，私募投资 PPP 规模更大，过程管理不确定因素也更大，造成很多机构投资者不敢轻易涉足；然后是相关 PPP 基金管理公司尚不成熟，其项目管理能力和资金投向决策审计都有待提高。

私募股权投资基金支持 PPP 融资，存在融资期限过长的问题。为期二三十年的 PPP 项目，较之于一般项目，持续时间更长，项目过程管理不确定因素也影响更大。其中，下至消费者偏好转变、原材料价格上升，上至技术工艺变革、国内外政治经济形势变化等都会影响 PPP 项目的实际经营和盈利情况。除此之外，目前我国 PPP 项目商业模式尚不成熟，与之配套的政策法规、基础设施等尚不健全，导致难以预估和防控项目风险，进而金融机构出于审慎性原则，也会更多地考虑融资的安全性，严格审核资金投放。这些皆是制约社会资本特别是民营资本参与 PPP 项目融资的原因。

私募股权投资基金支持 PPP 融资，存在风险收益不匹配的问题。据实务数

据显示，PPP 项目通常收益率仅为 8% 左右，这与私募股权投资所应具有的高风险、高收益特质并不匹配。因此，私募支持 PPP 融资实务中，多存在小股大债、明股实债的现象。同时不少 PPP 项目股权投资中，社会投资人仍然要求政府指定项目公司溢价回购，要求政府为项目背书兜底。

（二）私募股权投资基金支持 PPP 融资的建议

针对 PPP 项目管理与监控的问题，私募股权投资基金可在 PPP 融资协议中约定其拥有一定数量的董事会席位或约定管理层雇佣条款，以防范和控制管理层的不当行为，加强对 PPP 项目的管理和监控，降低 PPP 项目过程管理中存在的不确定风险，以使私募基金可以放心支持 PPP 融资。当然，PPP 基金管理公司可加强对团队责任承担与绩效激励体系的构建，通过责任追究与绩效考核的压力，不断强化项目管理能力和资金投向决策审计能力。

针对 PPP 项目融资期限过长的问题，私募基金可在 PPP 融资协议中明确约定股份回购的条款或对赌协议条款，既可以明确约定在一定期限后，项目公司的管理层依照约定价格赎回部分或全部私募股权投资基金所持有的项目公司股份，也可明确约定出现某一触发条件时（通常表现为一定期限内，PPP 项目未达到约定业绩），项目公司的管理层依照约定价格赎回部分或全部私募股权投资基金所持有的项目公司股份并提供一定补偿。通过上述方法，私募基金可以有效规避因融资期限过长带来的不确定风险，有利于促进私募股权投资基金放心支持 PPP 融资。

针对 PPP 项目风险收益不匹配的问题，可以通过创新股权投资模式解决。如私募基金可采用可转换债模式对 PPP 项目进行投资，其操作方式为：私募基金为 PPP 项目公司提供债权融资时，可在合同中约定，数年（一般为 1–2 年）后如果 PPP 项目收益达到约定水平，并且运营管理势态良好，私募基金可选择将部分债权直接转换为股权。这样既能够在运营前景不明朗时保证收益、降低风险，又可以在运营状况良好时获得资本升值收益。当然，投资者也可以选择收益介于债权和股权之间的夹层融资形式，在典型的夹层融资模式中，资金提供者可以选择将融资金额的一部分转换为融资方的股权，如期权、认股证、转股权或股权投资参与权等权利，从而有机会通过资本升值获利。

七、典型案例

结合实务操作案例，私募股权投资基金参与 PPP 项目的主要方式是投资 PPP 框架下的项目公司的股权。具体来说，首先由中央或地方政府发起设立产业引导基金，再以引导基金作为杠杆引入商业银行等拥有大量低成本资金的金融机构成立母基金，之后以该母基金投资于项目基金。整个 PPP 项目操作中，私募基金通过参与投资母基金间接实现 PPP 融资或者跟随母基金直接投资于具体 PPP 项目。

（一）厦门轨道交通工程 PPP 项目

1. 基本情况

2015 年，厦门市轨道交通集团与兴业基金管理有限公司签署厦门城市发展产业基金合作框架协议，拟设立 100 亿元基金专门投资于厦门轨道交通工程等项目。该基金采用 PPP 模式，由兴业基金全资子公司——兴业财富资产管理有限公司，与厦门市政府共同出资成立合伙制基金——“兴业厦门城市产业发展投资基金”（其中兴业财富出资 70%，担任优先级有限合伙人；厦门轨道交通集团出资 30%，担任劣后级有限合伙人）。厦门轨道交通集团按照协议定期给优先级有限合伙人支付收益，并在基金到期时负责回购优先级合伙人持有的权益，厦门市政府提供财政贴息保障。与此同时，该产业基金还与中国高新投资集团公司、复星集团、赛富亚洲基金等 12 家知名股权投资机构签署了战略合作协议。

该基金的结构如下：

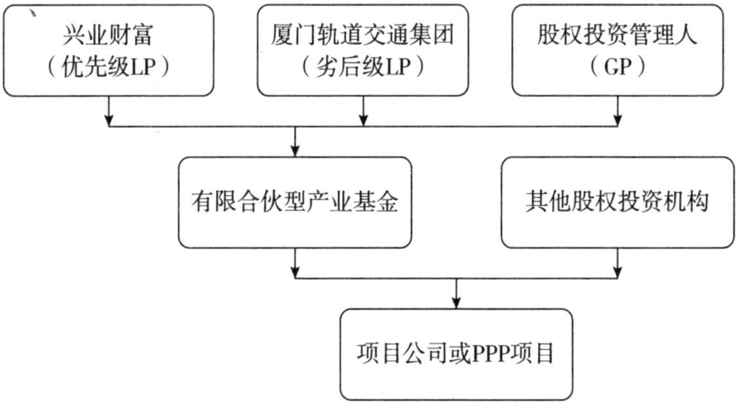

图 6–2　厦门轨道交通工程 PPP 项目基金结构图

2. 案例分析

此案例是金融机构主导型产业基金模式的典型代表。该模式下，整个融资结构是以金融机构为主导的。金融机构（兴业财富）联合地方国企（厦门轨道交通集团）发起设立合伙制基金，金融机构（兴业财富）做优先级 LP，地方国企（厦门轨道交通集团）做劣后级 LP，金融机构指定的股权投资管理人做 GP。在此种私募基金模式下，金融机构作为优先级有限合伙人，在基金清算时具有法定的优先受偿权，从而变相保证了其作为社会投资人的本金支出。当然本案中，金融机构通过与厦门轨道交通集团签订协议，约定定期给优先级有限合伙人支付收益，并在基金到期时负责回购优先级合伙人持有的权益，厦门市政府提供财政贴息保障，无疑使金融机构获得了较高的可预期收益及刚性兑付，有效激励了其积极参与 PPP 项目融资。

（二）建设开发公司 PPP 项目

1. 基本情况

建设开发公司 PPP 项目的基本框架是：银行系基金公司担任优先级 LP，地方国企担任次优级 LP，建设开发公司担任劣后级 LP，建设开发公司与银行系基金公司，合资设立产业基金管理公司担任 GP，它们共同构成该合伙制产业基金，而该基金又以股权方式投资于项目公司或具体 PPP 项目。该基金的结构如下：

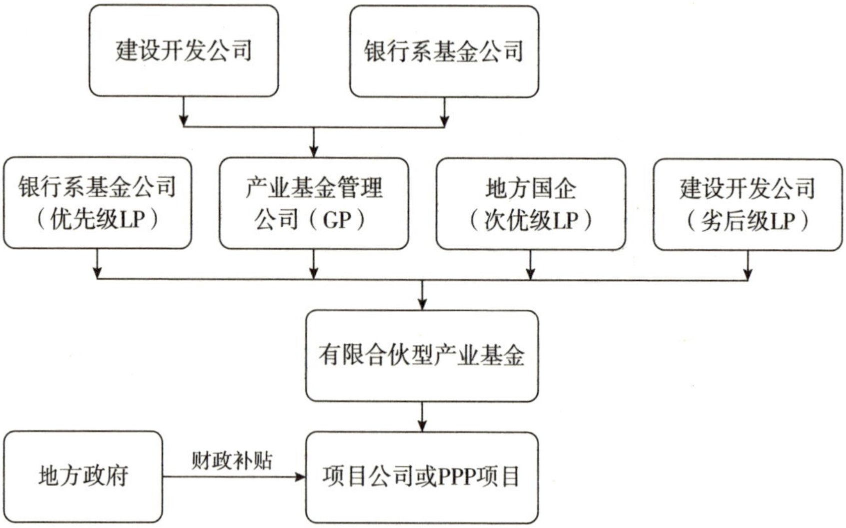

图 6–3　建设开发公司 PPP 项目基金结构图

2. 案例分析

此案例是实业资本主导型产业基金模式的典型代表。该模式下，有建设运营资质和能力的实业资本，在与地方政府达成 PPP 框架协议后，通过联合银行等金融机构设立有限合伙基金进行项目投资。在此种私募基金模式下，实业公司作为 PPP 项目发起人，在寻求地方政府及金融资本支持的过程中，主动担任合伙制私募基金中的劣后级 LP，优先保障金融资本及地方国企资金优先受偿，为整个 PPP 项目的建设和运营风险进行背书，有效获得了地方政府和金融资本的信任和支持，并且刺激了金融资本愿意积极参与到 PPP 项目融资。

（三）河南省豫资公司 PPP 项目

1. 基本情况

2014 年，作为河南省的大型国企，河南省豫资公司先后与建设银行、交通银行、浦发银行等金融机构联合设立“建信豫资城镇化建设发展基金”“交银豫资产业投资基金”和“浦银豫资城市运营发展基金”，其资金总规模高达 3000 亿元。该基金的结构如下：

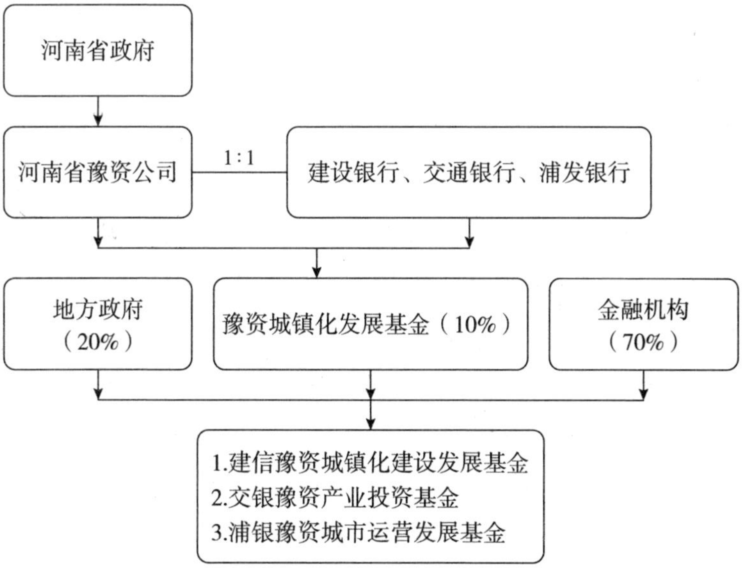

图 6–4　河南省豫资公司 PPP 项目基金结构图

按照粗略估算，前述每只基金的规模大概是 1000 亿元。如果母基金按照子基金 10% 的规模设计，那么母基金规模大概是 100 亿元。按照金融机构与省财政的协议约定，双方分别出资 50% 设立母基金（即“豫资城镇化发展基金”），省财政出资部分由河南省豫资公司代为履行出资人职责，那么金融机构和省豫资公司各出资 50 亿元，按承诺分期同步到位。落实到“建信豫资城镇化建设发展基金”等各类具体子基金的出资比例为：母基金占比 10%、地方政府占比 20%、金融机构占比 70%。

2. 案例分析

此案例是政府主导型产业基金模式的典型代表。该模式下，首先由中央或地方政府出资成立引导基金，再引入银行等金融机构资金，共同成立产业基金母基金。在此种私募基金模式下，政府作为 PPP 项目的发起人，积极寻求与银行等大型金融机构合作，主动指导地方国企与金融机构共同设立母基金，有效实现了运用资金杠杆支援 PPP 项目建设的目标。同时，政府主导型产业基金模式下，作为合作方的政府一般对金融机构提供了隐性的担保，进一步激发了金融机构投资参与 PPP 项目的热情。

八、相关法律法规

1. 2014 年 8 月 31 日全国人大常委会表决通过《政府采购法（2014 年修正）》

2. 2014 年 8 月 31 日全国人大常委会表决通过《预算法（2014 年修正）》

3. 2015 年 5 月 11 日国务院办公厅发布《关于妥善解决地方政府融资平台公司在建项目后续融资问题意见的通知》（国办发〔2015〕40 号）

4. 2017 年 9 月 1 日国务院办公厅发布《关于进一步激发民间有效投资活力促进经济持续健康发展的指导意见》（国办发〔2017〕79 号）

5. 2014 年 12 月 2 日国家发展改革委发布《国家发展改革委关于开展政府和社会资本合作的指导意见》（发改投资〔2014〕2724 号）

6. 2015 年 6 月 25 日财政部发布《关于进一步做好政府和社会资本合作项目示范工作的通知》（财金〔2015〕57 号）

第七章

通过融资租赁方式实现 PPP 项目的融资

一、融资租赁的概念

融资租赁是一种融资方式，它经由承租人进行选择出卖商和租赁物，然后由出租人出资购买此租赁物并且租赁给租赁人进行使用，每期承租人需要按时完成租金的支付，最后融资租赁物归属于出租人或承租人。“融资租赁”这四个字，包含融合了融资和租赁的两重特性。进一步来说，融资租赁的出租方虽然将与租赁物所有权有关的全部风险与报酬转移给了承租人，但是，所有权最终是否会真正由出租方转移给承租方仍然需要通过双方的约定。通过上述对融资租赁的定义，可以分解为以下方面：

（1）交易结构的主体：融资租赁交易结构事实上涉及三方当事人，即出租人、承租人和出卖人。当然也有少数学者[①]认为融资租赁的交易结构是出租人和承租人的两方当事人，出卖人不算在其中。

（2）交易结构的内容：融资租赁交易结构中的出租人享有对租赁物的所有权，而承租人仅享有相对应的使用权，其间，承租人属于通过支付租金的形式取得的租赁物的使用权，相对应，出租人通过让渡其使用权获取租金。其中，融资租赁物的所有权与租赁物上所有权有关的风险与报酬分别属于两个概念。

（3）交易结构的客体：毋庸置疑，实务操作中，融资租赁的标的商品大部分是动产，但部分不动产也有作为融资租赁的标的物的案例，但此种情况需要办理相关行政方面产权过户登记手续。

① 高圣平、王思源：《论融资租赁交易的法律构造》，载《法律科学：西北政法大学学报》2013年第1期。

二、中国融资租赁行业的发展概况

中国的融资租赁业务伴随着改革开放的发展也有了开端。20 世纪 90 年代初，为了招商引资，国内第一个融资租赁业务于中国国际信托投资公司开展起来。至 1981 年，我国才有了真正现代意义的融资租赁公司，即由中国国际信托投资公司发起建立的东方国际租赁有限公司和中国租赁有限公司。两家公司的成立标志着我国正式引进了融资租赁的融资模式，这为后来我国融资租赁业的快速发展提供了坚实的基础①。随着市场的发展变化，目前我国的银行租赁业务内含三大部分，并且其由不同的主管部门分别监管，即大家所熟知的：银监会监管下的金融租赁公司、商务部主管下的外资、合资金融租赁公司以及内资租赁公司。

在改革开放的浪潮下和政府的政策引导下，中国融资租赁行业是积极创建的少数产业之一，但在前 30 年却发展缓慢，直至我国加入 WTO，国内经济进入深水期，金融产业在全球行业竞争中大面积开展，我国的融资租赁业也才开始呈指数倍发展。在同一时期的融资租赁行业创建的各种公司数量激增，尤其以外资租赁公司的增多为特点；相关企业增资、企业并购案例层出不穷；发展变化的不仅有租赁公司的股权结构和性质，还有管理方式的变革；租赁交易主体逐步多样化，市场风险存在较为突出的问题；租赁融资渠道逐步规范流畅，交易模式不断创新。

三、融资租赁的特点

融资租赁行业的性质可归属于一个综合性行业，它包容了经贸、投资、资产管理、服务等多个领域，其组建起来的融资租赁公司作为一个运作平台需要达到多功能交易的目的。有的租赁公司依据行政规则申请成为金融机构，有的租赁公司仍依照普通的商业机构或中介机构的方式进行运营，这两种不同类型的区别，取决于成立的租赁公司的股东特征、资本运营的取得方式、行业行政监管部门规定的市场准入要求。但不论是哪种类型的机构，其都具有典型的投

---

① 严飞、刘计忠：《浅析制约我国融资租赁业发展障碍及应对之策》，载《经营管理者》2015 年第 9 期。

融资的中介功能[①]。融资租赁的特点具体为：

（一）融资租赁的目的

融资租赁交易结构中的承租人这样运作的目的是周转融通资金，融资租赁交易结构的出租方就肩负了融通资金的义务。融资租赁活动是一项金融投资活动，出租人经过金融投资帮助了资金短缺的承租人，处理了其资金不足的窘境，实现了融通资金的目的。

（二）主体与对象

融资租赁交易结构下的承租方有企业法人、其他盈利性经济组织、公民等，它展现出很强的商业性；租赁对象大部分是动产，也有不动产。

（三）主体的权利与义务

融资租赁业务开展的过程中，由承租方来选择与租赁物相关的供货商及对应的租赁物，出租人一般不能进行干涉，除非承租人明确提出需要。租赁期限内，出租方肩负着租赁物的维修、保养等义务并持有租赁物的所有权。

（四）期间与处置

通常情况下融资租赁合同下约定的租赁期限都比较长，租赁期限大部分以租赁物的使用寿命为长度，通常属于“一租到底”，直至租赁物的残值归零。租赁期到期后，对于租赁物的处置通常有三种不同的处置方式，即留购、续租或退还，实务中的企业大部分会选择留购这种方式。

四、融资租赁的特殊性

（一）税收优惠

我国对于融资租赁业务施行税前偿租，这样纳税基数减少，减少了企业税收负担。此外，基于我国相关法律的规定，凡是采用融资租赁的方法租进企业的技术改造设备，设备的折旧年限依照使用年限和租赁期限孰短的原则进行计

① 孔垂龙：《浅谈我国融资租赁的特点及作用》，载《现代经济信息》2012年第3期。

算，当然最短时长不得少于三年。依照这样的会计规则，租赁设备的加速折旧降低了成本，减少了税负。

（二）实现表外融资

在一家企业的资产负债表中，融资租赁没有被算入负债科目，具有节省流动资金、改善公司的财务状况的作用。通过银行贷款的方式，贷款得到的资金会全部计入企业的负债中，有时会影响企业的信用额度。

（三）降低融资的门槛

因为融资租赁交易结构中出租方在整个租赁期间拥有租赁物的所有权，所以当承租方出现违反合同规定时即可行使收回租赁物的权利，这样做就降低了出租方对承租方要求的企业资质、信用等的难度。

（四）减轻初期资金的压力

融资租赁所采用的融物还租的模式，并没有降低企业的融资能力，可以为企业节省资金，降低投资的风险。

五、融资租赁与 PPP 的契合性

（一）结构上的契合性

通常以融资租赁方式进行的 PPP 项目中，政府和社会资本组建 SPV 公司以承租人的身份出现，正常对应适用融资租赁三方结构即可，资金筹资人由项目投资人担任并且完成后续具体工作。PPP 项目因为它的垄断性、技术操作性、特许经营性和项目安全性，其从根本上需要统一筹划和统一调度。采用融资租赁的融资形式，在实务操作中，所有权与使用权相分离，各种条件下均表明在租赁模式下，掌握运营经营权的基础设施建设项目使用单位，能够符合运营工作上的各方需求。

（二）时间上的契合性

融资租赁合同的时间期限通常很长，可达 4 年至 10 年。国内相关的 PPP 项目主要多数运用在开发自然资源、基础设施建设和相关公用事业的项目上，项目周期长且稳定，与融资租赁的融资模式不谋而合。从企业的自身发展角度考虑，对于此类大型项目的实施建设，适用PPP模式的优势在于能够较好地避免由于银行贷款到期之后需要一次性还清贷款所带来的资金上的压力。融资租赁项目的还款周转周期大多至少为中长期，通过融资租赁模式，企业可以通过长期融资下每期带来的资金解决短期流动资金不足的问题，其既可以实现企业想要的长期项目的建设，还可以替代部分短期的流动资金。尤其是通过售后回租的方式盘活存量固定资产后，企业可以获得一笔数额可观的资金，其既可以投资于新项目，还为企业减轻还贷压力甚至是开展新的投资计划提供相当大的帮助。

（三）政策上的契合性

我国政府是依法进行相关国家社会管理的机关，对国家的政治环境、经济发展和社会公共事务都承担着应尽的责任。在这样一个和平年代，尤其是改革开放后这几十年来的社会经济发展中，民生工程和基础设施建设是政府放在首位需要为老百姓考虑并谋取的。以前我国关于基础设施建设的资金来源渠道主要依赖于国家财政税收的收入、债务收入和银行贷款等，同时我国中央财政的债务依存度已经高达55.7%[①]，如果依靠大量发行国债将对中央财政造成更大的压力；我国地方财政的财力又十分有限，伴随着城市化脚步的加速，以上传统的资金来源很难支持大规模的政府建设。通过融资租赁的形式，租赁公司一方面融通资金，另一方面其提供租赁物，既扮演金融机构，又充当贸易机构的角色。在租赁期出租人拥有物的所有权，相对银行不能自行处置担保物，因而具有更高的信用。尤其是直接融资租赁方式，大幅度缓解了政府融资的资金压力。

（四）实际操作上的契合性

融资租赁项目的谈判时间一般较短，融资公司的内部审批手续也比较简单，资金到位速度更快。免去银行贷款烦琐的手续，资金不到位会对PPP项目造成巨大损失。融资租赁的租金支付方式可由承租人和出租人协商确定。从租金支付的频率来看，比较常见的是按季支付，但也有个别项目采取的是按年支付。同时，

---

① 王遥：《国债规模的空间》，载《资本市场》2000年第6期。

支付的数额也在协商范围之内，可以等额支付，也可以先多后少或先少后多。[①]

六、融资租赁参与 PPP 的决策流程

（一）设计概述

国务院下发的《关于加强地方政府性债务管理的意见》（国发〔2014〕43 号）规定中，融资租赁可作为一种社会资本新模式参与公益性事业的投资和运营，大大促进了融资租赁行业本身的发展。

（二）决策流程

1. 融资性直接租赁（投资新设备）

如果 PPP 项目公司购买新的设备，由融资租赁公司（出租人）与供应商签订设备买卖合同，并支付定金，在设备交接时，由租赁公司替 PPP 项目公司支付剩余设备款给供应商，PPP 项目公司在之后分期限将设备款还给租赁公司，PPP 项目公司可以将原计划投入设备的资金用于购买原材料，解决因为新投资带来的流动资金紧张的问题。[②]

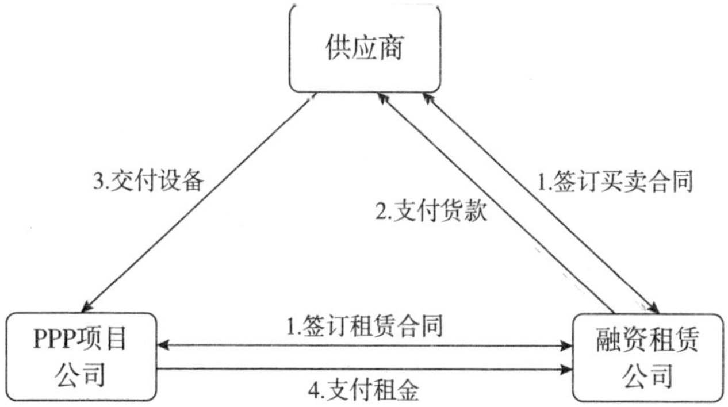

图 7–1　融资性直接租赁交易结构图

① 赵杨东：《交通基础设施建设项目中政府与国有企业 PPP 合作模式研究》，长安大学博士学位论文，2016 年 2 月。

② 史红玲：《目前我国融资租赁业的特点、作用及发展对策》，载《当代经济》2005 年第 6 期。

融资性直接租赁的交易流程是：

（1）PPP 项目公司选择供货商和租赁商品；

（2）PPP 项目公司向融资租赁公司提出相关融资租赁业务申请；

（3）融资租赁公司和 PPP 项目公司与供货厂商进行技术、商务谈判；

（4）融资租赁公司和 PPP 项目公司签订《融资租赁合同》；

（5）融资租赁公司与供货商签订相关《买卖合同》，实现购买租赁物；

（6）融资租赁公司用从资本市场上筹集的资金作为贷款支付给供货厂商；

（7）供货商向 PPP 项目公司交付租赁物；

（8）PPP 项目公司按期按时向融资租赁公司支付租金；

（9）租赁期满，PPP 项目公司正常履行合同的情况下，融资租赁公司将租赁物的所有权转移给 PPP 公司。

2. 融资性售后回租（流动资金融资）

如果 SPV 公司有流动资金周转需要，可以将现有生产设备作为抵押，这种方式下可以盘活 SPV 公司用在生产设备中的资金，有效解决资金紧张问题，提高资金利用效率[①]。交易结构如图 7–2：

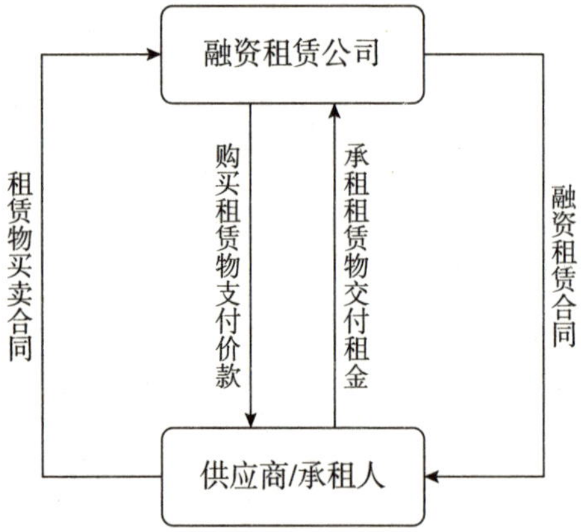

图 7–2 融资性售后回租交易结构图

融资性售后回租的交易流程是：

（1）承租人与融资租赁公司签订租赁物买卖合同，将租赁物卖给融资租赁

① 财政部政府和社会资本合作中心：《PPP 模式融资问题研究》，经济科学出版社 2017 年版。

公司，融资租赁公司支付相关购买价款；

（2）融资租赁公司与承租人签订融资租赁合同，承租人承租租赁物并按期支付价款。

3. 带入银行贷款类交易结构

社会资本独自或者与政府共同成立特殊目的公司（以下简称 SPV）进行公司建设和运营合作项目。

（1）政府平台机构和集团公司签订合作协议共同设立相关 SPV 公司，政府平台机构可以资产方式出资，集团公司也可以用现金形式出资。

（2）租赁公司与 SPV 公司签订相关设备买卖合同（政府平台机构的出资部分）、融资租赁合同；

（3）SPV 公司向租赁公司支付服务费；

（4）租赁公司向银行申请保理贷款；

（5）银行向租赁公司发放贷款；

（6）租赁公司向 SPV 公司支付设备购买价款；

（7）SPV 公司到期归还租赁公司本金以及利息；

（8）租赁公司到期归还 A 银行本金以及利息。

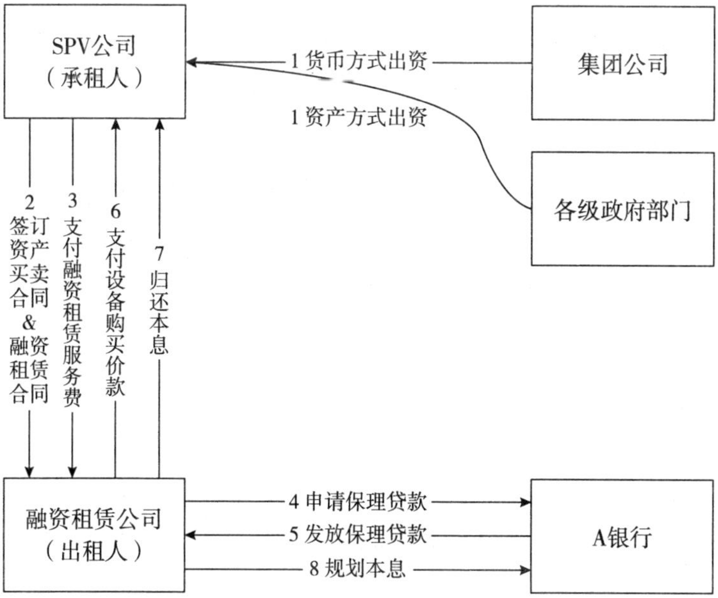

图 7–3　带入银行贷款类交易结构图

七、融资租赁支持 PPP 模式的操作障碍及解决

（一）风险障碍

1. 风险点类别

PPP 项目不是独立存在的，其运行于经济和社会的大环境中，它的融资情况至少会受到政府部门社会资本、金融机构等融资主体及融资经济环境等众多不确定因素的影响。通过分析总结 PPP 项目的各种风险因素，将 PPP 项目风险分为政治风险、法律与合同风险、金融风险、建设风险、市场与运营风险。

2. 参与方风险分析[①]

（1）承租人 /PPP 项目公司的主要风险

① 信用风险。信用风险，即租赁公司可能会面临到的承租人违约方面的风险。违约的原因很多，如承租人信用度调查缺陷或承租人受外界因素影响，失去履行租赁合同的能力等。之所以会存在信用风险，主要原因在于融资租赁业务也属于金融服务业项目，由于周转时期较长，发展过程中容易出现各种问题导致承租人资金流断裂，无法按期支付租金，或者承租人存在信用问题，故意延长或者拒绝支持租金。如果承租人在资产使用过程中有恶意破坏或者不承担维修服务等行为，也是租赁公司在发展过程中可能面临的风险之一。之所以融资租赁业务在发展过程中存在较大风险，主要原因在于融资租赁业务有长期发展特征。

② 操作风险。操作风险，即在企业运营过程中，由于内部管理失当或是受外界因素影响所造成的利益损失。其中，内部操作失当包括人为和系统两种情况。人为因素包括违章操作、技术人员流动等；而系统因素则是考虑系统正常运行过程中所面临的失控等状况。外部环境导致风险的形式也很丰富，如恶意欺诈、银行经营环境改变等。

（2）出租人的主要风险

在融资租赁业务过程中，由于市场环境变化等可能造成租赁资产总值改变所带来的风险即市场风险。融资租赁市场的风险主要是利率风险。利率在金融租赁公司的租赁结构中是重要的组成部分，金融租赁公司从利润差中获取大量

---

① 张雷：《PPP 模式的风险分析研究》，财政部财政科学研究所 2015 年硕士学位论文。

收益。与银行经营模式不同，租赁公司的长期租赁业务是以短期融资形式完成的，所以面临的利率风险要远远高于银行所面临的利率风险。租赁产品的租金回收是以固定利率为基础的，如果市场环境发生变化，则代表租赁产品的资本化价值也会发生相应改变，这也是租赁公司面临利率风险的主要因素。

（二）风险分担

1. 风险分担原则

分担 PPP 项目风险应遵循三大原则：第一，风险承担量需要与其能力相适应；第二，收益与承担的风险必须相对应；第三，由第三方承担的风险应该有上限。

2. 风险分担结果

（1）政治风险的分担。政治风险很多都是由政府部门自身因素造成的，私人部门对此难以控制，按照风险的相关分担原则，政治风险主要应由政府部门来承担。

（2）法律及合同风险的分担。法律和监管体系不健全、法律变更风险及税收调整风险通常由政府部门承担，因为政府部门原则上对该种风险更有把控能为，也就更有能力承担该种风险。

（3）违约风险则根据因果原则，谁违约谁承担。合同风险通常由合同双方共同承担，但协议中另有规定的除外。因此，为减少项目的法律及合同风险，需要尽快完善相应法律法规，并选择有良好资信状况的合作者，政府违约的处理则需在特许权协议中明确列出。

（4）金融风险的分担。政府部门对利率和汇率风险有更好的预测能力和控制能力，所以需要按照风险承担与风险承担能力相适应的原则，由政府部门承担。

（5）市场及运营风险的分担。类似项目的竞争风险是可以控制的，可由政府部门提供不竞争保护。

（三）风险解决

1. 风险管控原则

（1）风险回避：风险回避是指针对所有可能会发生的风险，决定停止或放弃实施会造成更大风险损失的方案。这种方式操作简单，能根除风险，但在避免风险的同时也丧失了投资机会。

当企业面对融资租赁下的 PPP 项目时，如果通过对风险进行预测和评估后，发现执行该项目会造成更大的风险和损失，就需要立即放弃或停止该项目。例如，私营合作企业面对风险很大的项目时，可能会放弃投标；保险公司也可能因为项目的风险过大而拒绝承担保险责任。

（2）风险减免：风险减免即尽可能减少相关项目风险，其下分为风险发生前的控制和风险发生后的控制。风险发生前即需要做好相关预防措施，这样可以尽可能降低风险发生的可能性；风险发生后的控制措施即指当风险真正发生后，尽可能减少或弥补风险造成的损失，这是一种常用的风险控制手段。

（3）风险分担：融资租赁 PPP 项目的风险分担主要是在风险管理主体内部采取内部控制措施等来化解风险。当所发生的风险无法回避和转移，只能承受时，叫作"被动分担"；如果经过系统性评估显示出风险很小，总体上是不会对项目造成太大影响的，于是选择保留风险，属于"主动分担"。在 PPP 模式下，在明确了项目相关方应当承担的风险后，最重要的风险分担应在签订合同时加以明确规定。

（4）风险转嫁：风险转移是指风险本来的承担者通过技术或经济上的手段将风险转嫁给别人。融资租赁 PPP 项目风险转移方式主要有以下两种：第一种是通过担保，将风险转移给担保人，担保人可以是信托投资公司、承包商或担保行等；第二种是当出现购买的代价或者采用其他的风险控制措施的费用超过风险造成的损失等的情况下，项目公司也会采用自己承担风险的方式。

2. 针对阶段性风险的管控建议

（1）项目可行性的论证和项目设计阶段：要针对 PPP 项目的特点做详细的技术论证：引进的技术设备是否较先进，对项目是否真正适用，价格是否公道，是否符合国家相关产业政策；技术引进和设备进口是否属于重复引进；资源利用是否高效、节约，是否符合国家的能源政策；设计、施工人员培训是否充分、到位。

（2）招投标阶段：要降低招投标费用，减少投标策略带来的失误，避免因高价夺标，而使项目在后期阶段因为资金不足而终止[①]。

（3）在融资阶段：要确定资金平衡点，完善资本结构，尽可能拓展融资方式

① 张春娜：《PPP 项目招投标阶段风险分担研究》，载《建筑建材装饰》2016 年第 22 期。

和渠道，合理运用多种融资手段，以求在吸引大量资金等的同时将融资风险大幅减少，降低对银行信贷资金的依赖。国家要科学编制地方基础设施发展计划，对 PPP 项目寿命和周期进行研究，并对费用和效益作出估价，以便政府决策部门、PPP 项目投资者决策使用。

（4）建设阶段：PPP 项目公司应当利用各种方式达到按期交付项目的目的，要加强对承租人的管理，当发现项目进度产生延迟时，需要提醒甚至帮助承租人发现问题，监督承包商改进项目进度并督促其采取行动进行调整和补救；要狠抓承租目标控制管理，建立管理体系，全面实行项目法人责任制、出租人招标制、承租单位监理制和合同管理制等一系列制度和规定；要做好管理，对参与的员工反复进行“内控第一”的思想教育，要对参与建设的人员进行内控教育，防止出现还款期限被迫延长、成本超支，防止带来不良的社会效益；采取有效的措施，控制成本，预先将费用超支的风险考虑在项目建设中。

（5）运营和移交阶段：要选择成熟的出租方公司，运营管理商应当对项目及其产业领域比较熟悉，具有良好的资信与管理经验；应对市场需求变化、产品/服务价格变化带来的风险，项目公司应与政府签订具有担保性质的长期回购协议，并确定好 PPP 项目产品或服务的定价策略，以此减少不确定性带来的风险冲击；要设计合理的风险分担结构，切实做到 PPP 项目风险的分担原则，由对风险最有控制力的一方承担相应的风险。

八、典型案例

（一）甘肃省公航旅集团融资租赁案（售后回租模式）

1. PPP 项目情况

2012 年，甘肃省公航旅集团将贯穿兰州新城至永靖的古永和永山两条高速公路及其路面其他附属资产作为融资标的引入融资租赁模式。出租人国银金融租赁有限公司和承租人甘肃省公航旅集团通过售后回租的模式引入社会资本，完成项目建设。此次实施融资租赁的标的项目沿黄河两岸排布，总长达 48.246 公里，投建工期为三个会计年度，全程投资总额度约 60 亿元。由于是省会城市交通设施项目，该项目预使用双向四车道的一级公路建设标准，工程落成后，小型汽车在兰州至永靖的穿梭行程时间缩至 30 分钟内。

2. 承租人情况

甘肃省公航旅集团是一家由甘肃省人民政府批准，在原先甘肃省高等级公路建设开发有限公司组建的基础上，通过增资变更设立的集建设、经营、投融资于一体的国有大型独资公司。

3. 出租人情况

国银金融租赁有限公司是一家经过中国银行业监督管理委员会批准，由国家开发银行对原深圳金融租赁有限公司进行股权重组并增资后变更设立成功的金融机构，是国内注册资本和资产规模最大的金融租赁公司。

4. 交易结构图

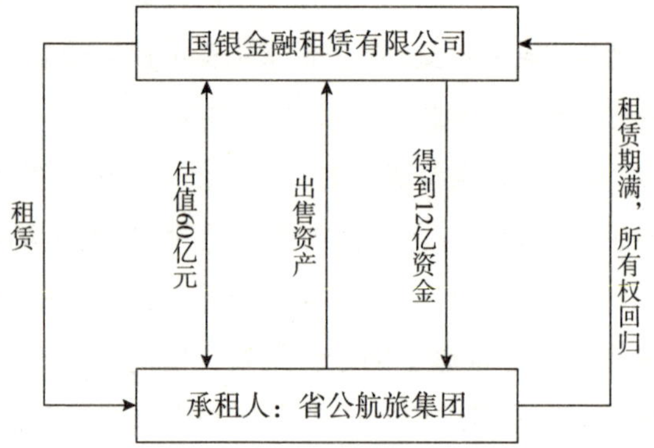

图 7–4　案例一交易结构图

5. 项目交易情况

这次融资过程中双方引入的融资租赁模式，可以简述为：事先对古永、永山两条高速公路路面资产和其他附属资产进行整体估值 60 亿元。得到资金融贷双方的认可后再由甘肃省公航旅集团将其名下所拥有的这些资产的产权转让给国银金融租赁有限公司来换取 12 亿元资金，紧接着甘肃省公航旅集团以承租人的身份从作为出租人的国银金融租赁有限公司手中承租这些资产的使用权实现项目的回租使用并按期付租金，这其中永山高速和古永高速的租赁期分别为 9 年和 10 年。合同到期后，再由作为承租人的甘肃省公航旅集团以各自认可的留置价格从出租人手中购回资产的最终产权。

6. 案例解析

在 2012 年之前，甘肃省的城市基础设施建设所需资金尤其是大型高速公路项目的投资建设几乎全部源于商业银行信贷。但是项目投资若想要从银行等金融机构融得资金，其最基本的资质条件就是拟启动项目一定得有自身的资本金，而这种资本金的输入几乎全数源于国家财政支出。由于国家高速公路网规划没能将兰州新城至永靖沿黄河快速通道项目纳入其内，由此该项目可获得的来自国家资金的支持力度十分有限，这直接造成了该项目启动时自身资本金的严重不足。

为了促成此次交易的达成，在整个交易流程安排过程中，地方政府的撮合和信用背书起到了重要的支撑作用。因为是该省初次尝试用新型的融资租赁方式解决地区交通设施投资建设融资难的问题，加上所涉资金量大和融资方业务开展基础薄弱，所以事前承租方对多家具有融资租赁业务资质的出租方进行了多方面的调查和磋商，最后在此基础上选择了同样具有国有控股背景且业务经验积累丰厚的国银金融租赁有限公司，而排除了竞价招标的选择。

依托融资租赁模式可以获取数量更多、结构来源更广泛的资金。最为重要的是，融资租赁的项目不会影响甘肃省公航旅集团在相关贷款金融机构的授信额度，可以在更大程度上发挥资金效益。同时，此模式还能使得甘肃省公航旅集团在保留所转让公路资产使用权的前提下，盘活现有公路存量资产，解决新建项目现金流不足的问题。转让资产所获得的资金能再次转投资于拟建项目或用于其他项目支出，在一定程度上能有效降低财务成本①。

在业务实施基础薄弱，且缺少可借鉴案例的适用地区，可以考虑通过地方政府的牵线搭台将经营性的基础设施资产剥离给专业营运平台公司（如甘肃省公航旅集团的模式），借由平台公司的专业性，其可根据权涉范围内的资产就风险和收益特性与出租方进行议价谈判。关于出租方的选择方面，承租方可以沿用保守推进的策略，在意向达成前对出租方的业务资质和资本规模等关键指标进行比较，然后在谈判议价过程中遴选出同标的项目风险和收益特性与之匹配的出租方。政府信用背书和保守推进的策略组合主要是考虑到，一方面项目资产的风险较高且收益保障性不足的特性，尤其是经济总量和经济增长缓慢的区域；另一方面则是业务示范的初衷，这对于地区整体风险选择偏于保守的民俗风情来说尤为重要，成功的标杆是带动后续规模跟进的强心剂。从其后果来看，

① 邹进：《甘肃省基础设施融资租赁模式问题研究》，兰州大学 2015 年硕士学位论文。

自2012年首笔交通设施融资租赁业务成功开展以来，甘肃省已经将“融资租赁模式”写入了其城市轨道交通建设和本省著名旅游景点修建及完善规划的融资备选方案中，且出租参与方选择范围也逐步扩大，如招银国际金融租赁、信达资产管理公司等民间金融资本的引入。这些项目的主要承租方就是具有地方政府平台公司背景的甘肃省公航旅集团。

（二）某市交通投资公司融资租赁案（直接融资模式）

1. 承租人（社会资本）基本情况

某市的交通投资公司从公司注册成立开始，为了改善人们的生活环境，一直致力于对城市基础设施的建设，先后对城市的改善投入了大额资金。该市的交通拥挤，为了舒缓交通状况，交投公司用一年的时间投入了28亿元建立了综合交通客运枢纽来缓解交通压力，并与沪宁高铁同时投入使用，在城市的基础设施改善工程中，引进了万达广场、沃尔玛等知名商业来丰富人们的生活。企业还与万科、亚东等知名的房地产公司合作开发楼盘，通过3000亩土地的转让，开发了许多精品楼盘，并对失地农民提供了高质量的安置房。公司因此也获得了许多荣誉称号。

根据交投公司成立的性质，具有以下一些特点：一是政府的融资平台，以土地资产抵押或政府担保融资；二是拥有大量土地，政府配置给该公司的土地主要位于南徐新城檀山路、城际列车广场、林隐路一带，地理位置优越，土地资产升值空间大，近期市政府将为该公司项目注入土地，特别是交投公司近期又被市政府明确为国家重点工程京沪高铁、城际轻轨该市段工程的融资平台，将得到市政府的全力支持①。

2. 承租人运作模式

（1）政府注入土地：交投公司按建设项目获取土地，对市政府批准由交投公司建设的城建项目做出投资概算，根据概算对所需土地资产进行选址、测算，并向市政府提出用地申请，由市政府审核，报相关部门备案，进而办理用地手续，市国土局向交投公司注入土地。

---

① 刘飞跃：《融资租赁在城市基础设施建设中的应用与研究》，上海交通大学2014年硕士学位论文。

（2）交投公司融资：交投公司以取得的土地使用权作抵押向各金融机构申请融资，筹集资金用于承担的城建项目，确保项目及时实施。

（3）土地前期开发：通过自主开发或与他人联合开发，完成土地前期开发。

（4）土地上市交易：完成前期开发的土地进入土地交易市场，采用招、拍、挂的方式进行交易出让。土地交易保护底价应为土地征用费用、前期开发成本费用及适量的地租之和。在确保保护底价时，土地征用费用及前期开发成本费用必须经财政与国土部门的审核确认。

（5）土地交易资金分配：土地交易资金实行收支两条线，收入全部解交市财政土地出让金专户，由财政、国土部门按照有关规定统一分配，财政部门按成本返还、税费上解、适量地租、溢价分配等类别分别拨付至交投公司或其他部门，土地上市交易完成后的净收益 = 入市交易的成交价 – 保护底价 – 入市交易时发生的应由出让方缴纳的交易税费。

（6）交投公司偿还金融机构借款、实施工程建设：项目实际操作时受市政府和市交通主管部门委托，成立工程建设指挥部，作为项目的负责人，对整个工程的规划、招投标、保质保量准时完成、成本管理和控制以及完工项目进行管理。

3. 交易结构

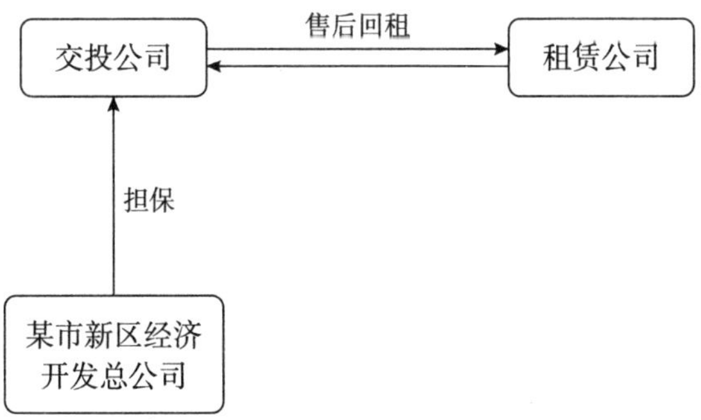

图 7–5　案例二交易结构图

九、相关法律法规

1.《国务院关于加强地方政府性债务管理的意见》（国发〔2014〕43 号）

2.《国务院关于鼓励和引导民间投资健康发展的若干意见》（国发〔2010〕13号）

3.《关于融资性售后回租业务中承租方出售资产行为税收问题的公告》（国家税务总局公告2010年第13号）

第八章

通过 SPV 在新三板挂牌实现 PPP 项目的融资

一、SPV 的概念

（一）SPV 的基本释义

SPV（Special Purpose Vehicle），中文翻译为“特殊目的载体”，是为了实现特定目的而设立的一种机构。SPV 的业务被严格限定，仅能围绕其设立目的展开经营活动。

SPV 是一种实现特定目的的工具，而非 PPP 项目运作的必设机构。例如，1992 年英国 PPP 项目中的 PFI（Private Finance Initiative，私人融资计划）模式的标准合同文本中写道：“采用何种金融结构最合适，以及是否设立特殊目的公司均不是预先性的要求。”也就是说，并不是只有通过设立 SPV 才可以开展 PPP 项目。

《国务院关于加强地方政府性债务管理的意见》（国发〔2014〕43 号）也指出：“……按约定规则独自或与政府共同成立特别目的公司建设和运营合作项目……”所以是否设立 SPV 并不由法律法规强制规定，而是根据建设项目的需要决定是否设立。

（二）SPV 的法律地位

理论上，SPV 既可以是合伙企业，也可以是公司，只要是权利义务的“载体”，且能够实现其“特定目的”即可。但在我国，《财政部关于印发政府和社会资本合作模式操作指南（试行）的通知》（财金〔2014〕113 号）第 2 条规定：“本指南所称社会资本是指已建立现代企业制度的境内外企业法人，但不包括本级政府所属融资平台公司及其他控股国有企业。”因此，在我国的 PPP 项目中的 SPV，是指具有法人资格的主体，也就是有限责任公司或股份有限公司。

二、SPV 的发展概况

（一）SPV 的产生

SPV 最早出现于 20 世纪 70 年代的美国，是为了发行资产支持证券而产生的一项金融创新工具，最初主要服务于“住房抵押贷款支撑的证券化”（mortgage-backedsecu，MBS）和“资产支撑的证券化”（asset-backedsecu，ABS）两种业务。

（二）SPV 在 PPP 模式中的发展

将 SPV 引入 PPP 模式是 SPV 作为特殊目的载体的功能创新。政府与社会资本共同或社会资本单独投资设立 SPV，对内而言，政府与社会资本根据公司章程进行管理决策、人事任免、利润分成等；对外而言，双方共同作为一个法律主体，享有法律权利并履行法律义务，并对工程项目进行管理。

PPP 模式的日的是“解除政府负担、激发市场活力”。PPP 项目中的 SPV 则将散乱的各类工程事务打包集合管理，使政府从承担基础建设的重担中解脱出来，从政府对项目各个方面的监管，转变为仅对 SPV 一个单位的监管。可以说，SPV 是将复杂的工程活动“集成化”“统一化”“专业化”的工具。

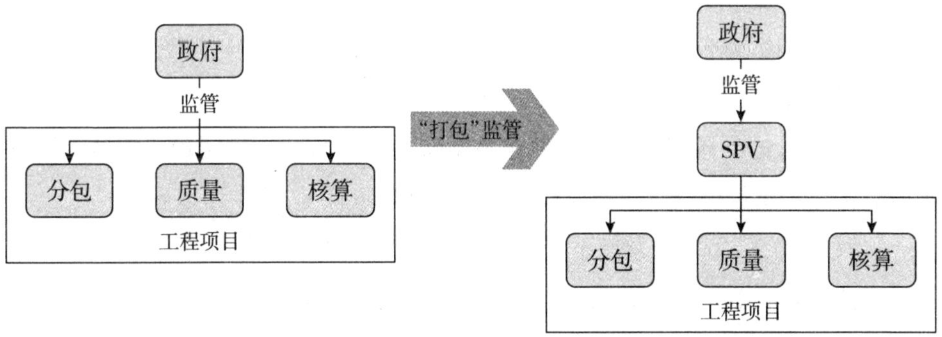

图 8-1 PPP 项目“打包”示意图

PPP 模式中，可以说 SPV 的财务情况就是 PPP 项目的财务情况，SPV 的运营情况也就是项目运营的情况。相比资产证券化下的 SPV，它不再仅作为发行主体的空壳，而是成为一个真正运作项目的活生生的市场主体。

本文后续内容所提及的 SPV 均指 PPP 模式中的 SPV。

三、SPV的特点

（一）SPV是政府采购的方式

SPV在定位上其实是政府实施采购手段，因为：

第一，在2015年财政部发布的《关于推广运用政府和社会资本合作模式有关问题的通知》（财金〔2014〕76号）文件中，明确指出“政府和社会资本合作模式的实质是政府购买服务”，以及“推广运用政府和社会资本合作模式，是国家确定的重大经济改革任务，对于加快新型城镇化建设、提升国家治理能力、构建现代财政制度具有重要意义。”可见，PPP模式本身就是政府购买服务。

第二，财政部印发《政府和社会资本合作项目政府采购管理办法》（财库〔2014〕215号），从该法规名称也可看出政府与社会资本合作（PPP）仍然属于“政府采购”的范畴。

第三，根据《国务院关于加强地方政府性债务管理的意见》（国发〔2014〕43号）规定：“（三）推广使用政府与社会资本合作模式。……政府通过特许经营权、合理定价、财政补贴等事先公开的收益约定规则，使投资者有长期稳定收益。投资者按照市场化原则出资，按约定规则独自或与政府共同成立特别目的公司建设和运营合作项目。投资者或特别目的公司可以通过银行贷款、企业债、项目收益债券、资产证券化等市场化方式举债并承担偿债责任。政府对投资者或特别目的公司按约定规则依法承担特许经营权、合理定价、财政补贴等相关责任，不承担投资者或特别目的公司的偿债责任。”从中可以看出：

1. 政府通过“特许经营权、合理定价、财政补贴等事先公开的收益约定规则”来决定投资者收益，换句话说，政府决定的收益即为支付的对价。

2. “投资者独自或与政府共同成立通过特别目的公司运营项目”，换句话说，即社会资本方为政府提供服务。

3. 政府“按约定规则依法承担特许经营权、合理定价、财政补贴等相关责任，不承担投资者或特别目的公司的偿债责任”，换句话说，政府只负责支付对价，不负责SPV自身的负债，进一步体现独立双方之间的买卖关系。

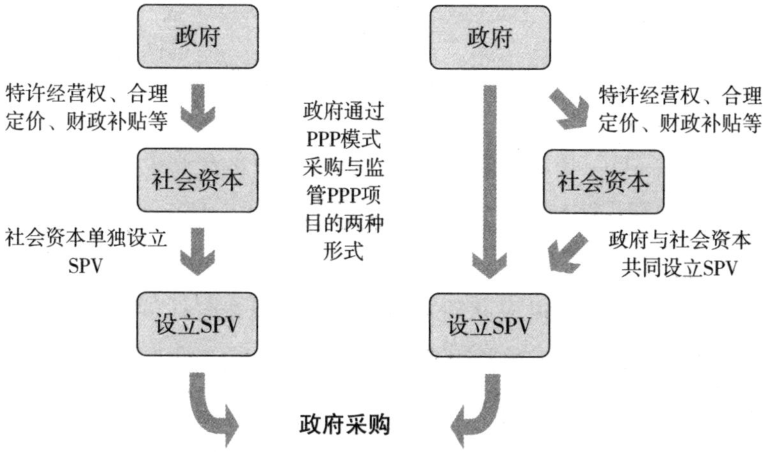

图 8-2　政府采购示意图

（二）SPV 中可通过多种方式选择社会资本方

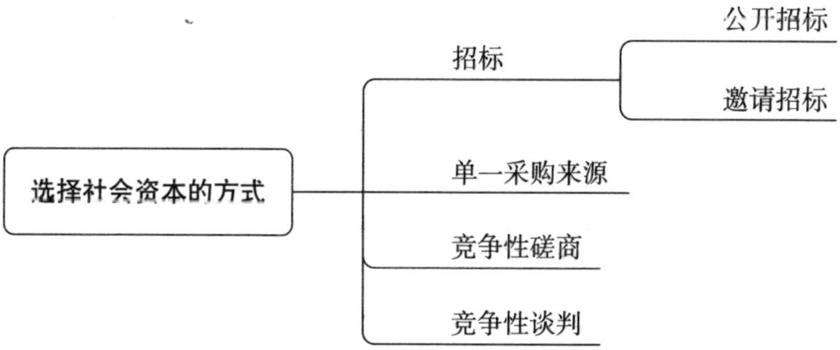

图 8-3　选择社会资本的方式示意图

选择社会资本的方式包括“招标”“单一采购来源”“竞争性磋商”“竞争性谈判”几种方式。

招标方式中，公开招标主要适用于采购需求中核心边界条件和技术经济参数明确、完整、符合国家法律法规及政府采购政策，且采购过程中不作更改的项目。邀请招标也称选择性招标，是由采购人根据供应商或承包商的资信和业绩，选择一定数目的法人或其他组织（不能少于 3 家），向其发出招标邀请书，邀请他们参加投标竞争，从中选定中标供应商的一种采购方式。

单一来源采购，根据《政府采购法》第 31 条规定，符合单一来源采购的有三种情形：一是只能从唯一供应商处采购的；二是发生了不可预见的紧急情况不能从其他供应商处采购的；三是必须保证原有采购项目一致性或者服务配套的要求，需要继续从原供应商处添购，且添购资金总额不超过原合同采购金额百分之十的。

而“竞争性磋商”是根据财政部发布的《政府采购竞争性磋商采购方式管理暂行办法》（财库〔2014〕214号）第2条规定了：“本办法所称竞争性磋商采购方式，是指采购人、政府采购代理机构通过组建竞争性磋商小组（以下简称磋商小组）与符合条件的供应商就采购货物、工程和服务事宜进行磋商，供应商按照磋商文件的要求提交响应文件和报价，采购人从磋商小组评审后提出的候选供应商名单中确定成交供应商的采购方式。”第3条规定了竞争性磋商的适用范围：“符合下列情形的项目，可以采用竞争性磋商方式开展采购：

（一）政府购买服务项目；

（二）技术复杂或者性质特殊，不能确定详细规格或者具体要求的；

（三）因艺术品采购、专利、专有技术或者服务的时间、数量事先不能确定等原因不能事先计算出价格总额的；

（四）市场竞争不充分的科研项目，以及需要扶持的科技成果转化项目；

（五）按照招标投标法及其实施条例必须进行招标的工程建设项目以外的工程建设项目。”

“竞争性谈判”与竞争性磋商相似，也是成立专门小组（谈判小组），对项目进行谈判，根据《政府采购法》第30条规定：“符合下列情形之一的货物或者服务，可以依照本法采用竞争性谈判方式采购：

（一）招标后没有供应商投标或者没有合格标的或者重新招标未能成立的；

（二）技术复杂或者性质特殊，不能确定详细规格或者具体要求的；

（三）采用招标所需时间不能满足用户紧急需要的；

（四）不能事先计算出价格总额的。”

竞争性磋商与竞争性谈判的主要区别在于两点：第一是竞争性磋商对时间有明确的规定，而竞争性谈判在时间上相对自由；第二是竞争性磋商通过评分来确定成交候选人，而竞争性谈判主要考虑价格，不进行评分。

那么，采用何种方式选择社会资本呢，其实法规赋予了政府充分的“自由裁量权”。根据《政府和社会资本合作项目政府采购管理办法》（财库〔2014〕215号）规定：“项目实施机构应当根据PPP项目的采购需求特点，依法选择适当的采购方式。公开招标主要适用于采购需求中核心边界条件和技术经济参数明确、完整、符合国家法律法规及政府采购政策，且采购过程中不作更改的项目。”其中从“项目实施机构应当根据 PPP 项目的采购需求特点，依法选择适当的采购方式”可以看出，具体选用何种方式，是根据 PPP 项目采购的需求特点决定的，并不具有强制性要求，各种方式都是可以作为 PPP 项目选择社会资本方的具体方式的。“项目需求特点”通常是指“工程规模大小”“工程建设难度”“融资难度”“保密性要求”等方面，具体由政府确定。所以，挑选 SPV 的社会资本方，可以通过公开招标、邀请招标、竞争性谈判、竞争性磋商和单一来源采购进行选择。

（三）SPV 具有风险隔离作用

“风险隔离”的理念，最早源于证券公司为了防止研究部、投资部与交易部互泄信息，引致内部交易和操纵市场的行为，称为“Chinese wall（中国墙）”。这里“中国墙”的说法，和中国并没有什么关系，它以中国的“长城”来比喻这种相互隔离的关系。SPV 最早是服务于资产证券化，避免资产委托人破产而影响委托财产而设立的，通过 SPV 在法律上的独立地位，将委托人与委托财产的法律风险隔绝开来，风险隔离是 SPV 最基本也是最重要的作用，所以 SPV 公司也被称为“永远不破产公司”。

PPP 模式也借鉴了 SPV 这一特点，社会资本方的财产与投入 SPV 的特定财产相分离，由 SPV 独立运营，以社会资本方投入的财产为限对 SPV 承担有限责任，SPV 以其全部财产承担责任，所以，即使社会资本方破产，也不会影响到 SPV 的正常运营。

（四）SPV 通常拥有特许经营权

在我国 PPP 项目中，SPV 通常是被政府授予“特许经营权”的项目公司。而“特许经营权”是吸引社会资本的关键所在。例如，南京市城东仙林污水处理PPP项目中，市政府授权市城乡建设委作为实施机构，负责代表政府签署《PPP 项目合同》（主合同）并签发《特许经营授权书》，南京水务集团有限公司（“水务集团”）作为政府指定的出资方参股项目公司，负责签署《合资协议》和《公司章程》；水务集团控股子公司南京公用水务有限公司作为项目资产权属方负责签署《经营权转让协议》。该项目的合作期限（特许经营期）长达三十年。但是需要指出的一点是，在设立 SPV 的时候，政府授予的特许经营期权不能作为政府一方的出资，依据在于《公司登记管理条例》第 14 条："股东的出资方式应当符合《公司法》第二十七条的规定，但股东不得以劳务、信用、自然人姓名、商誉、特许经营权或者设定担保的财产等作价出资。"因此特许经营权是不能作为设立公司的出资额的。

（五）SPV 的合理定价机制

"特许经营权"是稀缺资源，而占有稀缺资源极容易导致"市场垄断"。被授予"特许经营权"的 SPV，岂不是成为当地市场的"垄断者"吗？为解决这个问题，政府会与社会资本方明确约定"合理的定价"机制，以及政府补贴方式，包括："政府付费、使用者付费、可行性缺口补助"。在政府付费的情况下，社会资本方的收入会被明确限制；使用者付费，就是"谁最终使用了该设施，谁就对此付费"，如乘客使用地铁而应当支付地铁票的价款，这种情况下 SPV 是有能力操纵市场的，但是政府对此做出"合理定价"的监管要求，只允许社会资本方获得合理回报，同时也满足社会公众基础设施需求；可行性缺口作为使用者付费的一种补充，是在使用者付费情况下无法满足社会资本方的合理回报时，政府对社会资本方进行的财政补贴、股本投入、优惠贷款和其他优惠政策的形式进行支持。

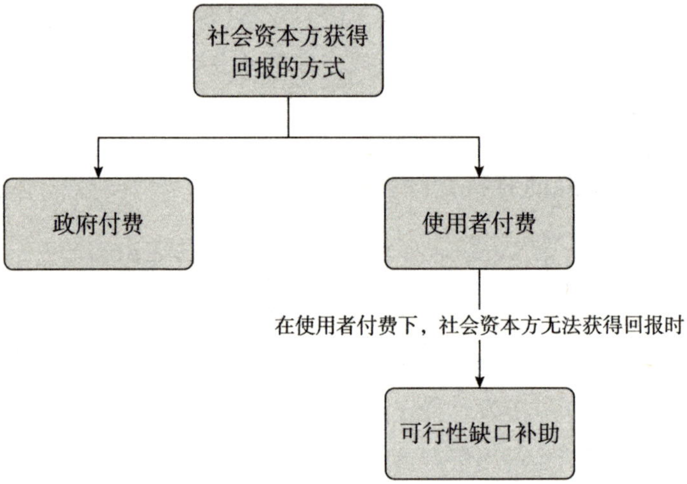

图 8–4　政府补助方式示意图

所以，政府在授予 SPV 特许经营权的同时，也采取了上述“三种方式”给予社会资本方合理回报与限制，SPV 收益的定价机制由“市场经济定价”变为“计划经济定价”，满足了社会公共设施建设的需求，还防止了垄断的发生。

（六）SPV 享有税收优惠

PPP 项目在我国的发展还尚未进入成熟的阶段，尤其在税收政策上还未对其进行专门的规定，因此关于 SPV 涉税方面的问题，还要比照目前现行的税收政策、规定进行处理。本文列举如下几个情形：

1. 根据项目内容享受税收优惠

经国务院批准，财政部、国家税务总局、国家发展改革委公布了《公共基础设施项目企业所得税优惠目录》（以下简称《目录》），根据该文件，财政部、国家税务总局又发布了《财政部、国家税务总局关于执行公共基础设施项目企业所得税优惠目录有关问题的通知》，内容包括：企业从事《目录》内符合相关条件和技术标准及国家投资管理相关规定、于 2008 年 1 月 1 日后经批准的公共基础设施项目，其投资经营的所得，自该项目取得第一笔生产经营收入所属纳税年度起，第一年至第三年免征企业所得税，第四年至第六年减半征收企业所得税。第一笔生产经营收入，是指公共基础设施项目已建成并投入运营后所取得的第一笔收入。企业同时从事不在《目录》范围内的项目取得的所得，应与享受优惠的公共基础设施项目所得分开核算，并合理分摊期间费用，没有分开核算的，不得享受上述企业所得税优惠政策。企业承包经营、承包建设和内部自建自用公共基础设施项目，不得享受上述企业所得税优惠。根据经济社会发展需要及企业所得税优惠政策实施情况，国务院财政、税务主管部门会同国家发展改革委等有关部门适时对《目录》内的项目进行调整和修订，并在报国务院批准后对《目录》进行更新。

2. 增值税

根据财政部国家税务总局印发的《资源综合利用产品和劳务增值税优惠目录》，从事废渣、废水（液）、废气再生资源、农林剩余物及其他资源综合利用劳务等方面的业务，均可享受从 30%-100% 不等的退税比例优惠。

3. 投资抵免税收

企业购置并实际使用《环境保护专用设备企业所得税优惠目录》《节能节水

专用设备企业所得税优惠目录》和《安全生产专用设备企业所得税优惠目录》规定的环境保护、节能节水、安全生产等专用设备的，该专用设备投资额的10% 可以从企业当年的应纳税额中抵免；当年不足抵免的，可以在以后 5 个纳税年度结转抵免。企业凡符合政策要求，并在规定时限内报送相关备案资料正确无误的均可实行所得税减免税备案，享受减免税税收优惠。

四、SPV 与新三板的契合性

（一）新三板的地位

“新三板”，即全国中小企业股份转让系统，是由国务院批准设立的全国性证券交易场所。由全国中小企业股份转让系统有限责任公司（以下简称股转公司）负责运营。

我国多层次资本市场，按照从企业规模大小和上市、挂牌的门槛高低来看，由高到低依次分为：主板、中小板、创业板、新三板、区域性股权交易场所；按照上市的条件类型、审核制度分为“传统板”和“科创板”；从地理位置设置来看，分为深圳证券交易所、上海证券交易所、全国中小企业股份转让系统有限责任公司、区域性股权交易中心（如天津股权交易所、齐鲁股权托管交易中心、上海股权托管交易中心、青海股权交易中心等），基本上每个省份一个。

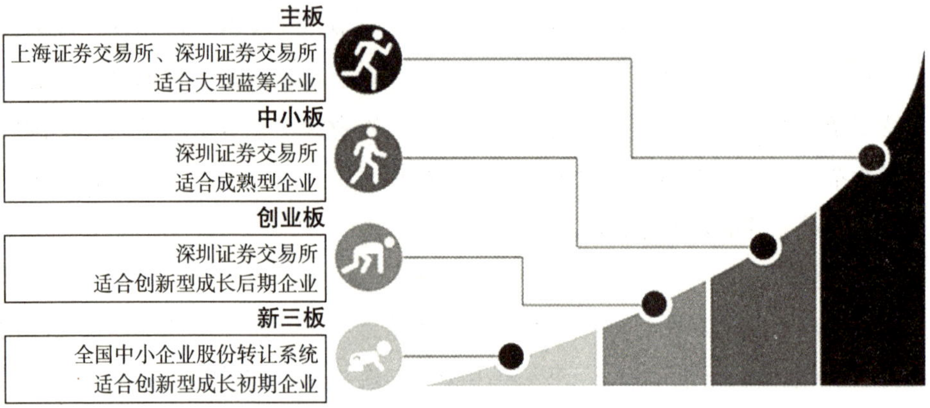

图 8–5　证券市场传统板块划分示意图

科创板，是国家主席习近平在 2018 年 11 月 5 日首届中国国际进口博览会开幕式上宣布设立独立于现有主板市场的新设板块，并在该板块内进行注册制试点。科创板对企业的要求主要是面向世界科技前沿、面向经济主战场、面向国家重大需求三个面向，强调企业应当符合国家战略，拥有关键核心技术，科技创新能力突出。

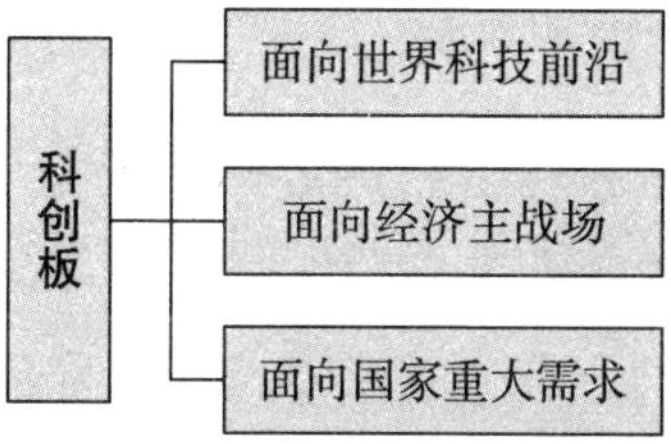

图 8-6　科创板示意图

根据“企业生命周期理论”，企业各个阶段分为“发展、成长、成熟、衰退”，因此，从理论上来讲，不同的板块、不同的业务类型，对应不同阶段的企业，当然实践中登陆哪一板块，需要对照企业的实际条件和根据企业的自主选择来确定。

（二）新三板的挂牌与分层

1. 新三板的挂牌

根据《全国中小企业股份转让系统股票挂牌条件适用基本标准指引（试行）》的规定，新三板的挂牌条件主要包括：

（1）依法设立且存续满两年。有限责任公司按原账面净资产值折股整体变更为股份有限公司的，存续时间可以从有限责任公司成立之日起计算；

（2）业务明确，具有持续经营能力；

（3）公司治理机制健全，合法规范经营；

（4）股权明晰，股票发行和转让行为合法合规；

（5）主办券商推荐并持续督导；

（6）全国股份转让系统公司要求的其他条件。

此外，还明确了对挂牌公司运营能力的要求：

一是公司必须具有不间断的经营记录，要求公司在每一个会计期间内形成与同期业务相关的持续营运记录，不能仅存在偶发性交易或事项；

二是对营业收入做出规定，要求最近两个完整会计年度的营业收入累计不低于 1000 万元；因研发周期较长导致营业收入少于 1000 万元，但最近一期末净资产不少于 3000 万元的除外；

三是报告期末股本不少于 500 万元；

四是报告期末每股净资产不低于 1 元 / 股。

2. 新三板的分层

根据《全国中小企业股份转让系统挂牌公司分层管理办法》（以下简称分层管理办法），新三板对挂牌的企业分层分为两类，即“基础层”和“创新层”。基础层指仅符合挂牌条件的公司；创新层，是指在符合挂牌条件的基础上，还符合更高标准的公司。

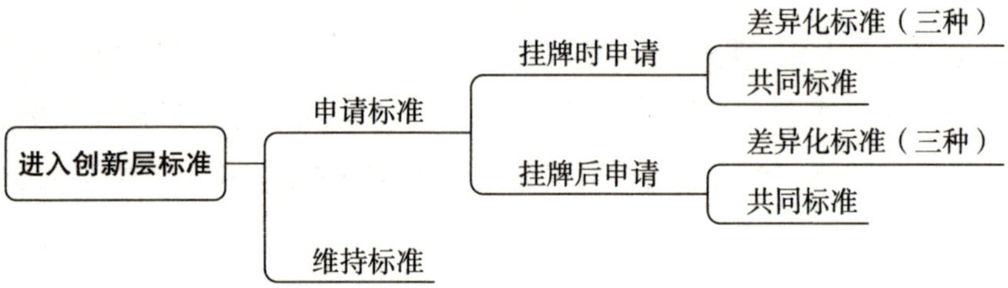

图 8–7　新三板创新层标准示意图

股转公司每年 4 月 30 日对基础层和创新层的公司进行动态调整，不符合创新层的进入基础层，符合创新层的根据企业的申请进入创新层。分层标准具体详见《分层管理办法》，此处不再引入介绍。

（三）新三板的融资

企业能不能融到资，不仅仅在于在哪个板块登陆，而在于是否具有核心竞争能力。主板、创业板的企业如果缺乏竞争能力，也会被市场淘汰而处于困境。证券市场不是公司的“提款机”，绝不能以向投资者套利为目的而上市发行。在新三板能不能融到资，以及能融到多少资金，要结合企业的行业特点、经营业绩综合来看的。新三板，只是给发展初期的企业一个可以接触到更多投资者的机会，可以让更多的投资者了解企业的情况，而 PPP 中的 SPV 可以借这个机会，充分展示自己的核心竞争能力，利用证券市场的资金流动性来创造更多、更好的业绩，服务社会。

新三板目前的融资方式主要有“定向增发”“发行公司债券”“非公开发行优先股”三种方式。

1. 定向增发股票

定向增发，是指针对特定对象发行股票的融资方式。发行对象包括“公司股东”“董事、监事、高级管理人员、核心员工”“实际控制人、控股股东及其控制的关联企业”“其他符合投资者适当性的投资者”。

新三板实行“投资者适当性管理制度”，即仅符合特定条件的投资者才可参与新三板股票的交易。

投资者适当性包括“机构投资者”和“个人投资者”两类。

（单位：万户）

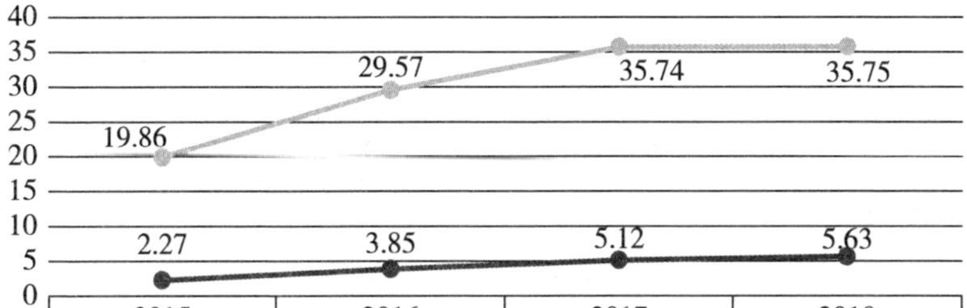

	2015	2016	2017	2018
机构投资者	2.27	3.85	5.12	5.63
个人投资和	19.86	29.57	35.74	35.75

图 8–8　新三板投资者数量增长情况图

数据来自《全国中小企业股份转让系统 2018 年市场统计快报》

机构投资者，是指实收资本或实收股本总额 500 万元人民币以上的法人机构，实缴出资总额 500 万元人民币以上的合伙企业，以及证券公司资产管理产品、基金管理公司及其子公司产品、期货公司资产管理产品、银行理财产品、保险产品、信托产品、经行业协会备案的私募基金等理财产品，社会保障基金、企业年金等养老金，慈善基金等社会公益基金，合格境外机构投资者（QFII）、人民币合格境外机构投资者（RQFII）等机构投资者。

个人投资者，应当同时符合两项条件：

①在签署协议之前，投资者本人名下最近 10 个转让日的日均金融资产在 500 万元人民币以上。金融资产是指银行存款、股票、债券、基金份额、资产管

理计划、银行理财产品、信托计划、保险产品、期货及其他衍生产品等。

②具有2年以上证券、基金、期货投资经历，或者具有2年以上金融产品设计、投资、风险管理及相关工作经历，或者具有《办法》第8条第1款规定的证券公司、期货公司、基金管理公司及其子公司、商业银行、保险公司、信托公司、财务公司，以及经行业协会备案或者登记的证券公司子公司、期货公司子公司、私募基金管理人等金融机构的高级管理人员任职经历。对于前述机构的高管而言，无须2年任职经历，对于非高管人员，应当具有2年的证券业相关经验。

新三板投资者适当性的设置，主要是因为挂牌公司相对上市公司盈利能力的不确定性较大，投资风险较大，为避免投资者遭受超过自身承受能力的风险，特别限制了投资者的风险承受能力，仅保留具备应对和承受风险能力的投资者。

表8-1　新三板挂牌规模、定向增发、公开转让情况表

项　　目	2018年	2017年	2016年	2015年
挂牌规模				
挂牌公司家数	10691	11630	10163	5129
总股本（亿股）	6324.53	6756.73	5851.55	2959.51
总市值（亿元）	34487.26	49404.56	40558.11	24584.42
定向增发				
发行次数	1402	2725	2940	2565
发行股数（亿股）	123.83	239.26	294.61	230.79
融资金额（亿元）	604.43	1336.25	1390.89	1216.17
公开转让				
成交金额（亿元）	888.01	2271.80	1912.29	1910.62
成交数量（亿股）	236.29	433.22	363.63	278.91
换手率（%）	5.31	13.47	20.74	53.88
市盈率（倍）	20.86	30.18	28.71	47.23

数据来自《全国中小企业股份转让系统2018年市场统计快报》

2. 发行公司债券

债券的发行分为公开发行和非公开发行，公开发行需要证监会核准，分为

“大公募”即面向公众投资者及合格投资者的公开发行、“小公募”即仅面向合格投资者的公开发行；非公开发行也称为“私募”，需要证券业协会备案，即仅面向合格投资者的不得超过 200 人的发行。

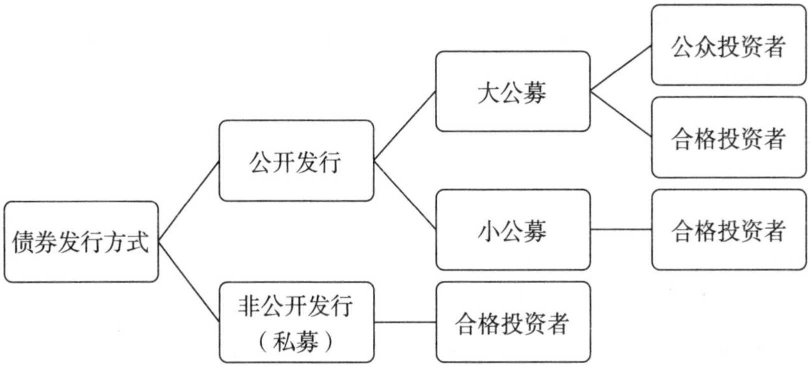

图 8-9　债券发行方式图

2017 年 7 月 4 日《中国证监会关于开展创新创业公司债券试点的指导意见》中提出了“双创公司债”的发行与交易，“双创公司债”即创新创业公司债，是指符合条件的创新创业公司、创业投资公司，依照相关法规发行的公司债券。“双创债”主要要求发行人具有“创新创业的特征”，属于“重点支持对象”，其中明确指出包括“已纳入全国中小企业股份转让系统（新三板）创新层的挂牌公司。”。

2017 年 9 月，上海证券交易所、全国中小企业股份转让系统有限责任公司、中国证券登记结算有限责任公司制定了《创新创业公司非公开发行可转换公司债券业务实施细则（试行）》，规定创新层公司可以非公开发行可转换公司债券。2017 年 1 月 16 日，新三板创新层公司——旭杰科技（证券代码：836149），完成了我国首单创新层公司发行可转换公司债券的成功案例，表明新三板可转债券发行的渠道已经较为通顺，可以为公司开拓出新的融资渠道。

3. 非公开发行优先股

优先股是优先于普通股股东分配公司利润和剩余财产，但参与公司决策管理等权利受到限制的股票。

《优先股试点管理办法》第 3 条明确了非上市公众公司可以非公开发行优先股。近年来新三板非公开发行优先股情况如下：

表 8–2　近年来新三板非公开发行优先股情况

项　　目	2018 年	2017 年	2016 年
发行次数	9	10	3
融资金额（亿元）	2.59	1.80	20.20

数据来自《全国中小企业股份转让系统 2018 年市场统计快报》

优先股主要适合股票估值较低，不希望稀释股权情况下的融资。对于挂牌公司来说，优先股股东与普通股股东合计不超过 200 人的在股转系统备案，超过 200 人的需由证监会审核。此外，发行人的董事、高管及其配偶不得认购非公开发行的优先股，而监事可以，这一规定主要是为了避免利益输送。

2016 年 3 月，中视文化（430508）完成首单非公开优先股发行。该公司于 2014 年 1 月 24 日在全国股转系统挂牌转让，主营业务为广告代理、媒体经营、演艺经纪和影院经营。公司以现金方式支付优先股股东，每年支付一次股息，本次发行的优先股采取累积股息支付方式，期限为五年，到期后优先股股东具有回售权。

（四）新三板的并购重组

并购重组，包括股权的合并与非股权资产（业务）的合并。新三板挂牌公司由于其相对规范，成长性较强，创新性较强，成为上市公司首选的并购标的。

PPP 项目中的 SPV 被上市公司并购，能够获得上市公司的资金支持，增强实力，开拓更多的 PPP 项目；对于公司股东而言，也是一个退出公司、获取收益的机会，可将自己持有的股权出让给上市公司，以股权出让的对价作为投资 SPV 的收益。

（五）SPV 与新三板的契合性

1. 业务上的契合性

新三板挂牌标准，要求企业的业务明确，而 PPP 项目的 SPV 公司，通常具有政府授予的特许经营权，或者即使不具有特许经营权，也由于其设立之原因是服务于特定的目的，而具有明确的业务内容。例如，经营管理特定范围内的公共设施，或是清理特定范围的垃圾、污水等，因此 SPV 的业务内容是非常清晰的，这一点与新三板挂牌的要求非常契合。

2. 经营上的契合性

具有持续经营能力，是新三板挂牌的条件中最为核心的要求之一，而 PPP 项目在持续经营能力方面，则具有先天优势。因为第一，PPP 项目主要是基础设施建设、本身就需要长期经营，不会导致公司没有业务；第二，PPP 项目中的 SPV 公司是具有“特许经营权”的，这就决定了 SPV 面临的竞争压力较小；第三，PPP 项目的三种付费模式“政府付费、使用者付费、可行性缺口补助”，在 PPP 项目不存在投资错误的情况，切实保证了 PPP 项目稳定的未来现金流。

3. 公司治理上的契合性

PPP 项目的产生，本身是调用社会资本而缓解政府资金压力的，因此为 PPP 项目设立的 SPV 股权结构非常简单，其股东就是“政府代表方”和“社会资本方”，或者只有“社会资本方”。SPV 可以重复利用公司治理的法规规范对公司业务、财务等方面进行管理，平衡政府代表方与社会资本方的权利义务关系，SPV 是为特定项目而设立的，通常也不存在较大的负债或诉讼等，比较“干净”。在登录新三板方面，SPV 相比其他公司减少了“整改”的成本，容易更早登陆“新三板”。

五、SPV 到新三板挂牌的程序

（一）挂牌概述

“新三板”挂牌过程，是拟挂牌公司在中介机构的辅导下，对公司财务规范、合法合规、业务经营三大方面进行全面整改以符合挂牌条件的要求，并且召开股东大会将“有限公司”变更为“股份公司”，按照监管机构的要求制作申报文件并提交，在回复股转系统的反馈问题取得“同意挂牌函”后，完成“新三板”挂牌，成为一家“新三板”公司。

挂牌上市需要中介服务机构，首先，需具有证券承销与保荐业务资格（或其母、控股子公司之一具有该资格）的证券公司担任主办券商，负责挂牌过程的整体统筹协调，所谓主办券商就是指在全国股份转让系统，从事相关业务的证券公司，有主办券商推荐并持续督导是公司挂牌条件之一。其次，由律师事务所负责出具法律意见书，对拟挂牌公司发表法律意见；同时，由具有证券从业资格的会计师事务所负责对拟挂牌公司实施审计程序并出具审计报告；另外，评估机构（非必须）对拟挂牌公司资产情况进行评估，出具评估报告。

（二）挂牌的具体流程

1. 尽职调查阶段

（1）尽职调查的工作内容

尽职调查，是指“主办券商遵循勤勉尽责、诚实守信原则，以形成有利于投资者做出投资决策的信息披露文件为目的，对公司进行调查，以有充分理由确信：“（一）公司符合《全国中小企业股份转让系统业务规则（试行）》规定的挂牌条件；（二）公开转让说明书中所披露的信息真实、准确和完整。”——《全国中小企业股份转让系统主办券商尽职调查工作指引（试行）》（以下简称《尽调指引》）。

尽职调查，是一个价值发现的过程，主办券商通过对企业的深入调查研究，可以逐渐发现企业的潜力，帮助企业深入挖掘潜力，为企业的未来发展提供良好的投融资建议，因此应当非常重视尽职调查的过程。

同时，尽职调查也是发现企业在财务规范、合法合规、业务经营方面可能存在对挂牌构成实质性障碍的手段。当发现这类问题，中介机构及拟挂牌公司通常会召开讨论会商讨解决办法，如实在无法解决，只能选择放弃项目，或待构成“实质性障碍”的问题解决后，再继续挂牌工作。

（2）尽职调查中的基准日

在挂牌过程中，存在两个“基准日”，即“改制为股份公司的基准日”和“申报财务报表的基准日”。

“改制为股份公司的基准日”，是指以某一财务数据截止日为依据，变更为股份公司。在《公开转让说明书》中的表述通常为“× 公司系由 × 有限公司整体变更设立的股份有限公司。20×× 年 × 月 × 日，× 有限公司召开股东会，同意根据 ××× 会计事务所（特殊普通合伙）出具的 × 字（20××）× 号《审计报告》，以公司截至 20×× 年 × 月 × 日经审计账面净资产 × 万元折为 × 万股，每股 1 元，余额 × 万元记入资本公积。”

“申报财务报表的基准日”是指发行人向股转系统提交的申报文件的“财务报表的截止日”。股转公司于 2017 年 9 月 6 日发布“股转系统公告〔2017〕366 号”《关于修订〈全国中小企业股份转让系统股票挂牌条件适用基本标准指引〉的公告》(以下简称《挂牌指引》)“明确公司申报财务报表最近一期截止日不得早于股份有限公司成立日”。实务中通常以“股份有限公司成立日”作为“申报财务报表的基准日”，即同一天。

基准日的确定，关系到整个挂牌流程的进度，定得过早会导致很多问题无法在报告期内解决，定得过晚又会影响挂牌进度，增加挂牌成本，所以需要对企业的具体情况有了较为充分的了解后再确定，才是比较可靠的。

2. 股份改制阶段

股份改制，这一说法是实务中的提法，其实是不准确的，因为有限公司也是股份制的，虽然称为“出资额”，但本质上仍是股份的概念。本身就是股份又如何股份改制呢？“制”其实没变，变的是“公司形式”，所以准确的说法是“由有限责任公司变更为股份有限公司”。股转公司发布的《挂牌指引》中，也对“改制”说法做出了修正，由“申报财务报表最近一期截止日不得早于改制基准日”修正为“公司申报财务报表最近一期截止日不得早于股份有限公司成立日”。

股份改制过程中，要通过召开股东大会(创立大会)、董事会、监事会建立起“三会”公司治理结构。按照《公司法》，董事为 5 人至 19 人，由股东大会选举产生；监事会最低为 3 人，由股东大会选举产生，其中职工代表不低于三分之一，由职工代表大会选出；高级管理人员由董事会聘任，董事、高级管理人员不得兼任监事。三会治理其他细节，此处不再赘述。

3. 申报反馈阶段

申报反馈阶段，是拟挂牌公司在完成整改规范后，中介机构及拟挂牌公司向股转系统提交申请挂牌文件，及提交后回复股转系统反馈问题的阶段。股转系统的反馈问题通常是股转系统在受理申报材料后，对文件中存在的疑点、重点，向拟挂牌公司及中介机构提出疑问，要求明确发表意见或补充披露。

4. 挂牌成功

挂牌成功的标志是取得股转系统下发的《关于同意 ×××× 股份有限公司股票在全国中小企业股份转让系统挂牌的函》，取得后就可以在股转系统网站上披露相关文件，主要包括《公开转让说明书》《公司章程》《关于公司将在全国中小企业股份转让系统公开转让的推荐报告》、主办券商的《推荐报告》、律师事务所的《法律意见书》、会计师事务所的《审计报告》等文件，至此拟挂牌公司成为”新三板”挂牌公司。

六、SPV 融资过程中的障碍与操作难点及其解决

（一）社会资本方的选择

由于 PPP 项目主要依靠社会资本方的资金投入和能力管理，因此从某种程度上说，社会资本方的质量决定了 PPP 项目的质量，因此选择社会资本方是 PPP 项目的重中之重。

前文提到选择社会资本方的几种方式，包括招标、竞争性谈判、竞争性磋商，但这几种方式主要侧重于形式上、程序上的区别，选择社会资本方最核心、最本质的标准就是要求社会资本方“有钱”“有实力”。举例如下：

表 8–3　大规模 PPP 项目列举

排名	项目名称	中标单位	规模（亿元）	中标时间	行业
1	成都市轨道交通 18 号线工程 PPP 项目	中国电力建设股份有限公司	347	2017/1/6	城市公交
2	G4216 成都至丽江高速公路华坪至丽江段工程 PPP 项目	中国建筑股份有限公司	277.35	2017/2/6	交通运输
3	台州市域铁路 S1 线一期 PPP 项目	中国中车集团联合体	228.19	2017/5/22	交通运输
4	腾冲至陇川高速公路 PPP 项目	云南省公路开发投资有限责任公司	219.67	2017/4/28	交通运输
5	香格里拉至丽江高速公司工程 PPP 项目	云南建工集团有限公司	210.8299	2017/4/1	交通运输
6	呼和浩特市城市轨道交通 2 号线一期工程 PPP 项目	中国铁建股份有限公司	208.66	2017/1/25	城市公交
7	合阳至铜川、吴起至华池高速公路 PPP 项目	中国铁建股份有限公司、中国铁建投资集团有限公司、广德铁建大秦投资合伙企业（有限合伙）、中国铁建大桥工程局集团有限公司、中铁二十局集团有限公司、陕西路桥集团有限公司	202.12	2017/6/8	交通运输

续表

排名	项目名称	中标单位	规模（亿元）	中标时间	行业
8	包头市城市水生态提升综合利用 PPP 项目	北控水务（中国）投资有限公司	196.6392	2017/5/25	生态环境
9	青海省加定（青甘界）至海晏（西海）公路工程政府和社会资本合作 PPP 项目	中国水利水电第四工程局有限公司、中国水电建设集团十五工程局有限公司、青海威远路桥有限责任公司、天津市市政工程设计研究院	189.9	2017/4/10	交通运输
10	京新高速（G7）梧桐大泉至木垒公路建设政府和社会资本合作 PPP 项目	中国铁建投资集团有限公司（牵头人）、广德铁建创信投资合伙企业、中国政企合作投资基金股份有限公司、中铁第一勘察设计院集团有限公司、中铁十二局集团有限公司、中铁十五局集团有限公司、中铁十九局集团有限公司、中铁二十一局集团有限公司	178.7249	2017/6/8	交通运输

从上述公司情况可以看出，参与大规模 PPP 项目的公司大多是净资产过百亿的上市公司，只有这样的公司才有足够的资金实力承担 PPP 项目的压力。合作方越有实力，项目稳定落地概率就越大，但是，这些公司的数量毕竟屈指可数，大规模的项目数量也并不多，因此地方政府在选择社会资本方时，就处于一种逆选择困境——“小公司想参与，但政府不想要；政府想选大公司，可大公司未必看得上小项目”。

解决此问题，关键在于实现“匹配”与“信任”，项目的规模应当与社会资本方的实力相匹配，既不要“小马拉大车”也不要“杀鸡用牛刀”，并且政府方应当在严格考察社会资本方的基础上，给予充分的信任，不要一味的追求资产巨鳄，平衡好项目规模与社会资本方的实力。

（二）公司内部权力制衡

实际运营 PPP 项目的是社会资本方，政府在 SPV 中持股比例一般不超过 10%，甚至不持股，监管方式主要为两种：一种方式就是作为 SPV 股东，利用股东权利对项目公司进行监管，即“股东监管”；另一种方式是不持股的“合同监管”，即根据双方约定的项目进度、工程质量等对项目监管。两种监管模式都有其弊端，“股东监管”下，虽然可以利用股东权利享有对公司的知情权、决策权，但是政府方持股比例极小，不能对公司的决策产生“重大影响”，况且，从施工建设等专业化的角度来看，政府方总是不如社会资本方更了解项目的情况，政府还是要依靠社会资本方；而“合同监管”下，毕竟双方分属于独立的主体，但政府只能做到“表面监管”，即只查看工程的外部情况，或依靠第三方检测，对SPV 实际的财务情况、管理情况等细节方面通常难以知晓。

七、典型案例

本章以新三板挂牌公司南通三建参与 PPP 项目为例进行介绍。

（一）公司基本情况

公司中文全称：江苏南通三建集团股份有限公司

英文名称及缩写：Jiangsu Nantong Sanjian Construction Group Co., Ltd.

证券简称：南通三建

证券代码：838583

挂牌时间：2016 年 8 月 23 日

分层情况：基础层

行业（证监会规定的行业大类）：“房屋建筑业”（代码“E47”）和“土木工程建筑业（代码“E48”）

主要产品与服务项目：以建筑施工为主业，集投资、工程管理、运营服务于一体的大型综合性现代建筑集成服务商

普通股股票转让方式：协议转让

普通股总股本：596204692

公司是以建筑施工为主业，集投资、工程管理、建筑服务于一体的大型综合性现代建筑集成服务商。公司立足于建筑施工的主营业务，提供民用建筑工程、工业建筑工程、构筑工程及相关配套的道路、管网等设施工程、市政公用工程等从设计到施工的一体化服务方案。

（二）公司参与 PPP 项目情况

2016 年 10 月 27 日，南通三建等与昆明市政府签署“昆明市城市更新与产业发展”战略合作协议。此次成功签约，标志着南通三建挺进昆明市 PPP 项目合作领域，为南通三建日后在昆明市进一步战略投资发展奠定坚实基础。

南通三建与漯河市源汇区人民政府于 2016 年 12 月 20 日完成了《政府与社会资本战略合作协议》（以下简称战略合作协议）的签署工作。

南通三建于 2016 年 12 月 2 日收到海门经济技术开发区管理委员会发出的《中标通知书》，确认公司在开发区海门大学城科技园 PPP 项目竞争性磋商项目（项目编号：HMCG2016037）招标中，被确定为中标供应商，具体为：

1. 中标项目名称：开发区海门大学城科技园 PPP 项目竞争性磋商项目。

2. 招标人：海门经济技术开发区管理委员会。

3. 中标金额：120000 万元（拾贰亿元整）。

2017 年 4 月 12 日，由南通三建与海门经济技术开发区采取 PPP 合作模式的謇公湖科创中心项目正式开工，创新打造的现代化科技产业园区，总投资 50 亿元，建成后将成为海门创新资源集聚的新示范地及城市发展的新名片。

（三）融资情况

2016 年 9 月，南通三建披露《股票发行方案》（公告编号：2016-017），向徐康宁、珠海建熠投资管理中心（有限合伙）、嘉兴创泽投资合伙企业（有限合伙）3 人发行股份，发行价格为每股人民币 14.51 元 / 股，发行共计 44796692 股无限售条件人民币普通股，占发行后总股本的 7.51%，募集资金总额为 650000009 元，募集资金用途是补充流动资金、偿还银行贷款。

2017 年 3 月，南通三建再次披露《股票发行方案》（公告编号：2017-008），向宁波梅山保税港区逐原投资中心（有限合伙）1 名投资者发行股份，发行价格为每股人民币 14.51 元 / 股，发行共计 25013098 股无限售条件人民币普通股，占发行后总股本的 4.03%，预计募集资金总额为 362940052 元。

（四）案例分析

南通三建于 2016 年 8 月挂牌上市，9 月就展开第一轮融资，2017 年 3 月展开第二轮融资，可见 PPP 项目对投资者的吸引程度。本案例虽然不是当地政府与社会资本方设立 SPV，再通过 SPV 挂牌新三板融资，而是新三板公司新设 SPV 去实施 PPP 项目，但同样能够反映出新三板公司本身的融资能力。

根据南通三建 2016 年度报告，2015 年公司投资活动产生的现金流量净额为 –378617671.10 元，2016 年为 –3036923047.97 元，“主要原因为公司增大了对 PPP 项目的投入并投资成立了 PPP 项目公司和投资其他子公司”。

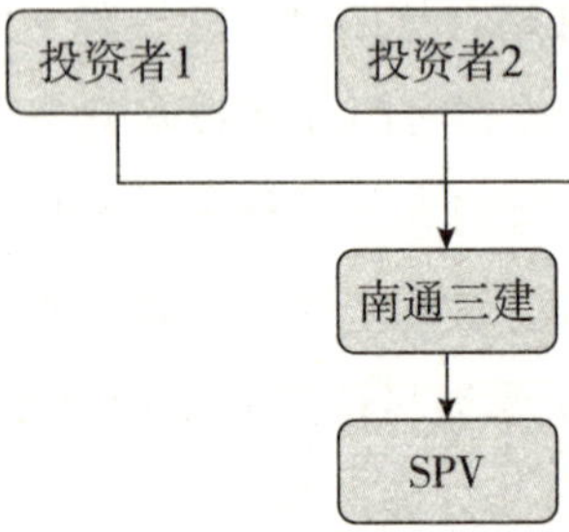

图 8–10　南通三建投融资结构图

本案例的投资机构为投资者通过认购南通三建定向增发的股份，对南通三建进行投资，南通三建在取得投资款后，再投资给具体的 SPV 公司。因此本次定向增发完成，公司第一大股东依然为南通三建，持股比例为 73%，对公司仍然拥有绝对控制权。此种模式下，投资者虽为 SPV 公司提供了融资，但是如无特殊约定，很难对 SPV 公司产生重大影响，出了钱却没有话语权。另外，投资者之所以投资，不是对南通三建感兴趣，而是对 PPP 项目感兴趣，所以为什么不直接投资项目，而要“绕弯子”投资南通三建呢？将 SPV 公司设立好后挂牌新三板，让投资者直接去投资 SPV，可以更高效地完成 SPV 的融资。

投资结构转化如下图所示：

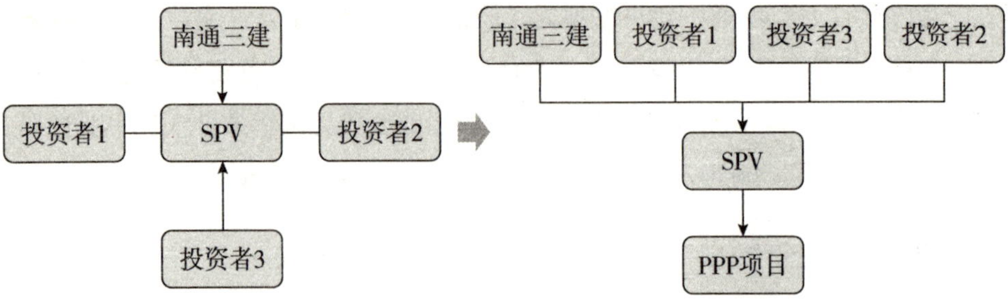

图 8–11　南通三建投资结构转化示意图

八、相关法律法规

（一）全国中小企业股份转让系统文件

1.《全国中小企业股份转让系统股票挂牌条件适用基本标准指引》（2017 年 10 月 13 日）

2.《全国中小企业股份转让系统挂牌公司分层管理办法》（2017 年 12 月 22 日）

3.《全国中小企业股份转让系统股票转让细则》（2017 年 12 月 22 日）

4.《全国中小企业股份转让系统投资者适当性管理细则》（2017 年 10 月 13 日）

（二）财政部文件

1.《政府和社会资本合作项目财政管理暂行办法》（财金〔2016〕92 号）

2.《关于推广运用政府和社会资本合作模式有关问题的通知》（财金〔2014〕76 号）

第九章

通过发行企业债券实现 PPP 融资

一、企业债、公司债的概念

（一）企业债的内涵

企业债作为一类特殊的固定收益产品，是指企业依照法定程序发行、约定在一定期限内还本付息的有价证券。[①]我国的企业债又可作广义上和狭义上的区分，广义上的企业债应当包括狭义上的企业债和公司债。狭义的企业债是指由中央政府部门所属机构、国有独资企业或国有控股企业对于经过政府批准的项目为筹集资金所发行的债券，发债前连续三年盈利所筹集的资金的用途需要符合国家产业政策，其发行领域多集中在基础设施建设等公共服务领域。[②]

（二）公司债的内涵

根据我国《公司法》的规定，[③]公司债券为有限责任公司和股份有限公司发行的债券。与企业债相同，公司债属于公司外部资本运作的一种重要手段，是企业的一种重要的债务融资工具，也是金融市场上的重要金融工具之一。

（三）企业债与公司债之间的区别

狭义的企业债与公司债，二者在发行主体、发债资金用途、信用基础差别等方面有着明显的差异性，我们以表格来做出二者之间的区别：

---

① 参见余葵英:《低风险证券资产的收益与风险探究》，载《市场周刊·理论研究》2014年第6期。

② 参见刘迎霜:《公司债：法理与制度》，法律出版社2008年版。

③《公司法》第153条规定，“公司债券，是指公司依照法定程序发行、约定在一定期限还本付息的有价证券”；同时，《公司法》第2条规定，“公司是指依照本法在中国境内设立的有限责任公司和股份有限公司”。

表 9-1　企业债与公司债的区别

区别点	公司债	企业债
发行主体	由股份有限公司或有限责任公司发行的债券	仅限于政府所属融资机构和国有企业，发行主体较窄
发债资金用途	主要用途包括固定资产投资、技术更新改造、改善公司资金来源结构、调整公司资产结构、降低公司财务成本、支持公司并购和资产重组等	仅限于经政府审批的固定资产投资、技术革新改造项目，资金用途较窄
信用基础	公司债的信用来源是发债公司的资产质量、经营状况、盈利水平和持续盈利能力等	依托政府信用，并且强制实行担保，信用级别较高，债券风险较小
监管机构	证监会（交易所），核准制，对于总体的发行规模没有限制	国家发改委，审核制，发行额度预先设定
市场功能	发行公司债是各类公司获得中长期债务性资金的一个主要方式	受政府行政审批的严格控制，发行额度较小，利率不高，投资主体受限，市场化程度较低

二、企业债、公司债的发展状况

（一）企业债的发展概况

企业债券是我国最早产生的信用债券，自 1987 年国务院颁布《企业债券管理暂行条例》以来，企业债券根据我国及全球经济的发展而不断革新。企业债的发行有利于拓宽融资渠道、优化融资结构、支持了我国实体经济的发展，更是近年来我国愈加重视的 PPP 项目融资过程中的重要一环。我国企业债从 1987 年发展至今，经历了三个阶段。首先，我国企业债的起步发展阶段（1987–1993），起步标志是国务院的规范性文件《企业债券管理暂行条例》；其次，整顿发展阶段（1994–1999），《公司法》《证券法》等法律为企业债的运行提供了法律基础；最后，稳步发展阶段为 2000 年至今，我国处于供给侧结构性改革的新时期，国家发改委始终坚持企业债券与实体经济结合，以创新投融资机制为切入点，发挥企业债期限较长、成本较低的优势，确保符合国家产业政策和行业发展的项目能够得到企业债资金的有力支持。

根据鹏元评级的数据显示：2017 年度我国债券市场中企业债券共发行了 385 只，同比 2016 年降低了 22.69%；资金规模达到 3753.95 亿元，同比 2016 年降低了 36.65%；2017 年度企业债券创新品种的发行有所增加，项目收益债券发行数量达到 33 只，规模达到 200.7 亿元；专项债券发行数量达到 73 只，规模达到 659.8 亿元；绿色债券发行数量达到 21 只，规模达到 311.6 亿元；永续债发行数量达到 21 只，规模达到 70 亿元。企业债券的资金主要投入基础设施和民生工程，以及重点领域、绿色领域，涵盖能源、交通、公用、住房、城建、环保、旅游、养老等项目，有效地满足了经济稳增长态势对社会资金的需求，有效缓解了投资项目融资难、融资贵的问题。

1. 企业债券发行规模不断扩大

近年来，国家鼓励债券市场服务于实体经济，企业债券的发行规模增长较大，种类也不断创新，符合条件的企业能够以较低的利率获取项目建设所需资金。企业债发行量出现爆发式增长，企业债券市场发展势头迅猛。未来我国企业债的筹资总量将有极大的增长空间，在发达国家，企业债券发行量往往是股票发行量的 3–10 倍。

2. 企业债券发行审批程序简化且发行政策条件宽松

国家发改委 2008 年 1 月 2 日的发改财金〔2008〕7 号文中，改革企业债券的发行核准程序，将先核定规模、后核准发行两个环节，简化为直接核准发行一个环节。同时，也拓宽了募集资金投向范围，完善了企业债券市场化约束机制，企业可以发行无担保信用债券、资产抵押债券、第三方担保债券等。国家发改委的这一政策进一步推动了企业债券市场化发展，扩大了企业债券发行规模。①

3. 发行主体呈现多元化的趋势

我国企业债券从 19 世纪 80 年代开始发行，融资主体从少数大型中央企业逐步发展到涵盖中央、地方各级国有和民营企业。数据显示，2017 年累计发行中央企业债为 30 亿元，而地方企业债高达 3088.25 亿元。未来将有更多的符合条件的优质企业被纳入企业债券发行主体中来，企业债券服务实体经济的能力

---

① 参见中国人民银行西安分行课题组：《关于进一步推动陕西省企业债券融资的研究报告》，载《西部金融》2010 年第 5 期。

将得到进一步增强。[①]

4. 企业债券品种更加丰富

近年来，为满足符合国家产业导向的行业以及创新创业企业的融资需求，进一步增强企业债券服务实体经济能力，国家发改委不断创新企业债券品种，除一般企业债券外，还陆续推出了包括地下综合管廊建设、战略性新兴产业、养老产业、双创孵化、配电网建设改造等项目收益债券，[②] 未来还将继续探索创新企业债券品种。

（二）公司债的发展概况

公司债券相对于国债、企业债券和金融债券发展时期较短，直至 2007 年 8 月 14 日，中国证监会发布文件《公司债券发行试点办法》（以下简称《试点办法》），公司债券正式起步。《试点办法》出台一个月后，中国首只公司债券由长江电力发行，规模为 40 亿元，网上发行金额为 4 亿元。国务院于 2014 年 5 月 9 日出台了《国务院关于进一步促进资本市场健康发展的若干意见》，提出应注重规范债券市场发展，完善公司债券相关发行制度。2015 年 1 月，中国证监会发布《公司债券发行试点办法》，同时废除《试行办法》，该《公司债券发行试点办法》主要解决了公司债券发行制度存在的问题，将发行人范围扩大到地方政府融资以外的所有法人实体。自此，公司债券市场形势大好，平台公司全年共发行公司债券 880 只，融资金额 1022.85 亿元。在 2018 年第三季度，共有 356 家交易所债券市场发行人发行各类公司债券 474 期，发行总规模为 5901.40 亿元。

公司债虽在发展的过程中由于结构和机制的不完善仍存在着一些问题和障碍，但在政策的不断出台之下也取得了较大的发展，未来的形势仍十分乐观。

1. 与企业债券一样，公司债券的融资成本低于银行贷款，且与短期融资券和中期票据相比，融资期更灵活

自 2015 年开始，中国证监会加快了对公司债券的改革，实现了公司债券发行的快速增长。尤其是在《公司债券发行试点办法》出台后，缩减审核周期和

---

① 参见田原：《以服务实体经济为核心　推进企业债券相关改革创新》，载《债券》2018 年第 2 期。

② 参见国家发展改革委财政金融司副司长冀晓翀：《推进改革与创新强化企业债券服务实体经济能力》，载《债券》2016 年第 2 期。

审计效率提升等方面的改进，大大提高了公司债券发行速度。因此，公司债相较于审批周期较长、审批要求更为严格的银行贷款，再加上企业与银行之间存在的利息成本，公司债的融资成本就显得低很多。而且，公司债券的发行期限根据种类的不同也有所不同，因此与前文提及的中期票据和短期融资券的发行期限相比，就更为灵活。

2. 公司债券相比于其他债务融资工具的发行机制较为宽松，发行主体范围较广

《公司债券发行试点办法》没有强制性的利率规定和担保要求，从审批管制的要求、发债资金用途的限定以及信用等级的评定等，都相较于企业债宽松，更不论其他债务融资工具了。因此公司债对于发行主体的吸引力是巨大的，也就更容易成为发行主体的选择。

3. 公司债券品种丰富，交易方式多样以降低流动性溢价

新型公司债券（如永续公司债券和可续期公司债券）的出现使得公司债券的种类更为丰富。作为一种市场环境因素，交易机制对公司债券的流动性有重要影响：第一，在交易过程中，更多的市场参与者可以增加公司债券的流动性，并由于交易方式的多样性，如投标交易、报价交易、大宗交易等，投资者选择的增加将导致更小的流动性价格折扣。第二，交易透明度越高，流动性溢价就会越低，就越不可能出现，因此对于投资者的吸引力就越大，这也就是为什么公司债券市场份额小，但发展迅速。

三、企业债、公司债的发行条件

（一）企业债的发行条件

企业债的发行需要遵守我国《证券法》《企业债券管理条例》《国家发改委关于推进企业债券市场发展、简化发行核准程序有关事项的通知》等相关规定。

1.《企业债券管理条例》中对于企业债发行的规定

（1）企业规模达到国家规定的要求。

（2）企业财务会计制度符合国家规定。

（3）具有偿债能力。

（4）企业经济效益良好，发行企业债券前连续 3 年盈利。

（5）所筹资金用途符合国家产业政策。

（6）企业发行企业债券所筹资金应当按照审批机关批准的用途用于本企业的生产经营，不得用于房地产买卖、股票买卖和期货交易等与本企业生产经营无关的风险性投资。

2.《国家发改委关于推进企业债券市场发展、简化发行核准程序有关事项的通知》中对企业债发行的规定

（1）股份有限公司的净资产不低于人民币 3000 万元，有限责任公司和其他类型企业的净资产不低于人民币 6000 万元。

（2）累计债券余额不超过企业净资产（不包括少数股东权益）的 40%。

（3）最近三年平均可分配利润（净利润）足以支付企业债券一年的利息。

（4）筹集资金的投向符合国家产业政策和行业发展方向，所需相关手续齐全。用于固定资产投资项目的，应符合固定资产投资项目资本金制度的要求，原则上累计发行额不得超过该项目总投资的 60%。用于收购产权（股权）的，比照该比例执行。用于调整债务结构的，不受该比例限制，但企业应提供银行同意以债还贷的证明；用于补充营运资金的，不超过发债总额的 20%。

（5）债券的利率由企业根据市场情况确定，但不得超过国务院限定的利率水平。

（6）已发行的企业债券或者其他债务未处于违约或者延迟支付本息的状态。

（7）最近 3 年没有重大违法违规行为。

3. 其他相关法律文件中对企业债发行的规定

（1）发行人应为中国境内注册的非金融类企业法人，但 A 股上市公司及其子公司除外（境内注册香港上市的公司和新三板企业能申报企业债券）。

（2）发行人成立时间必须满 3 年，判断依据为是否能够提供最近 3 年连审报告。

（3）发行人前一次发行的企业债券已足额募集，发行人未擅自改变前次企业债券募集资金的用途。

（4）申请发债城投企业，其偿债资金来源 70% 以上（含 70%）必须来自企业自身收益。

（5）申请发债城投企业，不得注入公立学校、公立医院、公园、事业单位等公益性资产。

（6）对政府及其有关部门的应收账款、其他应收款、长期应收款合计超过净资产规模 40% 的企业，要进行重点关注。

（7）募集资金必须用于核准的用途，可用于固定资产投资、收购股权（产权）、调整债务结构、补充营运资金，不得用于弥补亏损和非生产性支出。

（8）鼓励一般生产经营类企业和实体化运营的城投企业通过发行一般企业债券、项目收益债券、可续期债券等，用于基础设施和公共设施特许经营等 PPP 项目建设。

（9）发行人 2013 年以后的短期高利融资综合成本达到银行相同期限贷款基准利率 1.5 倍以上的，累计额度超过企业总负债规模的 10%，不再受理企业债券发行申请（双创孵化专项债券、配电网建设改造专项债券不受影响）。

（10）地方政府所属城投企业已发行未偿付的企业债券、中期票据余额与地方政府当年 GDP 的比值超过 12% 的，其所属城投企业发行债券应严格控制。

（二）公司债的发行条件

根据《证券法》《公司法》和《上海证券交易所公司债券上市规则》《公司债券发行试点办法》的有关规定，发行公司债券，应当符合下列条件：

1. 根据《证券法》中关于公开发行公司债的规定

（1）股份有限公司的净资产不低于人民币三千万元，有限责任公司的净资产不低于人民币六千万元。

（2）累计债券余额不超过公司净资产的百分之四十。

（3）最近三年平均可分配利润足以支付公司债券一年的利息。

（4）筹集的资金投向符合国家产业政策。

（5）债券的利率不超过国务院限定的利率水平。

（6）国务院规定的其他条件。

公开发行公司债券筹集的资金，必须用于核准的用途，不得用于弥补亏损和非生产性支出。

上市公司发行可转换为股票的公司债券，除应当符合第一款规定的条件外，还应当符合本法关于公开发行股票的条件，并报国务院证券监督管理机构核准。

（7）有下列情形之一的，不得再次公开发行公司债券：

前一次公开发行的公司债券尚未募足；对已公开发行的公司债券或者其他债务有违约或者延迟支付本息的事实，仍处于继续状态；违反本法规定，改变公开发行公司债券所募资金的用途。

2. 根据《上海证券交易所公司债券上市规则》关于公司债发行的规定

（1）发行人申请债券上市，应当符合下列条件：

符合《证券法》规定的上市条件；经有权部门核准并依法完成发行；申请债券上市时仍符合法定的债券发行条件；债券持有人符合本所投资者适当性管理规定；本所规定的其他条件。本所可以根据市场情况，调整债券上市条件。

（2）债券符合上述规定上市条件的，本所根据其资信状况实行分类管理。债券符合下列条件且面向公众投资者公开发行的，公众投资者和符合本所规定的合格投资者可以参与交易：

发行人最近三年无债务违约或者延迟支付本息的事实；发行人最近三个会计年度实现的年均可分配利润不少于债券一年利息的 1.5 倍；债券信用评级达到 AAA 级；中国证监会及本所根据投资者保护的需要规定的其他条件。债券不符合前款规定的条件，或者符合前款规定的条件但发行人自主选择仅面向合格投资者公开发行的，仅限合格投资者参与交易。

（3）债券上市期间发生下列情形之一的，仅限合格投资者参与交易：

债券信用评级下调至低于 AAA 级；发行人发生债务违约、延迟支付本息，或者其他可能对债券还本付息产生重大影响的事件；本所认定的其他情形。

3. 根据《公司债券发行试点办法》中关于公司债发行的规定

（1）存在下列情形之一的，不得公开发行公司债券：

最近三十六个月内公司财务会计文件存在虚假记载，或公司存在其他重大违法行为；本次发行申请文件存在虚假记载、误导性陈述或者重大遗漏；对已发行的公司债券或者其他债务有违约或者迟延支付本息的事实，仍处于继续状态；严重损害投资者合法权益和社会公共利益的其他情形。

（2）资信状况符合以下标准的公司债券可以向公众投资者公开发行，也可以自主选择仅面向合格投资者公开发行：

发行人最近三年无债务违约或者迟延支付本息的事实；发行人最近三个会

计年度实现的年均可分配利润不少于债券一年利息的1.5倍；债券信用评级达到AAA级；中国证监会根据投资者保护的需要规定的其他条件。未达到前款规定标准的公司债券公开发行应当面向合格投资者；仅面向合格投资者公开发行的，中国证监会简化核准程序。

表9–2 公司债券（公开/非公开发行方式比较）

项目	大公募（面向公众投资者和合格投资者公开发行）	小公募（仅面向合格投资者公开发行）	私募债（非公开发行，含短期公司债、次级债等）
发行条件	（1）股份有限公司的净资产不低于人民币三千万元，有限责任公司的净资产不低于人民币六千万元； （2）发行人最近三年无债务违约或者迟延支付本息的事实； （3）发行人最近三个会计年度实现的年均可分配利润不少于债券一年利息的1.5倍； （4）债券信用评级达到AAA级； （5）中国证监会根据投资者保护的需要规定的其他条件。	（1）股份有限公司的净资产不低于人民币三千万元，有限责任公司的净资产不低于人民币六千万元； （2）最近三年平均可分配利润足以支付公司债券一年的利息。	无
发行人	境内注册的公司制法人（包括非银监会、保监会管理的金融机构）		
发行额度	累计发行余额不超过最近一期末合并净资产额40%		无发行额度限制
可否自办发行	不可自办发行		可自办发行
审核周期	2–3个月	1–2个月	1个月以内

续表

项目	大公募（面向公众投资者和合格投资者公开发行）	小公募（仅面向合格投资者公开发行）	私募债（非公开发行，含短期公司债、次级债等）
投资者范围	公众投资者和合格投资者	合格投资者	合格投资者（不含个人）；董、监、高及超过百分之五的持股股东不受限制。同次发行的合格投资者不超过 200 人。注：合格投资者参与：（1）金融机构。包括证券公司、保险公司、基金管理公司及其子公司、商业银行和信托公司，以及在基金行业协会注册的私募股权基金管理人员；（2）上述金融机构为投资者发行的金融产品；（3）净资产不低于 1000 万元的公司和合伙企业；（4）QFII、FQFII；（5）社会保障基金等养老基金、慈善基金等社会公益基金；（6）金融资产不低于 300 万元的个人投资者；（7）中国证监会认可的其他合格投资者
转让 / 上市平台	交易所、中小企业股份转让系统或国务院批准的其他证券交易场所		交易所、中小企业股份转让系统、私募产品报价与服务系统、证券公司柜台转让
利润要求	三年平均归属于母公司净利润足以支付债券一年的利息的 1.5 倍	三年平均归属于母公司净利润足以支付债券一年的利息的 1.5 倍在竞价平台上市；可覆盖 1 倍但不足 1.5 倍在固收平台、综合协议平台上市	对利润水平无要求

续表

项目	大公募（面向公众投资者和合格投资者公开发行）	小公募（仅面向合格投资者公开发行）	私募债（非公开发行，含短期公司债、次级债等）
是否可质押	以上交所审批为准	AA 评级及以上（以上交所审批为准）	不可质押
募集资金用途	可用于项目投资、股权投资或收购资产、补充流动资金或偿还银行贷款等		
审核机构	证监会：三个月内由专家意见委员会作出核准决定	交易所预审核，证监会出具批文，30 个工作日左右完成	交易所审核（5-10 个工作日内完成）
批文有效期	一次发行的，6 个月内有效；分期发行的 24 个月内有效，其中 12 个月内完成首期发行		6 个月内有效；分期发行的 12 个月内完成
发行期限和分期发行	公司债券的发行期限为 1 年以上，可发行长期限产品（如 10 年）；批文 2 年有效，第一期在 1 年内发行即可		1 年以上，一般不超过 5 年

四、企业债、公司债与 PPP 融资的契合性

在 PPP 项目的推进过程中，再融资问题成为阻碍 PPP 规模发展的核心因素，而企业债作为直接融资工具与其具有高度的契合性。2017 年 5 月，国家发改委正式推出了 PPP 专项企业债券，使得 10 亿元以下的落地率较高、项目规模适中、有稳定回报的 PPP 项目的发展前景可期。

（一）企业债与 PPP 融资的契合性

1. 操作流程上的契合性

企业债申报审核流程的简化有利于缩短 PPP 融资流程。2008 年国家发改委简化了企业债券的发行核准程序，其申报审核流程的简化有利于缩短 PPP 项目的融资流程。对属于国家重点支持范围的项目，信用等级较高、偿债措施较为完善及列入信用建设试点的发债申请，加快审核，并适当简化审核程序。国家发改委将企业债申报材料的完备性审核、合规性审核及企业财务指标审核等委托给第三方专业机构进行技术评估，而企业债的品种创新、核准、资金使用、信息披露、风险化解、事中事后监管等则由自身负责。这一系列流程的精简改革，

有利于降低发行风险，简化了审核程序，有利于缩短 PPP 项目融资过程的时间，促进 PPP 项目融资环节的高效便捷。

2. 时间和内容上的契合性

企业债的融资规模较大，期限较为灵活且相对较长，符合 PPP 项目融资期限的要求。企业债券的期限品种较全，发行利率较低，市场化程度高。与短期融资券、中期票据比较，企业债券的主要优势在于发行期限上的契合性。企业债券的发行期限由发债企业根据项目的具体情况确定，短则 3 年长则 20 年，以 7 年期、10 年期较为常见。PPP 项目大多投资规模大、期限长，中期票据和短期融资券还款压力大，长期融资成本较高，传统银行信贷的融资模式已经难以满足 PPP 项目融资需求，而企业债在发行期限上的灵活性可较大程度的满足 PPP 项目时间长的融资需要。

3. 融资成本上的契合性

从我国 PPP 项目的融资传统来看，SPV 选择银行贷款的方式来进行融资的情况比较多，但是银行贷款具有手续烦琐、抵押担保程序复杂等条件，传统银行信贷模式已经难以满足 PPP 项目融资的需求，也不利于中小企业等社会资本方参与 PPP 项目。通常情况下，企业发行债券的利息可以作为企业的管理费用计入成本，具有冲减税基的作用，这种财务制度增强了企业发行债券的动机。[①] 银行贷款属于间接融资，企业债券属于直接融资，二者的区别主要为融资成本方面的差异。从企业债的角度来讲，企业的筹资成本是付给投资者的资金利息、发行过程所产生的一系列费用；从银行贷款角度而言，筹资成本主要是借贷手续费以及所有支付给银行的利息。而对银行融资成本相对于债券融资成本而言其成本较高，而企业债发行规模越大，成本效益越有明显优势。而且银行贷款一般手续烦琐，需要抵押担保等条件，这也限制了中小企业通过银行贷款的方式筹措资金，因此，企业债与银行贷款融资相比具有成本上的优势。国家发改委发布的数据表明，企业债融资主动权的期限、利率、总量均由发行人控制；企业债的利率普遍低于同期限的银行贷款基准利率；企业债按年付息，利息成本低于银行贷款融资成本；债券利率可在市场利率较低时确定，从而锁定融资成本；债

① 参见章晟：《企业债券融资的比较优势与实证分析》，载《中南财经政法大学学报》2006 年第 4 期。

券资金的使用相对灵活，甚至可以用来偿还银行贷款，不像银行贷款资金仅限于借款合同约定的用途。[①]

4. 债券品种选择上的契合性

国家发改委自2013年以来，陆续推出了多个企业债券专项创新品种，可以针对不同的PPP项目融资需求，来选择适合此PPP项目的企业债券品种。企业债券作为直接融资的重要方式，其内设的具体品种针对不同的融资需求能够发挥不同的契合性优势。目前，国家发改委正在研究设立PPP专项企业债券，通过这样的方式更好地降低融资成本，PPP专项企业债券将扩宽PPP项目的融资渠道，可以满足当期融资和后期持续发展的资金需求。[②]采用发行企业债的方式有利于提升PPP项目落地率，降低融资成本。例如，“市场化银行债权转股权专项债券”有利于推动企业去杠杆的要求；“城市地下综合管廊建设专项债券”适用于支持城市建设和功能改善，推动重点领域的投资和消费需求……企业债专项创新品种的发行，有利于针对性地应对PPP融资的项目需求。

（二）公司债与PPP融资的契合性

2015年《关于在公共服务领域推广政府和社会资本合作模式指导意见的通知》建议鼓励资本市场与PPP模式完全接轨。PPP发展模式与外部资本的运作密不可分，其中，融资是PPP项目运作的核心。促进融资和优化PPP融资结构是PPP项目顺利实施的重中之重。鉴于目前PPP融资方面存在困难，融资成本较低、期限较长、监管相对透明的公司债券等债务融资工具更符合PPP项目的融资需求。作为资本市场的重要组成部分，公司债券可以从以下三个方面促进PPP融资：

1. 时间和内容上的契合性

PPP项目大部分都是投资规模大、期限长，仅依靠传统的银行贷款已经很难满足大型项目融资需求。企业债券和公司债券等融资成本较低的特点，从长期来看，更符合PPP项目的融资需求，可以为PPP提供资金支持，降低融资成本，

① 参见耿松涛：《做大做强城投债券融资平台》，载《中国城市经济》2010年第1期。

② 参见温姣：《公共租赁房债券融资模式研究》，重庆交通大学2011年硕士学位论文。

优化融资结构。

2. 债券品种选择上的契合性

丰富便利的各项公司债的债券产品为不同类型的 PPP 项目发行主体和投资者提供了多种选择。同样，企业债、项目收益债等债务融资金融工具，也为 PPP 融资提供了有力方式，这些融资金融工具的组合，优化了 PPP 融资结构，为融资主体和投资者提供了多元化的选择。比如，在 PPP 项目启动之初，由于风险、不确定性等环境因素较大，稳定的资金流将成为项目得以顺利启动的核心。而地方政府可以通过发放地方债券为 PPP 项目的进行补足一定的资金，防止项目融资出现短缺的问题。进入项目运营中期时，部分项目融资环境可以得到改善，项目运营实体也有获得更多贷款融资的能力，或 PPP 项目的主体可以通过发行公司债券融资和企业债券融资。对于资历较浅或规模较小的 PPP 运营商，可以通过发行项目收益债券来融资，以确保 PPP 项目实施过程中资本流动的稳定性。项目建成投产后，PPP 可以通过资本市场的资产证券融资，符合条件的项目运营商也可以在多层次股票市场上市或挂牌。此外，公司债等债务融资工具信用层次多样化，产品结构设计灵活，交易方式众多，如竞争交易、大宗交易等，可以满足不同风险偏好的投资人。

3. 发展前景上的契合性

近年来，债券市场加快了债券发行改革，自 2015 年出台《公司债券发行试点办法》以来，公司债券融资门槛低，“分层分类”管理体制逐步落实等措施，为高效率的 PPP 债券发行奠定了基础。企业债券和公司债券等债券市场是金融市场定价和货币当局监管的主要支撑。在经济转型和深化改革的背景下，作为“稳定器”对资本市场发挥了巨大的作用。因此，利用债券市场作为融资渠道，可以促进 PPP 在对接资本市场的创新，兼顾效率和安全，实现稳健有序的发展等方面发挥作用。

五、企业债、公司债支持 PPP 融资的决策流程

（一）企业债支持 PPP 融资的决策流程

首先，发行人需要确定融资意向：发行人根据其所参与的 PPP 项目内容形成融资意向，由董事会和股东会制订企业债具体方案并做出决议。发行人形成

融资意向并与券商进行初步接洽，形成合作框架，券商就本次发行融资方及具体发行方案出具可行性报告，发行人最终确定发行方案；[①] 其次，发行要做好前期准备：发行人聘请中介机构进行企业债发行的前期准备工作，如尽职调查、设计企业债发行方案、承销债券、评估资产等工作。发行人与中介机构共同制定企业债发行申报材料，并上报省发改委，再由省发改委转报国家发改委核准；再次，国家发改委进行审核：国家发改委受理企业债发行方案后，依据法律法规及文件规定的发债条件和批准的发债规模，对其进行审核。发行人及主承销商等依据反馈意见进行修改和调整，并出具说明文件。审核通过后，国家发改委会签中国人民银行和证监会，国家发改委向申请企业签发批准文件。最后，企业债发行上市：在制定报刊上刊登募集说明书，企业债正式发行，国家发改委确定发行汇率区间，主承销商组织承销团进行市场宣传和债券销售，将募集资金划至指定账户并进行验资。

（二）公司债支持 PPP 融资的决策流程

确定融资意向阶段和前期准备阶段与企业债支持 PPP 融资的决策流程相同，但与企业债不同的是，公司债券的发行主要依据中国证监会 2015 年出台的《公司债券发行试点办法》。主承销商向中国证监会提出申请，中国证监会发行部门根据申请发布反馈意见。发行人召开临时股东大会审议发行公司债券的议案，并公布股东大会决议。发行公司债券作出决议或决定后，发行人向中国证监会提交申请文件。证监会发行审核委员会审核发行材料，并做出批准或不批准的决定。公司债券发行申请获得批准后，招股说明书及其摘要应当在指定报纸上公布。通过举办推荐会和新闻发布会等方式，发行人吸引投资者并确定公司债券的最终票面利率。如果发行人正式发行公司债券，则必须包括公司名称、债券面值和利率等，如果债券发行项目有 PPP 项目，则应说明 PPP 项目名称及相应的具体内容，由董事会主席签署并加盖公司公章。发行人募集到资金后，将上市公告在指定的报纸上发布。

---

① 参见：https://stock.pingan.com/static/webinfo/other/bankbusiness.html。

六、企业债、公司债支持 PPP 融资过程中的操作障碍

（一）企业债支持 PPP 融资过程中的操作障碍

企业债作为“稳增长、调结构”的一大工具，债券资金主要投入交通、能源、保障性住房等基础设施和民生工程等国家大力扶持的行业领域。国家发改委表示，将继续推进企业债券发行管理制度改革，探索募投项目实行“正面清单＋负面清单”的管理制度。[①] 企业债对于整个 PPP 项目的运行尤其是 PPP 融资部分具有重要意义。但当前企业债在支持 PPP 融资过程中还存在一些障碍及操作难点。

1. 发债企业存在所有者缺位的问题

所有者缺位的问题导致了上市公司发债的动力不足。一些企业法人治理结构不完善，约束机制不健全，导致企业“重股轻债”，缺乏发债的内在动力。[②] 而国有产权“所有者缺位”实际上由“内部人控制”，激励机制不完善，官僚主义思想严重等，只注重自身利益的优先性、至上性，这对于在 PPP 项目的选择和规划运行方面均会造成很大的不利影响。由于 PPP 项目具有周期长，资金大等特点，一旦融资失败会导致 PPP 项目的延期甚至搁浅。这对于发行企业债的前景而言则更是不利的。

2. 监管政策趋严导致企业债转型压力升级

自 2017 年来，国家加强了对于企业债券的管理，以遏制地方政府隐形债务的增长。2018 年 2 月 12 日，发改委和财政部联合下发《关于进一步增强企业债券服务实体经济能力严格防范地方债务风险的通知》（发改办财金〔2018〕194 号），明确企业债的责任主体是企业，划清企业债券发行与地方债务的关系，规范以政府和社会资本合作（PPP）项目发行债券融资。严格 PPP 模式适用范围，审慎评估政府付费类 PPP 项目、可行性缺口补助 PPP 项目发债风险，严禁采用 PPP 模式违法违规或变相举债融资。2018 年国家的监管重点在于针对 PPP 项目这种隐形增加政府债务的范畴内，严格处理地方政府违规举债、违规担保的问

---

① 参见：https://baijiahao.baidu.com/s?id=1581034595870174785&wfr=spider&for=pc。

② 参见户晗：《中国企业债市场的发展现状与展望》，载《经济研究导刊》2010 年第 15 期。

题。从客观上来讲，国家加大监管力度会降低金融风险，有效规范隐形地方政府债务，但是对于已经发行或者即将要发行的企业债，将会减缓其发行的进程。企业债长期以城投债为主，必不可少地和地方政府关系密切，在政府或隐性或显性信用担保下，城投债刚性兑付的“金色时光”将一去不返。地方债务的收紧对企业债的影响很大，随着中央问责机制的加强，以城投债为主的企业债融资环境收紧，金融机构对城投公司的融资条件也将趋严，面对再融资压力城投公司亟须转型。① 对于发行企业债融资且被指令清理的PPP项目，如何妥善解决也是一个难题。

3. 企业债利率偏低导致社会资本方积极性不高

我国《企业债券管理条例》规定：“企业债券的利息不得高于银行相同期限居民储蓄定期存款利率的40%”“单位和个人所得的企业债券利息收入，按照国家规定纳税”，上述规定制约了民营企业投资企业债券的积极性。而且在企业债券发行后，投资者还面临着利率风险，即由于市场利率上升（要求收益率上升）而导致固定收益产品价格下降的风险。企业债在PPP项目中虽然有融资成本较低的优势，但部分民营资本对收益率有较高要求，对于公益性PPP项目没有参与积极性，相关企业应当响应国家降杠杆的政策方针，谨慎投资。

4. 中介机构的信用评级不真实及不规范的障碍

我国鼓励企业以自身拥有的不动产、证券进行抵押、质押和第三方保证等形式作为增信措施，要求主体AA-级的企业需强制担保，而发债主体的信用等级在AA级以上的，可以无担保。一般而言，信用评级高，债券发行利率低；评级低，债券发行利率高。由于对评级等级高的企业国家允许发行信用债，因此，长期以来我国中介机构对信用债的评级包括债项评级和主体评级存在泡沫，对风险揭示的并不充分，大量债券的AA级以上的评级可能是虚高的。目前，我国境内评级机构将近90%的境内债券评为AA或以上级别，我国的企业债的信用利差（信用债的收益率与同期限利率产品的利率之差）不足以抵偿相关信用风险。我国的评级机构在信用评级及评核指标方面，与国际都存在较大差异，从而令境外投资者识别中国公司债券的信用价差具有一定的困难。②

① 参见：http://m.sohu.com/a/219608799_739558。

② 参见：http://www.21jingji.com/2017/7-29/wOMDEzNzhfMTQxNDUwOA.html。

5. 整个 PPP 项目运行过程中的风险障碍

首先是利率风险，PPP 项目中发行的企业债利率一般相对固定、期限相对较长，因而在企业债存续期限内，不排除市场利率上升的可能，该种利率风险将使投资者的预期投资收益不足；其次是偿付风险，在 PPP 项目中，如果发行人的经营状况发生重大变化，或者受市场环境等不可控因素影响，发行人不能从预期的还款来源获得足够资金，可能影响企业债本息的按期足额偿付，从而影响了项目正常建设、运营及退出。

（二）公司债支持 PPP 融资过程中的操作障碍

1. 对发行主体要求的障碍

公司债券发行的最大优势是融资成本低，期限灵活。一般而言，评级高于 AA 级的实体的年化融资成本介于 5%–7%（公开发售）或 6%–8%（私募发行）。随着利率下降，融资成本进一步降低。即使是一些评级高，实力雄厚的公司，融资成本也只有 3% 到 4%。另外，发行人的要求非常高。公开发行的一般要求是 AA 级或 AA+ 级。虽然公司债券的发行要求相对宽松，但这只是硬标准的最低要求，但在实际情况下。根据投资者的选择，这些公司债券将由他们自己进行筛选，因此对发行人本身的需求仍然很高。

2. 政府补贴存在障碍

对于资历较弱、规模较小的企业，在开展 PPP 项目时，选择融资债务工具更倾向于债券工具，如公司债券。但是，由于其实力有限和一定比例的融资，政府补贴是必要的。相关数据显示，随着政府支付或补贴项目比例的增加，政府补贴的 PPP 项目约占 60%。换句话说，此类 PPP 项目的增加可能会增加政府债务。

但是，大多数 PPP 项目现在都属于大型基础设施项目，建设周期长，资金投入大。对于较弱的民营企业而言，这些将失去很大一部分竞争力，而更多的是由大型国有企业支持。许多 PPP 项目由大型国有企业主导，市场化程度降低。但是，对于实施市场经济体制的中国而言，在 PPP 项目的实施过程中，社会资本应发挥自己的积极作用，努力在 PPP 项目的竞争过程中占据主导地位，而国有机构和国有企业应该在中间协助，发挥补充效果，如果两者倒置，市场的经济活力将会减弱。若公司通过公司债券等融资工具为 PPP 项目提供融资，从长远来看，很难保持如此庞大的项目资金流，但反过来，过度的政府补贴也可能会降低市场化程度。因此，在实施 PPP 项目的过程中，有必要严格控制政府补贴的范围和程度，加强监管。

3. 资金偿还周期与回报周期不匹配，以及地方违约现象的障碍

由于债券金融工具的持续时间（如传统的公司债券）有限，这使得发行人的基金还款期与 PPP 项目基金的回收周期不匹配，即在债券的基金还款期到期之前，发行人需要归还这些债务的本金和利息，但此时，PPP 项目可能无法完成，或者发行人可能尚未从 PPP 项目中获利或收到相应的资金回报。因此，有必要出现各种新的公司债券和其他债券融资工具，虽然现在有新的债券类型，如新的公司债券和可续期公司债券正在蓬勃发展，但这些还不足以满足 PPP 的融资需求项目。因此，优化融资结构要求在降低融资成本的同时，还要满足 PPP 项目的融资需求。此外，自 PPP 项目启动以来，地方国有债券发行公司的债务违约时有发生。这些事件也影响了其他债券发行公司，导致债券市场强劲，投资者面临风险。地方国有企业的违约将直接导致金融机构收紧地方融资。市场上的机构投资者在投资国有企业债券时也会变得谨慎，这将导致地方融资困难。另外，债务违约将提高发行融资成本，导致“双重损失的情况”。

七、企业债、公司债在支持 PPP 融资过程中的解决办法

1. 规范运作 PPP 项目，避免触及红线行为

对于运用企业债支持 PPP 融资的项目，无论是哪一环节、哪个部门，均需严格按照国家相关的政策法规来操作，对于国家命令禁止的红线行为，一定不要触及，不要抱有侥幸心理。财政部发布的《关于规范金融企业对地方政府和国有企业投融资行为有关问题的通知》（财金〔2018〕23 号）重点强调地方政府、金融企业和央企必须规范运作 PPP 项目，清库操作也是为了保障投资人利益，大力推进合规 PPP 项目的发展。对于其中明文规定禁止的行为，投资人一定不要涉及，对于未明确禁止的事项，我们可以认为这是合规的。地方政府融资平台公司参股的 PPP 项目公司贷款，可以新增地方政府融资平台公司贷款；已经立项合规的正在运作的非 PPP 投融资项目，地方国有企事

业单位可以提供担保或承担偿债责任。[①] 未来监管部门对 PPP 发展过程中所产生的地方政府债务风险等方面的监管会更加全面及严格，PPP 行业的发展也会更加规范化，投资方合规审慎投资，符合社会资本参与 PPP 项目的融资要求。

2. 投资方要正确认识企业债的风险，提高风险识别与承担投资风险的能力

投资者应对发债企业、发债项目、发债额度事先有详尽的调查与了解。不要由于企业债的发行主体是中央政府部门所属机构、国有独资企业或国有控股企业等，先入为主的认定发债企业的信用等级高，投资风险小。[②] 投资人应认真并仔细阅读募集说明书中“风险因素”等有关章节内容，及时关注上市公告书、年度报告中披露的后续信息，以确定对该债券是继续持有还是转让。企业债券主要发行模式包括无担保信用债券、资产抵押债券、第三方担保债券，针对其中的无担保企业债券，投资者应当深度了解发行人面临的与本期债券相关的风险，分析发行人为防范此风险而制定的对策是否具有可行性。投资方在进行尽职调查的时候，应当正确认识企业债的风险，提高风险识别与承担投资风险的能力。

3. 巩固 PPP 项目债券融资的市场基础

对于 PPP 运营商，地方政府应深化管理和服务功能，充分发挥组织、决策、信用增强、监督、风险分担的作用，引导项目的顺利运行，加强项目绩效管理审查，加强合同意识，长期稳定预计将鼓励 PPP 融资抵押债券市场；社会资本应充分发挥其在管理技术和专业技能方面的优势，努力提高经营的稳定性和盈利性，从而提高信贷业绩，适应债券市场的融资需求。对于债券市场，必须继续完善市场发行和交易机制，加大对 PPP 项目融资的支持力度：一级市场要进一步简化发行流程，降低发行成本，鼓励 PPP 发行债券融资；对于投资者，要加强流通市场建设，激发 PPP 相关债券品种的交易活力。

---

① 参见：《金融企业迎来参与 PPP 的新机遇　财政部财金（2018）23 号文新解》，载 http://www.360doc.com/content/18/0407/19/32086537_743595952.shtml。

② 参见解文增：《中国公司债利差的构成研究——基于结构化模型的视角》，复旦大学 2013 年硕士学位论文。

八、典型案例

（一）“14 穗热电债”案

国家鼓励社会资本参与城市基础设施等有一定收益的公益性事业投资和运营，项目收益债券是我国在创新融资方式的背景下，针对具体项目融资推出的新型融资方式。2014 年 5 月《国家发展改革委办公厅关于创新企业债券融资方式扎实推进棚户区改造建设有关问题的通知》提出“对于具有稳定偿债资金来源的棚户区改造项目，将按照融资—投资建设—回收资金封闭运行的模式，开展棚户区改造项目收益债券试点”。2015 年 8 月，国家发改委颁布了《项目收益债券管理暂行办法》，其中明确规定了“项目收益债券”的定义，是指由项目实施主体或其实际控制人发行的，与特定项目相联系的，债券募集资金用于特定项目的投资与建设，债券的本息偿还资金完全或主要来源于项目建成后运营收益的企业债券。[①] 其募集资金用于特定项目的建设及运营，偿债来源为项目本身运营期产生的经营性现金流。2014 年 10 月发行的“14 穗热电债”是我们国家的首单项目收益债券，我们将通过“14 穗热电债”来介绍利用企业债对于 PPP 项目进行融资的过程。

1. 基本情况

2014 年 11 月 18 日，由海通证券承销的广州市第四资源热力电厂垃圾焚烧发电项目收益债券 8 亿元“14 穗热电债”成功发行，其中标利率为 6.38%（低于央行降息前的银行五年以上贷款基准利率）。“14 穗热电债”是由广州环投禺山环保能源有限公司发行的用于解决垃圾焚烧发电项目的项目收益债，为十年期固定利率债券，债券信用等级为 AA 级。其以广州环保投资集团有限公司和广州广日集团有限公司分别作为第一、第二差额补偿人，在债券募投项目收入无法覆盖债券本息时，将由其依次承担差额补足义务。

2. 案例分析

“14 穗热电债”的发行主体是项目公司即广州环保投资集团有限公司，募集资金由项目公司封闭运作管理，专项用于项目建设与运营，偿债来源是募投项

① 参见张博源：《项目收益类债券发行特征与信用风险分析》，载《产权导刊》2017 年第 5 期。

目的运营收入，实行风险隔离与收益的隔离，在风险防范和偿债方面有所创新；采用市场化的发行方式。“14 穗热电债”是用项目收益作为债券本息的兑付来源，地方政府财政不承担偿还和担保责任。项目收入通过专户专项归集，能够优先保证偿付债券本息。

“14 穗热电债”没有担保人，但设置了差额偿还人且均为国企，并且通过差额补偿的增信措施使其债项信用等级达到 AA 级。项目实施主体广州环保投资集团与广日集团则采取本息差额补足制度（差额补偿责任是指差额补偿责任人作为发行人的母公司，对发行人到期不能偿还的债券本息部分承担无条件的差额补足责任）来为债券增信。在增信效果上是可以根据差额偿还先后顺序的不同设置多个差额补偿人。本期债券还设置了第二差额偿还人，主要是为了解决其第一差额偿还人信用资质不强等问题。第一差额偿还人整体实力较强，电梯板块业务盈利能力较好，能够较好地为本期债券进行信用增信。

发行项目收益债为 PPP 项目提供了债务融资新模式，与一般企业债相比，项目收益债以项目未来的收益为偿债来源而非取决于项目主体的资信水平，适合能产生稳定经营性收益的垃圾处理、电力、污水处理、供水供热供气、收费公路等城市基础设施建设项目，前景广阔，可有效解决项目建设期融资和 PPP 项目融资增信主体缺失问题，PPP 项目收益债依托的是项目自身的现金流且融资成本较低，[①] 可较为有效地解决 PPP 项目中的融资难问题。因此，PPP 模式和项目收益债二者相互支持，相辅相成，具有高度的契合性。

（二）通过公司债融资的典型案例解析——“浙交投”和葛洲坝集团

1. 背景介绍

为缓解融资困难，降低企业资产负债率，提供有效改善企业资本结构的手段，中国证监会积极启动可续期企业债券试点。2016 年 3 月 8 日，浙江交通投资集团有限公司（以下简称浙江投资有限公司）经中国证监会批准公开发行的可续期债券。本期信用评级为 AAA 级，第一期票面利率为 3.6%，初始发行规模为 20 亿元，期限为 5+N 年，计划在上海证券交易所上市。这是中国证券监督管理委员会在再生公司债券和可续期票之后首次批准可续期公司债券。同年 8 月

① 参见王仙君：《央企参与 PPP 项目融资渠道的思考》，载《管理观察》2017 年第 18 期。

24 日，中国葛洲坝集团有限公司在上海证券交易所上市 100 亿元可续期企业债券，正式上市。这是在今年 3 月公司重新上市的公司债券在上海证券交易所上市后实现发行新公司债券的上市公司之一。

2. 可续期公司债的特点

可续期公司债券是新型公司债券，赋予发行人续约的选择权，并不规定债券的到期日。它介于传统债券和股票之间，并结合了两者的优势。更新公司债券具有拓宽融资渠道，补充股东权益，降低资产负债率，税前折扣，避免稀释股权等优势。可续期公司债券与传统公司债券和公司股票不同。首先，它们具有混合资本证券与股票和债券相结合的特征。它们可以帮助优化公司的资产和负债结构。利息延期付款条款的设计也增加了公司资金的灵活性。其次，目前资本市场的积极发展在推动企业多渠道融资方面取得了实质性进展。第一次使用创新工具不仅具有一定的价格先发优势，而且还向市场展示了良好的形象，这有利于市场认可和资金支持。可续期公司债券对发行公司具有很强的吸引力。作为企业资本的补充，它可以有效降低公司的融资成本，同时丰富企业融资，优化企业资产负债结构。对投资者而言，它为高评级发行人提供高收益投资工具，形成“双赢”局面。

事实上，在国内债券市场，可续期债券并不是一件新鲜事。截至 2013 年 10 月底，武汉地铁集团发行的 23 亿元可续期公司债券未明确到期日，但发行人可选择每五年续约五年。它被认为是一种国内可持续的债券。从那时起，可续期公司债券和可续期中期票的频率和规模大幅增加，新的公司债券也如上所述受到破坏。

3. “浙交投”与葛洲坝集团的特有优势

作为浙江省最大的国有高速公路投资运营公司，浙交投有大量在建项目。由于高速公路建设周期长，资金投入大，债务负担较重，资金尤其是中长期资金的融资需求依然强劲。因此，发行可续期公司债券不仅能够以较低的成本解决浙交投的长期融资需求，而且有效地补充了公司的资本，降低了资产负债率。同时，它也为基础设施和大型国有企业利用交易所债券市场融资，帮助新型城镇化建设，推动国有企业改革提供了良好的借鉴。

对于 PPP 项目而言，融资困难，融资成本高，经营周期长，使可续期企业债券成为重要的参考选择。许多专家认为，与普通公司债券相比，可续期公司债券可以让发行人到期后有效延长债券期限，对高负债和重资产业，建设周期长，资金投入大的经营公司有特殊的吸引力。目前，大型国有企业的资产负债率普遍较高，尤其是重资产业、基础设施产业和城市投资平台等发行人，可续期公司债券等永续债券产品可以有效缓解这类企业融资的难度。在 PPP 项目缺乏合适的中长期固定收益产品的情况下，上述特征可以使可续期公司债券成为 PPP 项目的良性选择。目前银行间市场发行的公司债券、公司债券或中期票据均为三年或五年，与大多数 PPP 项目的期限不符。相对来说，这个期限太短暂而且不灵活。尽管国债的期限很长，如十年、二十年甚至三十年，但国债的到期日相对固定，而且由于可续期公司债券给予发行人选择权，因此其并未指定到期期限，且实际上可以更新公司债券，故永久债券产品如可续期公司债券更适合 PPP 项目。此外，这些债券在市场上的利率不是特别高，最低的 3.1%，最高的 3.6%，因此融资成本相对较低，可续期公司债券等可续期融资产品的融资成本和期限都很低，越长时间越符合 PPP 项目的融资需求。前文提到的中国葛洲坝集团股份有限公司公开发行了 100 亿元可续期公司债券就是一个很好的例子，这次的 100 亿元可续期公司债券挂牌交易，为葛洲坝集团降低融资成本，优化融资结构，增强公司投资能力和公司拓展基础设施投资业务市场提供了极大的资本支持。

近年来，葛洲坝集团利用其融资优势，积极应对宏观经济下行压力，加强商业模式创新，率先大力发展国内企业 PPP 业务，取得了显著的成效。通过发行公司债券和其他融资手段获得的大量资金成功推动了 PPP 项目的推广，先后赢得了一系列年度合同金额超过 1000 亿元的标志性项目。2015 年，PPP 订单占国内总订单的 64%，已成为国内 PPP 业务探索和实践的基准。不仅如此，而且由许多公司通过发行公司债券和其他融资方式资助的 PPP 项目的推动也如雨后春笋般涌现。这些无疑说明了公司债券和其他融资工具在促进 PPP 项目中的作用。

九、相关法律法规

（一）行政法规

《企业债券管理条例（2011 年修订版）》（国务院令〔1993〕第 121 号）

（二）行政规章及规范性文件

1.《关于推进企业债券市场发展、简化发行审核程序有关事项的通知》（发改办财金〔2008〕7号文）

2.《关于进一步加强企业债券存续期监管工作有关问题的通知》（发改办财金〔2011〕1765号）

3.《关于创新企业债券融资方式扎实推进棚户区改造建设有关问题的通知》（发改办财金〔2014〕1047号）

4.《关于充分发挥企业债券融资功能支持重点项目建设促进经济平稳较快发展的通知》（发改办财金〔2015〕1327号）

5.《项目收益债券管理暂行办法》（发改办财金〔2015〕2010号）

6.《关于印发社会领域产业专项债券发行指引的通知》（发改办财金〔2017〕1341号）

7.《关于进一步增强企业债券服务实体经济能力严格防范地方债务风险的通知》（发改办财金〔2018〕194号）

8.《关于规范金融企业对地方政府和国有企业投融资行为有关问题的通知》（发改办财金〔2018〕23号）

9.《公司债券发行与交易管理办法》（证监会令第113号）

10.《上市公司重大资产重组办法》（证监会令第109号）

11.《关于修改〈上市公司重大资产重组管理办法〉的决定》（证监会令第127号）

第十章

通过非公开定向债务融资工具实现 PPP 融资

一、非公开定向融资工具概述

我国银行间市场交易商协会于2011年发布了《银行间债券市场非金融企业债务融资工具非公开定向发行规则》。非公开定向债务PPN发行是我国银行间债券市场融资工具的重要创新，其有着重要意义和显著优势，一方面可以提高企业在债券市场领域融资的可能性，拓宽融资主体的融资渠道，另一方面也促进了金融市场整体的发展和进步，有利于提高直接融资在融资架构中所占的比例从而能够降低金融体系的风险。非公开定向债务PPN融资工具促进了我国多层次金融产品市场的形成，并为债券市场支持实体经济功能的发挥提供了有力支持。迄今为止，有许多大型企业、政府融资平台和中小企业都参与到了采用非公开定向债务PPN进行融资的队伍中来。①

（一）非公开定向融资工具的概念

非公开定向发行是具有法人资格的非金融企业向特定数量的投资人发行债务融资工具，并且这种发行方式仅限于在特定投资人范围内流通转让。在银行间债券市场以非公开定向发行方式发行的债务融资工具称为非公开定向债务融资工具（private placement note），简称为“定向工具”（英文简称PPN）。

非公开定向发行人必须是具有法人资格的非持牌金融企业。机构投资人在银行间市场约定后发行，由交易商协会发出债务融资工具注册通知书。流通转让只能在约定的机构投资人之间进行。定向投资人是愿意并且能够投资定向工具、明确该笔投资与定向工具可能产生的风险、有能力承担该定向工具风险、愿意接受交易商协会的管理的投资人。定向工具不向社会公开发行。定向投资人在定向工具发行前，由发行人和主承销商确定。②

① 曾静:《PPN融资及其在我国应用的思考》. 载《金融经济》2015年第18期。

② 张歆玮:《非公开定向债务融资工具发行研究》，上海交通大学2014年硕士学位论文。

非公开定向债务融资工具的推出意义重大，主要体现在创新方面。非公开定向债务融资工具一方面对债券品种进行了创新，另一方面也对债券发行方式进行了创新。这一定向工具发行进入融资实践代表了我国银行间债券市场迈上了一个新的台阶，正式打开了产品多元化、发行灵活化、注册便利化的场外债券市场新局面，为我国资本市场不断发展壮大奠定了坚实的基础。[①]

（二）非公开定向融资工具的发展概况

2011 年 4 月 29 日，中国银行间市场交易商协会发布《银行间债券市场非金融企业债务融资工具非公开定向发行规则》。2011 年 5 月 4 日，中国银行间债券市场推出首批非公开定向债务融资工具。再之后，中国银行间市场交易商协会推出了另一种新非公开定向债务融资工具——私募债券，并发布了《银行间债券市场非金融企业债券融资工具非公开定向发行规则》和《银行间债券市场非金融企业债务融资工具非公开定向发行注册规程》。有六家符合国家产业政策要求的央企荣获首批试点单位资格，可根据自身实际需要注册发行私募债券。[②]

（三）非公开定向融资工具的特点

非公开定向发行债务融资工具是指向特定数量的投资人发行的债务融资工具，并限定在特定投资人范围内流通转让。这一定向发行工具的突出特点是注册流程较简捷、对信息披露的要求较低、能够灵活满足投资者的个性化要求、流通和转让受限等。

1. 非公开定向融资工具的比较优势

（1）特点一：融资规模突破了净资产 40% 的限制

由于我国《证券法》规定，向不特定投资人公开发行债务融资工具的总额有着发行人净资产规模 40% 的限制。对净资产规模 40% 的限制无疑在很大程度上束缚了众多企业，尤其是中小企业通过直接债务融资工具进行融资的可能性，成为一道明显的融资障碍。但是非公开定向发行较公开发行而言适应性和灵活

① 董琼：《非公开定向债务融资工具　缓解高速公路融资一味“良药”》，载《中国外资》2012 年第 21 期。

② 李丹丹：《非公开定向债务融资工具——私募债券正式亮相》，载 http://www.fabao365.com/news/778196.html，最后访问日期 9 月 13 日。

性显著。我国相关法规对净资产额 40% 的比例限制就此能够被突破，仅需满足投资人数量不高于200人这一条件即可。如此，不仅企业融资的方式更加多样化，发行人也可以根据自身需求具体选择和决定直接债务融资的规模。

（2）特点二：注册流程简捷，融资效率更高

在公开发行的方式下，发行人需要根据具体要求事先准备好真实完整的审批文件，然后等待监管机构进行审核批准。只有通过了监管机构的审核批准才能够进行公开发行。这种事前准备和报批审核的流程往往繁杂且耗时久，但是非公开定向发行中发行人仅在注册后即可发行，只需要注册并事后审批。如此，注册流程相较于公开发行更加简捷，融资效率获得了显著提高。

（3）特点三：发行条款更为灵活

根据我国《非公开定向发行规则》的规定，对于发行条款中的具体内容如利率、期限、再融资等，发行人可以与定向投资者自行协商确定。定向发行工具是否需要信用评级也可以由双方自由协商决定，仅需在发行协议中进行明确。由此，定向发行工具一方面能够最大限度地满足双方的个性化需求，另一方面也突破了间接融资中格式化合同文本的约束。

（4）特点四：不强制信息披露和外部评级

根据我国的相关规定，公开发行必须进行强制性信息披露和外部评级。在非公开定向发行中，投资者可以自行进行尽职调查并与发行方协议约定具体的限制性条款。发行人与投资人在《非公开定向发行协议》中就信息披露的具体内容和披露方式进行约定。而在公开发行的场合中需要发布《债券募集说明书》，并需要进行强制性信息披露和外部评级。[①] 两者相较，非公开定向发行工具灵活简捷的特性更为突出。

2. 非公开定向融资工具的比较劣势

（1）债券流通和转让受限

我国相关法规规定了定向融资工具只能在定向的投资人范围内进行流通，即限制了债券的流通和转让。这样的限定虽然是非公开定向工具的应有之义，但也无疑造成了产品流动性降低的后果。参看国外的先进经验，美国拥有着广

---

① 董琼：《非公开定向债务融资工具　缓解高速公路融资一味“良药”》载《中国外资》2012 年第 21 期。

阔成熟的市场，在非公开定向融资工具的实践和发展中探索和构建了能够平衡各方利益的有限流通机制，既能够通过“合格投资者制度”和规定现售期等有效保护投资人，又能在一定程度上满足交易流通性的需要。

（2）发行价格存在流动性溢价

非公开定向融资工具的定价，包括其发行价格、发行利率等原则上是由市场所决定的。但是非公开定向融资工具由于流动性较公开发行大为受限，根据市场运行的基本规律，定向工具的产品应当比后者的产品有流动性溢价。这种流动性溢价造成的投资者损失理应受到补偿，即应当使得定向发行的产品利率高于公开发行的产品利率。鉴于非公开定向发行具有注册流程简捷易行、不强制进行外部信息披露等优势，诸如债股联合类工具、结构化融资工具等创新产品可以考虑先采用定向发行方式推动。

（3）PPN 的流动性相对较差

目前，市场上 PPN 的票面利率较短融中票平均要高 50BP-100BP（BP 即基点 Basis Point，用于金融方面，债券和票据利率改变量的度量单位。一个基点等于 1 个百分点的 1%，即 0.01%），相对投资价值较高。由于 PPN 属于私募发行，流通性因受到限制明显不如公开发行。其流通范围限定在加入 PPN 投资者名单的少数投资者之间。从目前来看，交易商协会已经开始着手解决投资人数较少的问题，具体方法是建立准入名单。现今，非公开定向融资工具在整体上是新产品高溢价阶段，投资价值整体性价比较高。①

二、非公开定向融资工具的发行流程

发行的具体流程为：

1. 各方履行内部流程

发行人及相关中介机构履行各自内部流程，获得 PPN 注册及发行的必要授权及审批，明确发行方案包括注册金额、首期发行金额、首期发行期限、发行方式、募集资金用途等要素。

① 《非公开定向债务融资工具（PPN）介绍》，载 https://www.jinchutou.com/p-25115936.html。

2. 与各方进行前期沟通

确认主承销商及中介机构，与评级机构（如需要评级）和主承销商预沟通。评级机构根据企业情况给予预评级，确定企业是否满足发债标准。主承销商初步确认企业产业、政策、评级等情况是否满足发债标准。

如需要评级，评级工作安排如下：

（1）启动评级工作。尽早确定评级公司、签署委托评级协议、缴交评级费，并督促评级公司将评级费进账单及时送交人民银行征信管理局备案，以便尽早启动评级工作。

（2）评级时间。人民银行征信管理局对评级机构的评级时间的管理为：对单一企业初次评级的工作时间，从评级公司备案时间起算不得少于15天。参考评级时间规划如下：

N：评级公司将已签署的委托评级协议和评级费银行进账单送人行；

N+1–N+3（工作日）：人行征信管理局完成备案；

N+3+15（自然日）：可出具最终的评级报告。

（3）准备注册材料。发行人出具申报注册文件。主承销商协助发行人制作与注册相关的其他文件。主承销商牵头其他中介机构，如律师事务所、会计师事务所等，出具相关文件。所需的相关材料及文件参考如表10–1。

表10–1　非公开定向融资工具发行注册材料及文件

主承销商	非公开定向发行注册信息表
发行人	非公开定向发行注册材料报送函
	内部有权机构有效决议
	企业法人营业执照（副本）复印件或同等效力文件
主承销商	非公开定向发行注册推荐函
	发行非公开定向债务融资工具注册报告
	定向发行协议
	准备发行人、主承销商承诺书
律师	非公开定向发行法律意见书
发行人	最近一年经审计的财务报表
主承销商和发行人	承销协议
发行人和投资人及其他相关方	定向发行协议
投资人	定向工具投资人确认函

续表

主承销商	非公开定向发行注册信息表
会计师事务所、律师事务所及其他中介机构	相关机构及从业人员资质证明

（4）报送材料与补正。主承销商联合全部中介机构将 PPN 全套注册材料上报交易商协会。交易商协会审查要件，并签收。交易商协会主审人审查注册文件，并反馈初审意见。主承销商组织发行人及中介机构就初审意见对注册文件材料进行补充、更新和完善。

（5）核准并接受注册。交易商协会对更新后的注册材料进行复核。复核通过后，报送交易商协会注册会议进行审议。注册会议审议通过后，交易商协会发送《接受注册通知书》，并在其网站进行公告披露。

（6）发行产品。发行人获得注册通过后，择机以发行人、投资人约定的方式完成私募发行。

（7）后续披露。按交易商协会要求向认购人进行后续信息披露。[①]

三、非公开定向融资工具与 PPP 的契合性

2018 年一季度，我国 GDP 同比增长 6.8%，伴随国内外形势错综复杂，经济不确定程度进一步加大，宏观经济仍具有下行压力。为了实现“稳增长”的目标，中央和地方财政需要继续加大基建投资力度。按照投资额计算，2017 年全国基建总投资额为 17.31 万亿元，同比增长 14.93%，基建增长在长期内仍将维持高速。目前，中央正积极规范地方政府举债细则，地方政府财力下滑，变相举债的难度进一步加大，而 PPP（Public-Private Partnership，政府与社会资本合作）正好可以帮助政府利用杠杆，以较少的投资额进行较大规模的基建投资，使社会资本更加高效地进入基建投资领域，稳定经济发展。

① 《非公开定向债务融资工具（PPN）实操手册》，载 http://www.360doc.cn/mip/653549851.html。

（一）政策上的契合性

1. PPP 项目运作逐渐规范，PPP 将迎来新的发展格局

2017 年中央和地方政府高度重视 PPP 的规范化运作，财政部 50 号文、87 号文、92 号文，国资委 192 号文等文件相继出台，地方也出台了相应规定，各省份都对项目库进行了清理整改，在清退了部分不合规、难以落地的项目后，2018 年 PPP 有望迎来新的发展格局。在 2017 年，各地成立了许多 PPP 引导基金用于项目融资，由此可见，融资难依旧是 PPP 项目成功落地的主要障碍。PPN 作为银行间市场一种创新的债券品种，可以有力地支持 PPP 项目融资，符合 PPP 项目规范化运作的政策导向。

2. PPN 新规进一步简化注册发行流程，配套机制建设将惠及更多融资企业

2017 年 8 月 25 日和 8 月 29 日，经中国银行间市场交易商协会第四届债券市场专业委员会第三次会议和第五届常务理事会第三次会议审议，通过了《非金融企业债务融资工具定向发行注册工作规程》及相关配套文件。自 2017 年 11 月 1 日起实施的新规在进一步简化了注册发行全流程工作机制方面表现突出，其提高了企业自主发行的便利程度和可操作性并优化了风险防范机制。新规将注册后首次发行期限从 6 个月延长至 1 年。[①]PPN 的发展为融资企业提供更多的选择，增加了直接融资的渠道，在 PPP 项目中有望迎来更大的发展空间。

（二）现实需求的契合性

1. 非公开定向债务融资工具有助于优化 PPP 融资结构，释放民间投资资源

以非公开定向发行的方式进行 PPP 融资，风险收益结构更为丰富，将有助于释放民间投资资源，提高民间投资热情，合理化配置民间投资。如前文所述，非公开定向融资工具由于自身特性所限而流动性较低。根据市场运行的基本规律，PPN 对比公开发行的产品有着流动性的溢价，其利率高于其他同类型的债券。交易商协会已采取措施着力解决投资人过少的问题，PPN 流动性能够得到

---

① 交易商协会：《非金融企业债务融资工具定向发行注册工作规程》，载 http://stock.hexun.com/2017-09-04/190710703.html。

显著改善。现在的 PPN 整体仍处于新产品高溢价阶段，投资价值整体性价比较高，将其运用于 PPP 项目融资将有助于发展新兴产业和公益性产业，可以为基础设施建设、社会福利建设等领域提供新的融资渠道。

2. 融资规模突破了净资产 40% 的限制，有利于满足融资需求

PPN 的发行较公司债、企业债有更强的灵活性，其融资规模突破了净资产 40% 的限制，为融资企业提供更多的融资工具选择。与公开发行方式相比较，非公开定向债务 PPN 融资的灵活性和适应性突出，发行方可以根据自身需求与投资方商议具体的内容。政府选用非公开定向债务融资工具能够更大程度上灵活满足自身的融资需求。政府融资与企业融资在用途、期限等方面具有较大差别。政府融资往往是为了投资期限较长的公共性、公益性事务。与定向投资者共同商议并以《非公开定向发行协议》将双方的商议结果进行明确，相较于接受格式化合同更符合政府的融资需求。

（三）实际操作的契合性

不进行强制性信息披露和外部评级符合 PPP 项目特点。如前文所述，非公开定向发行不像公开发行那样进行强制性信息披露和外部评级，由投资者进行尽职调查，协议约定限制性条款。[①] 发行人与投资人可以协商确定信息披露的具体内容和披露方式，并通过发行协议予以明确。PPP 项目结构复杂，涉及诸多参与者和利益方，披露信息和评级的工作难度大，部分信息或涉及公共利益和公共安全信息。PPN 这种不进行强制性信息披露和外部评级的方式符合 PPP 项目特点，有利于 PPP 项目尽快落地。

四、典型案例

（一）案例一：云南省某投资集团有限公司

云南省某投资集团有限公司是云南省优质 AAA 级企业，其首次发行绿色债券在一众普通债券中崭露头角，吸引到了不少投资并获得了业内人士和各方研究机构的一定认可。这一绿色债券的发行和成功经验值得研究学习。

---

① 杨超:《非金融企业债务融资工具非公开定向发行研究》，载《上海金融》2011 年第 7 期。

1. 基本情况

表 10-2 发行人基本情况①

发行人	云南省某投资集团有限公司
债券名称	云南省某投资集团有限公司 2016 年度绿色非公开定向债务融资工具，简称：16 云能投 GN001
注册额度	人民币（币种）5 亿元
注册通知书文号	中市协注 [2016]GN 5 号
发行金额	人民币（币种）5 亿元
期限	5 年
面值	人民币壹佰元
票面利率	3.98%
发行对象	定向投资人
发行时间	2016 年 10 月 28 日
承销方式	余额包销
承销商	上海浦东发展银行股份有限公司
绿色认证机构	中债资信评估有限责任公司
信用评级及跟踪评级安排	无
本期定向工具信用增进	无
募集资金用途	1. 偿还银行借款。募集资金中的 4.5 亿元用于偿还发行人子公司部分银行借款，其中云南保山苏帕河水电开发有限公司 1.1 亿元，腾冲苏电龙川江水电开发有限公司 1.45 亿元，云南昌宁恒昌电力有限公司 0.6 亿元，云南省永德恒昌电力有限公司 1.35 亿元 2. 项目建设。募集资金中的 0.5 亿元用于发行人子公司云南能投生态环境科技有限公司环境保护修复工程建设

① 《全国首单绿色非公开定向债务融资工具案例》，载 http://greenfinance.xinhua08.com/a/20170523/1705860.shtml。

2. 案例解析

（1）绿色债券能够获得政策支持

绿色债券的应有之义乃是为符合规定的绿色企业与绿色项目进行资助或再融资。与普通债券相比，绿色债券在资金的用途和后续跟踪评估环节等方面具有显著不同。由于对绿色企业和绿色项目的支持符合国家产业结构调整方向和经济发展需求，绿色债券能够在政策上获得鼓励和便利条件。

（2）绿色债券发展前景乐观

全球环境保护形势日益严峻，我国亦高度重视节能减排、保护环境问题，大力促进产业结构调整，严格限制高污染、高能耗企业。绿色债券的对象多为期限较长、短期收益不明显的绿色项目，如节能减排项目、新能源开发项目等。政府所投资建设的公益性项目与绿色债券的融资对象有着较高重合度。政府可以考虑在投资项目符合相关规定和条件的情况下发行绿色债券，能够利用绿色债券的积极社会影响和社会价值提高融资水平。

（3）绿色债券发行流程仍具有简捷特点

本案例中涉及的定向融资工具实质上是创新产品，注册过程中也遇到了很多困难。但由于国家政策对绿色债券发行的鼓励和支持，许多机构均为本次发行提供了便利。这种通道优势一方面体现了国家政策对环境保护问题的重视和对绿色项目的支持，另一方面也体现出了定向工具在流程上的简捷特点。虽然发行绿色债券需要对绿色项目进行评估和审批，但是由于政策倾向，这种评估和审批相对公开发行仍然是较为简捷的。

（二）案例二：镇江某集团

镇江某集团具有国有资产投资主体职能，负责经营集团内部国有资产、承担国有资产保值增值责任，其主营业务主要为新媒体、文化及旅游产业。该集团已于 2016 年 1 月 13 日，在银行间交易市场成功发行了有效期为 2 年的债务融资工具。①

---

①《一个案例看懂 ppn 发行全流程》，载 https://www.jinchutou.com/p-29774327.html。

1. 基本情况

表 10–3　债券基本情况

债券名称	镇江某集团有限责任公司 2016 年度第一期非公开定向债务融资工具
债券简称	16 镇江文旅 PPN001
债券代码	031672008
期限	3 年
起息日	2016 年 3 月 17 日
兑付日	2019 年 3 月 17 日
计划发行总额（万元）	10000000
实际发行总额（万元）	10000000
发行利率（%）	6.50
发行价（百元面值）	100.00
合规申购家数	5
合规申购金额（万元）	10000000
最高申购价位（%）	6.50
最低申购价位（%）	6.50
有效申购家数	5
有效申购金额	10000000
簿记管理人	浙某银行股份有限公司
主承销商	浙某银行股份有限公司

2. 案例解析

（1）发行规模突破了 40% 的限制

根据我国《证券法》的相关规定，公开发行的公司债券受到“累计债券余额不得超过公司净资产 40%”的限制。但本案涉及的非公开发行则不受这一规定的限制。本案中镇江某集团发行的 PPN 的规模突破了净资产 40% 的限制。政府融资时可以考虑采用非公开定向融资工具突破相关法规这一限制。

（2）更好满足个性化需求

本案中，非公开定向债务融资工具发行的利率、规模、资金用途等由镇江某集团与投资者相互协商而确定，能够更大程度上满足镇江某集团的个性化融资需求。政府融资时可以考虑采用非公开定向工具更好满足个性化需求。

（3）不强制信息披露

本案例中由于采用了非公开定向债务融资工具，不强制信息披露。对于信用评级及其具体安排由镇江某集团与投资方协商确定。由于政府普遍具有较高信用，政府投资项目可能涉及公共利益不便于信息披露等，采用非公开定向工具可以根据具体情况灵活决定信用评级及其具体问题并合理保障涉及公共利益的信息的安全。

五、非公开定向融资工具支持 PPP 的操作障碍和解决措施

（一）缩小信息披露范围带来潜在风险

非公开定向发行缩小了信息披露范围，简化了发行注册条件。用于支持 PPP 项目时，具有灵活性强、节省时间成本的优势。但是这一特点也带来了潜在风险。个别机构投资者可能利用其银行间市场交易资质在融资工具发行或转让环节变相扩大实际投资人范围，创设以个人投资者为最终风险承担主体的金融产品。而政府立项的 PPP 项目大多需要稳定的资金支持，潜在的风险可能会影响项目的顺利进行。对于这一风险的防范，关键在于全方位的监管。具体包括：监管部门加强风险防控机制的建设，同时努力做到行政监管与市场约束的有机统一。商业银行作为承销中介，要增强风险监管责任感，加大对非金融企业债务融资工具非公开定向发行业务的研究力度，将其纳入全面风险管理制度与流程框架。

（二）中小型企业和个人投资者顾虑多

非公开定向债务融资工具因为门槛较低，更多的是便利中小型企业或是释放民间投资资源。但是相比大型企业，中小型企业和民间资本更加处于弱势，在 PPP 项目中，如果出现了争议或纠纷，更加难以维护自身的合法权益。这种顾虑一定程度上限制了中小企业和个人投资者投资 PPP 项目的热情。此外，政府立项的 PPP 项目大多数时间跨度长、回报效益较低，资本天然的逐利性也会影响投资者的决策。对于这一障碍的解决，关键是在于保障投资者的合法权益，这需要进一步明确 PPP 项目中的法律关系，即需要进一步在立法上予以完善。

在实际操作中，可以在保障项目公益性的前提下，鼓励合理匹配经营性资源，允许社会资本通过项目运营取得合理回报。

（三）PPP 项目短期存在监管风险

自 2017 年 9 月起，全国 PPP 综合信息平台项目库区分为储备库和管理库。2017 年 PPP 四季度报告以管理库为口径进行披露，报告显示，PPP 快速发展的大潮已经过去，推广和风险防范并存成为 2017 年的重点。2017 年四季度净入库 204 个，同比下降 74.14%，投资额 4000 亿元，去年同期 1.04 万亿元，同比下降 61.54%。2017 年准备阶段投资额增速自 2017 年 9 月开始由正转负，9–12 月同比增速分别为 –1.69%，–1.71%，–4.79%，–5.92%，主要是因为自 2017 年下半年规范力度逐渐加强，加之在整改和清理 PPP 的阶段，补充项目入库的速度放缓，共同导致了准备阶段投资额增速下降。PPP 项目的政策收紧对基于 PPP 项目的非公开定向融资工具的发行将产生短期的不利影响。

PPP 项目天然有加杠杆的特点，与第五次金融工作会议强调的降杠杆、防范金融风险相悖，短期内可放缓趋势或仍将维持，但是 PPP 新政长期来看对规范地方企业债务融资是利好的，利于降低基于 PPP 项目发行的非公开定向融资工具的风险。

目前，我国债券市场产品种类丰富，有融资意向的企业能够根据自身融资规模和资金用途选择最适合的融资工具。非公开定向债务融资工具是近年来债券市场中出现的创新工具之一，凭借着注册流程简捷、灵活性和适应性强等特点受到了一些企业的青睐。目前，政府融资平台公司也积极加入了非公开定向债务的发行队伍中去，并通过这种新型融资方式为回报周期长的公益性项目、涉及不宜公开信息的公共性事务筹措资金。因此，非公开定向债务融资工具的出现和发展对我国经济的发展和金融市场的丰富有着重要意义。

六、相关法律法规

1.《银行间债券市场非金融企业债务融资工具承销协议文本（2013 年版）》（中国银行间市场交易商协会公告〔2013〕第 15 号）

2.《银行间债券市场非金融企业债务融资工具承销团协议文本（2013 年版）》

（中国银行间市场交易商协会公告〔2013〕第 15 号）

3.《银行间债券市场非金融企业债务融资工具现场调查工作规程》（中国银行间市场交易商协会公告〔2011〕第 5 号）

4.《银行间债券市场非金融企业债务融资工具非公开定向发行规则》（中国银行间市场交易商协会公告〔2011〕第 6 号）

5.《银行间债券市场非金融企业债务融资工具非公开定向发行规则》(中国银行间市场交易商协会公告〔2011〕第 8 号)

第十一章

通过项目收益票据实现 PPP 融资

一、项目收益票据概念与发展状况

（一）概念

项目收益票据（Project Revenue Note，PRN）是指非金融企业在银行间债券市场发行的，募集资金用于项目建设且以项目产生的经营性现金流为主要偿债来源的债务融资工具。[①]

（二）发展概况

2014 年 4 月 30 日，国务院批准了发改委《关于 2014 年深化经济体制改革重点任务的意见》，明确要求："建立以政府债券为主体的地方政府举债融资机制，剥离融资平台公司政府融资职能。"在此背景下，2014 年 7 月 11 日，银行间市场交易商协会发布《银行间债券市场非金融企业项目收益票据业务指引》（以下简称《业务指引》），正式推出项目收益票据。[②]

自银行间市场交易商协会发布《业务指引》后，仅仅时隔 3 天，首单项目收益票据即于 2014 年 7 月 14 日以簿记建档并采用非公开定向方式发行。截止到 2018 年 1 月 5 日，短短 3 年多的时间里，已完成的项目收益票据实例已经达到 17 起，我们将选出部分实例做简要的罗列，以便更直观地再现该产品应用过程中对应的情况：

---

① 该概念来源于 2014 年 6 月 24 日第四届常务理事会第二次会议审议通过的《银行间债券市场非金融企业项目收益票据业务指引》第 2 条的相关规定。

② 高国华：《规范地方融资项目收益票据应用而生》，载《金融时报》2014 年 7 月 15 日第 007 版。

表 11-1　项目收益票据部分实例

项目名称	发行人	发行时间及完成情况	注册发行金额（亿元）	各期发行金额（亿元）	发行期限（年）	偿债来源	备　注
郑州综合交通枢纽地下交通工程（东广场）	郑州交投地坤实业有限公司	2014 年 7 月 14 日，完成	12	首期：5 第二期：7	15	物业开发和出租收入等	该项目为首例项目收益票据实例
湖南长沙会展中心工程	湖南长沙会展中心投资有限责任公司	2015 年 8 月 14 日，完成	20	首期：8 第二期：6 第三期：6	15	运营收入，包含：会展、场馆出租、自办展览等	该项目为本书重点研究案例对象，之后会详细展开
徐州彭城欢乐世界第三期项目	苏州乐园发展有限公司	2016 年 6月7日，完成	8	首期：2 第二期：待定 第三期：待定	7	门票收入、商品收入、商铺酒店租赁收入等	

《业务指引》第 4 条规定："本指引所称项目包括但不限于市政、交通、公用事业、教育、医疗等与城镇化建设相关的、能产生持续稳定经营性现金流的项目。"而在项目收益票据推出之前，城投债[①]曾在市政基础设施建设方面发挥过极其重要的投融资作用，但在最近 2 年的市政、交通、公用事业、教育、医疗等建成后可以产生持续稳定的现金流的基础设施建设方面，项目收益票据通过成立专门的项目公司，有效实现了地方政府与城建企业的风险隔离，在 PPP 融资方面能够有效地实现"开明渠、堵暗道"，在资金募集方面开始发挥着越来越重要的作用。并且有相关实务人士认为城投债在未来会逐渐消亡，但是公共性融资需求不会消亡，必然需要新的替代性产品，那么项目收益类债券则会发挥越来越重要的作用[②]。

① 城投债：是指根据发行主体来界定的，涵盖了大部分企业债和少部分非金融企业债务的融资工具。城投债是以地方投融资平台作为发行主体，公开发行企业债和中期票据，根据目前的发行情况来看其主业多为地方基础设施建设或公益性项目。

② 金融蝈蝈：《浅析项目收益类债券》，载 https://wenku.baidu.com/view/312aa4a13186bceb18e8bb63.html，最后访问日期 2017 年 9 月 28 日。

二、PRN 特点

（一）项目相关主体方面

1. 项目发行主体方面：《业务指引》第 6 条规定："企业可通过成立项目公司等方式注册发行项目收益票据。"根据目前已发行的 PRN 案例来看，发行主体一般为新建的项目公司，这样可以有效地实现 PRN 的发行方与地方政府及基础设施建设项目企业的风险隔离。

2. 项目发行对象方面：《业务指引》第 7 条规定："企业可选择公开发行或非公开定向发行方式在银行间市场发行项目收益票据。"PRN 的发行对象主要为全国银行间债券市场机构投资者（国家法律法规禁止投资者除外），同时鼓励项目所在地投资者加入，这在一定程度上可以充分发挥本地投资人的"近约束"作用，也符合 PRN"谁使用、谁付费、谁管理"的理念。

（二）项目投资类型方面

《业务指引》第 4 条规定："本指引所称项目包括但不限于市政、交通、公用事业、教育、医疗等与城镇化建设相关的、能产生持续稳定经营性现金流的项目。"PRN 以经营性的项目未来收益为信用基础，结构设计初衷就是希望新建项目之后能够产生持续稳定的现金流来实现还本付息的目的，所以投资类型选择方面一般不会是纯粹公益性的项目，而应是在未来运营过程中能有良好的收益和充足稳定现金流的收益性市政工程项目。例如，收费路桥建设、水电燃气建设和城市会展中心建设等。

（三）项目偿债来源方面

《业务指引》第 5 条规定："企业发行项目收益票据获取财政补贴等行为必须依法、合规，不应存在任何直接、间接形式的地方政府担保。"PRN 新建项目公司独立运作，政府不直接或间接参与到项目的投融资、建设和经营活动中，以项目建成后的收益为还本付息的主要来源，充分体现"使用者付费"的理念。由于市政项目同时具有一定的公益性，政府往往会给予相应的税收优惠和财政补贴等，但本质而言政府的此种行为不能理解为代为偿债或担保。同时为了保证按期完成项目收益票据的还本付息，非金融企业在发行项目收益票据时一般会设立专门的募集资金监管账户，由相关的资金监管机构来专门负责资金的投向和现金流的归集，通过有效控制项目产生的现金流，对项目收益票据的还本付息提供有效支持。

（四）项目偿债周期方面

根据《业务指引》第 9 条相关规定：“项目收益票据发行期限可涵盖项目建设、运营与收益整个生命周期。”我国目前债券和票据市场中，发行期间超过 10 年的微乎其微，如与 PRN 类似的银行间市场推出的资产支持票据（Asset Backed Medium-term Notes，ABN）和证券交易所发行的资产证券化（Asset Backed Securities，ABS），发行期间也一般为 5 年及以下，而 PRN 目前已发行的项目每期在 15 年左右，涵盖从项目投资、建设、运营及后期收益的整个完整的周期。

（五）风险隔离方面

根据《业务指引》第 5 条、第 11 条的相关规定，企业可以通过成立项目公司等方式注册发行项目收益票据，发行项目收益票据可以在依法、合规的情况下获取财政补贴，但是不应存在任何直接、间接形式的地方政府担保，此举进一步做到项目与现金流的“一一对应”，建立了经营性市政项目和政府信用之间的风险隔离；企业发行项目收益票据应设立募集资金监管账户，由资金监管机构负责监督募集资金投向。同时制定切实可行的现金流归集和管理措施，通过有效控制项目产生的现金流，对项目收益票据的还本付息提供有效支持。通过专户来实现专款专用，现金流封闭运作的效果，从而可以有效地确保项目运营收入的现金流安全，进一步隔离同外界的财务风险。

三、PRN、ABN 和 ABS 的特点比较

上文我们有提到 PRN 与 ABN 和 ABS 本质上都是以基础资产产生的稳定现金流作为主要还款来源，属于非金融企业资产证券化的一个创新品种。不过，PRN 在基础资产、项目周期、募集用途、还款来源、增信机制和信息披露等方面仍与 ABN 和 ABS 存在显著差异。我们尝试通过对其各自特点的对比，来帮助大家更清晰地了解 PRN 独有的特点。如表 11-2.

表 11-2　PRN、ABN 和 ABS 的比较

	PRN	ABN	ABS
交易市场	全国银行间债券市场	全国银行间债券市场	证券交易所市场
主管机构	中国银行间市场交易商协会	中国银行间市场交易商协会	中国证券监督管理委员会
发行主体	非金融企业，一般通过成立新的项目公司来注册发行	非金融企业	非金融企业或者融资租赁类公司
发行方式	公开发行或者非公开发行，鼓励当地企业加入充分发挥“近约束”作用	公开发行或者非公开发行	公开发行或者非公开发行
托管机构	银行间市场清算所股份有限公司	银行间市场清算所股份有限公司	中国证券登记结算有限责任公司
基础资产	在建的未来能够产生持续稳定现金流的项目	已建成的未来能够产生收益的项目；应收账款等债权，并不得附带抵押质押等担保负担或其他权利限制	实体资产、现金资产、证券资产和信贷资产等
发行周期	项目收益票据发行期限可涵盖项目建设、运营与收益整个生命周期	无严格限制，一般为 3–7 年	期限灵活，1–5 年不等
募集用途	募集资金只能用于规定的在建项目的建设、运营和维护等项目	无相关规定，只需符合国家相关的产业政策；投资建设项目、偿还银行贷款等	无相关规定，只需符合国家相关的产业政策；投资建设项目、偿还银行贷款等
还款来源	项目建成后产生的持续稳定的现金流	基础资产产生的现金流	基础资产产生的现金流
增信担保	外部第三方担保，不允许政府担保	外部第三方担保，政府可以做担保	通过内部或外部的结构化设计进行信用增级
信息披露	1. 交易结构和基础资产情况；2. 第三方专业机构出具的未来现金流预测；3. 在存续期内，定期披露项目运营情况；4. 由资金监管方出具的存续期内现金流归集和管理情况；5. 其他影响投资决策的重要信息	1. 交易结构和基础资产情况；2. 相关机构出具的现金流评估预测报告；3. 现金流评估预测偏差可能导致的投资风险；4. 存续期内，定期披露基础资产的运营报告	1. 基础资产情况、现金流预测及对专项计划的影响；2. 交易合同内容及风险收益；3. 投资者的权利与义务；4. 存续期内，定期披露基础资产的运营报告

四、PRN 的优劣势

（一）优势

1. 地方政府负债风险承受压力降低。PRN 可以在城市城镇化推进的过程中，有效地实现地方政府、城建企业与项目公司收益的风险隔离，地方政府不必承担债务偿还的责任，其隐性担保和或有负债的风险都将会大大地降低。PRN 设计之初借鉴了资产证券化产品的破产隔离机制，就是为了能够彻底实现项目本身的投融资与地方政府和基础设施建设项目企业的风险隔离，地方政府不能也没有必要直接参与到相关基础设施建设项目的投资、建设、运营与还本付息的流程中来。为了能够实现这一隔离制度的设计，就需要发起人或母体公司设立一个独立运营的项目公司作为项目收益票据的发行主体，募集资金由项目公司封闭运作管理，资金收益专项用于项目建设与运营。

2. 债务更加透明化和阳光化。PRN 在发债主体、票据投资人及还款来源等产品设计方面均有创新，使投融资、现金流回收、债务偿还等更加透明化和阳光化，如 PRN 要求在项目存续期内，定期披露项目运营情况。在没有政府做抵押担保的情况下这样能够有效防范传统融资平台模式带来的财政和金融风险，对逐步疏导和化解既有融资平台或地方政府隐性债务具有积极作用。另外通过设立“募集资金专用账户”和“偿债资金账户”相分离的方式，也可以实现项目公司财务的透明化和阳光化。

3. 项目收益稳定，还款来源明确。PRN 对募集项目的经营性能力做了硬性的规定[①]，要求必须是未来能够产生持续现金流的项目。尤其是在偿债能力方面，目前 PRN 主要用于支持城镇建设类的企业，未来可能会扩展到一般产业类企业，如收费高速公路和水、电、天然气等领域。项目投资方看好的就是其未来持续而稳定的项目收益，充分体现了“与城镇化建设相关”且“能产生持续稳定经营性现金流”的特点，紧扣 PRN“使用者付费”理念，这种理念体现的是项目

① 高国华：《规范地方融资　项目收益票据应用而生》，载《金融时报》2014 年 7 月 5 日第 7 版。

的整个完整的周期，贯穿于从项目投资、建设、运营到投资收益回收，分期进行，分步实现，使新建公司偿债压力相应地平移到了整个投资回收的过程之中，这同样可以有效地实现项目投融资与项目现金流回收的有效衔接，实现投资与回收周期合理的错配，从而依靠金融市场发展的这种优势，使偿债压力也依靠现金流而实现了时间项上的风险平移。

（二）劣势

PRN 作为银行间市场债务融资工具的一种尝试，虽然有众多的优势，但与其他债券和票据等相比，也有其自身的劣势和风险。

1. 基础资产不确定带来的风险。PRN 是用拟建或者在建项目的未来收益权进行融资，项目本身未来能否产生持续稳定的现金流具有不确定性，由此导致偿债风险具有不可预测性，虽然 PRN 在发行之前要有第三方专业机构对未来现金流进行预测，但这种预测还是很难让投资者信服，因此目前发行对象多为当地投资者。

2. 项目公司本身的风险。根据已经完成审批和正在预评中的 18 例实例，我们可以看出，PRN 注册发行期间一般较长，而且大多数项目公司都是为了该项目而新建的，其建设能力、运营能力、管理能力等都是值得商榷的，而较长的发行期更是增加了偿债的不确定性。

3. 偿债渠道单一带来的偿债风险不可预期。不同于普通企业债、城投债多元化的偿债渠道，PRN 仅仅依靠项目建成后产生的经营性现金流作为偿债的来源，而且毕竟是在建的项目，未来收益具有极大的不可预期性，如果在没有增信措施的情况下，过分强调新设立的项目公司与母公司和地方政府的风险隔离，寄希望于新成立的项目公司，未免风险过大，因此这就需要对项目预期的现金流做出合理、准确的预测，并加强日常经营性现金流的监管。

4. 增信风险。《业务指引》第 13 条强调项目收益票据发行文件中要约定投资者保护机制来更好地保护投资者的权利，但是 PRN 单纯依靠披露和文件中约定的投资者保护内容在投资者保护方面是不完善的，缺乏相应的增信机制，目前已发行的项目收益票据在发行时几乎都有进行增信，但《业务指引》中并没有做出强制性规定，没有增信的 PRN 更是有一种“空手套白狼”的既视感，这样下去投资者购买的意愿就很难提起来，另外已发行的项目收益票据在实施过程中还可能会出现增信风险，增信不履行相关职责带来的兑付风险等。

五、PRN 与 PPP

PRN 作为项目融资的一种金融工具，虽然是在 2014 年 7 月 11 日才在银行间市场交易商协会发布的《业务指引》中正式公布并推出，但其实早在 17 世纪的大航海时代，私营机构之间就出现了类似结构的项目融资方式，并在 20 世纪 30 年代美国的石油大繁荣时代被大量运用。

政府与社会资本合作模式（Public-Private-Partnership）是推动公共基础设施投资、建设、运营和公共服务市场化的有效管理方式，不同国家、机构和学者对 PPP 的概念表述各有侧重，但离不开以下几点要素：1. 强调社会资本和政府部门在法治契约下的合作关系；2. 明确合作领域为公共产品与公共服务；3. 有效实现社会资本与政府部门的利益共享和共赢；4. 社会资本和政府部门风险分担机制，社会资本承担项目设计、建设、融资、运营维护等商业风险，政府部门承担政策、法律变动等相应的风险[①]。PPP 项目的融资作为目前大家都关注的一项公共议题，多种项目融资方式竞相绽放，而项目收益票据依靠其自身的优势，加入 PPP 融资渠道之中也就是顺理成章的事了。

（一）目的的契合性

PRN 主要投资于市政、交通、公用事业、教育、医疗等与城镇化建设相关的项目中，这同 PPP 为增加基础设施建设、提高公共服务水平的目的是一致的。基础设施项目建设需要大量的资金，而常规的融资方式下，一方面投资方（即社会资本）不愿意将大量的资本投入收益慢、成效不显著的公共项目中，另一方面融资方（即政府）也要承担起未来还本付息的责任，政府风险和抵押成本等都太大。但 PRN 则能通过项目建成后产生的持续现金流实现还本付

---

① 参见财政部政府和社会资本合作中心编著:《PPP 模式融资问题研究》，经济科学出版社年份第 1-2 页。

息的目的，同时在一定程度上可以有效隔离政府风险，减轻地方债务危机。

（二）时间上的契合性

PRN项目周期一般比较长，短则5年，长则可能达到15年以上，从而可以更好地保障实现项目还本付息。国内PPP项目也主要集中于基础设施和公用事业的项目，项目周期长且稳定，这与PRN不谋而合。对于新建的项目公司来说，投入多的大型基础项目，通过PRN筹集资金的方式，可以在项目开始产生收益后还本付息，实现项目资金的平滑运行，避免一次性还款带来的资金压力。PRN项目的还款周期大多为中长期，但PRN对募集项目的经营性能力做了硬性的规定[①]，要求必须是未来能够产生持续现金流的项目。

（三）偿还上的契合性

2017年6月1日，财政部发布了《关于坚决制止地方以政府购买服务名义违法违规融资的通知》（以下简称87号文），87号文的发布可以认为是财政部对PPP项目一味的以地方财政收入为单一偿还方式的否定，更多地突出使用者付费的理念是PPP项目未来发展的方向，PRN则正好同这一理念相契合，PRN投融资流程中强调新建项目公司独立运作，政府是不直接或间接参与到整个项目的投融资、建设和经营活动中的，偿还来源也主要是通过项目建成后产生的持续稳定的现金流收益，这充分体现了PPP项目“使用者付费”的理念。

（四）政策上的契合性

目前，我国各地在进行基础设施建设时，当地政府大量举借外债导致多地政府出现了严重的财政赤字，而PRN项目是融资方通过新设立一家公司负责项目的融资和资金的募集，将资金使用到募投项目中，并通过项目的经营性收入实现还本付息；如果投资方看好该项目未来持续盈利能力，另外有完善的投

---

① 高国华:《规范地方融资　项目收益票据应用而生》，载《金融时报》2014年7月5日第7版。

资人保护机制和增信担保的情况下，投资方也更愿意将资金投入项目中来，实现利益的双赢，毕竟本质上，投资者投资的是 PPP 项目所形成资产的未来收益而不是项目公司本身；同时无须当地政府的背书也很好地实现了同当地财政的隔离，地方政府负债风险明显降低。符合 PPP 降低政府财政赤字风险的政策。

但综上，我们也应该认识到 PRN 新设公司在隔离了风险又没有政府作为背书的情况下，使投资者的追溯渠道相应减少，不利于对投资者的保护，所以到目前为止 PRN 注册和发行的也都不是很多，已发行的 PRN 有部分还是由主承销商自己购买的，市场的整体认可度和活跃度还不是很高，由于 PRN 特殊的交易结构，我们认为应鼓励当地投资人进行购买，有效发挥当地投资人的"近约束"作用，也可以弥补全国银行间债券市场交易低迷的现状。

有专家认为："在未来的地方政府债券融资模式将形成包括地方政府债券和项目收益票据的多元化格局。其中，地方政府债券由地方政府自主发行，主要用于没有收益的公益性项目建设；项目收益票据则由项目公司自主发行，主要用于有良好收益和充足现金流的市政项目建设，并以项目自身经营性现金流作为偿债来源。"在我们看来这是一种美好的畅想，PRN 在未来的 PPP 模式中能够发挥多大的作用，和其项目类型选择、增信机制是否完善、评估机制是否公允、信息披露是否充分以及能多大程度调动投资者的积极性等方面都有着密不可分的联系。

六、PRN 操作和投融资决策流程

（一）PRN 操作流程图表

根据《业务指引》中的相关规定和目前已经发行的 PRN 案例来看，PRN 的操作流程可以分为申报前准备阶段、申报注册阶段和发行承销阶段三部分，每个阶段的任务、参与主体和时间安排等参见表 11–3。

表 11–3　PRN 操作阶段表

阶段	任　　务	参与主体	时间
申报前准备阶段	1.聘请主承销商、律师事务所、会计师事务所、评估机构、增信机构；2. 成立 PRN 项目公司；3. 准备 PRN 发行所需的各项文件和材料	项目公司、主承销商以及各中介机构、担保增信机构等	一般在 2 个月左右
申报注册阶段	1.PRN 项目公司通过主承销商向银行间市场交易商协会报送相关材料；2. 银行间市场交易商协会审核注册文件，并做出接受或有条件接受或推迟接受注册的决定	项目公司、主承销商和市场交易商协会等	1–3 个月不等
发行承销阶段	项目公司和主承销商在交易商协会出具《接受注册通知书》后，根据项目进展和金融市场情况择机向投资者发行 PRN	项目公司、主承销商、薄记管理人等	注册有效期为 2 年

1. 申报前准备阶段流程图

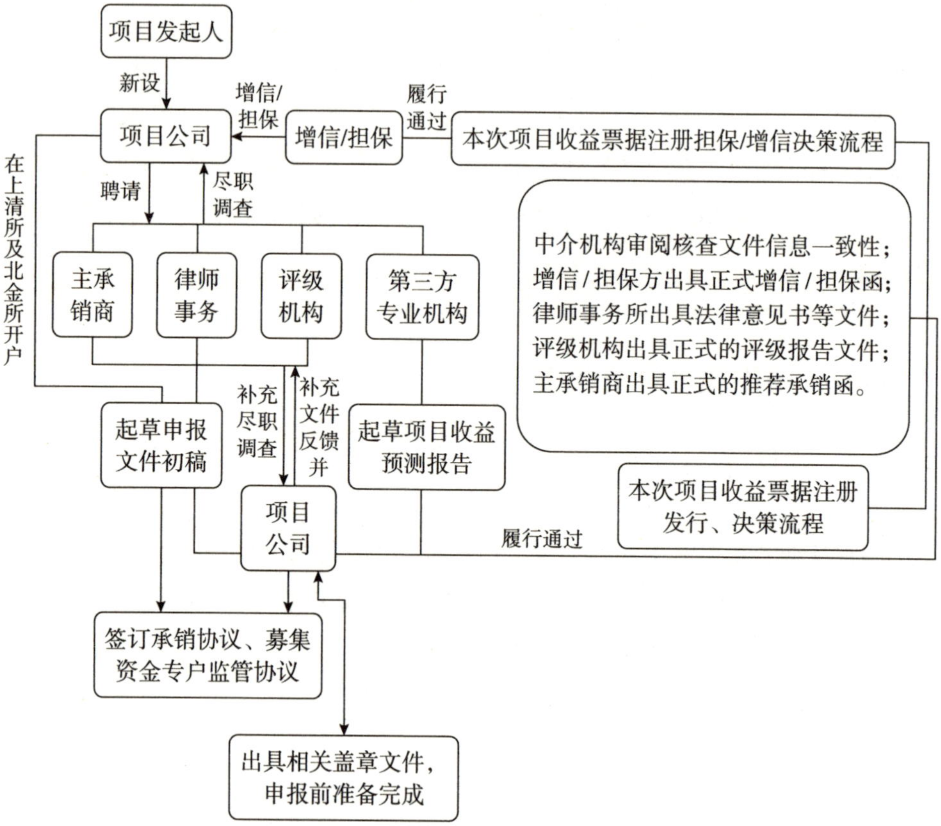

图 11–1　PRN 申报前准备阶段流程

2. 申报注册阶段

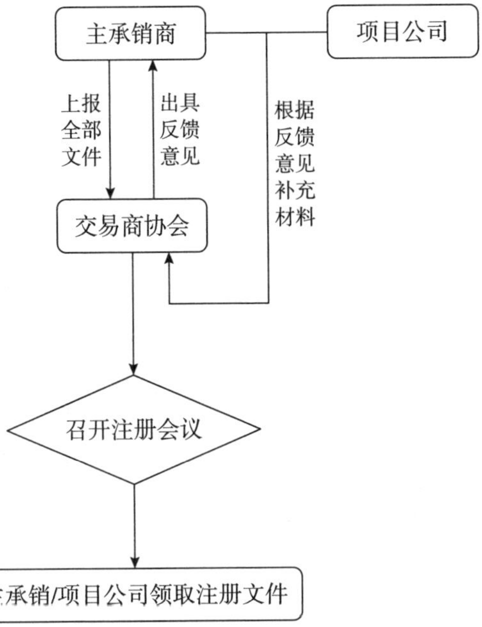

图 11–2　PRN 申报注册阶段流程

3. 发行承销阶段

PRN 发行承销阶段主要是主承销商进行承销发行。

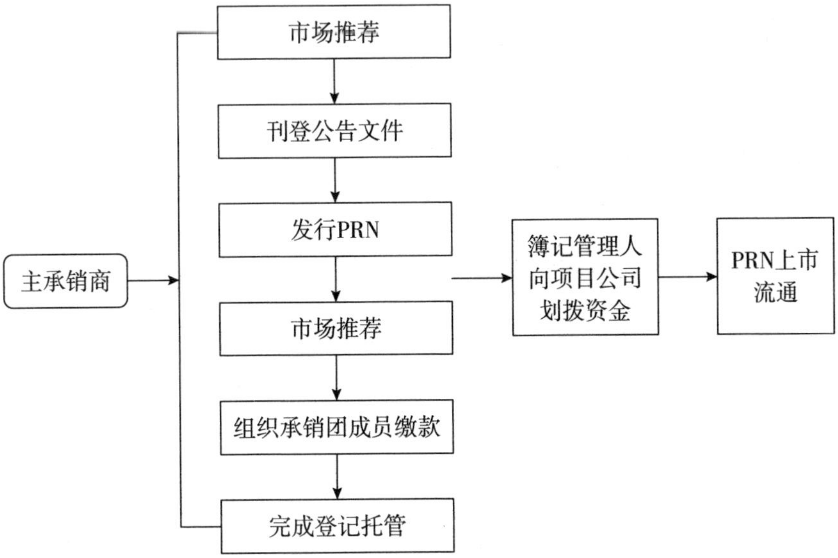

图 11–3　PRN 发行承销阶段流程

（二）PRN 投融资流程

1. 项目的发起人通过设立项目公司负责项目的投融资、建设以及运营管理，并在银行开设募集资金使用专户和偿还资金账户，用于募集资金的划转和票据本金、利息的偿付。

2. 项目公司负责在银行间债券市场负责发行 PRN，由于项目公司多为新设的公司，信用度不高，所以大多需要由专门的增信或担保公司为其增信、担保。

3. 银行间市场投资人和当地投资者投资项目公司在银行间债券市场发行的 PRN。

4. 项目公司以其经营性现金流为主要资金来源偿还银行间市场投资人和当地投资者的投资支出。

根据《业务指引》的相关规定，项目收益票据的投融资流程图如下：

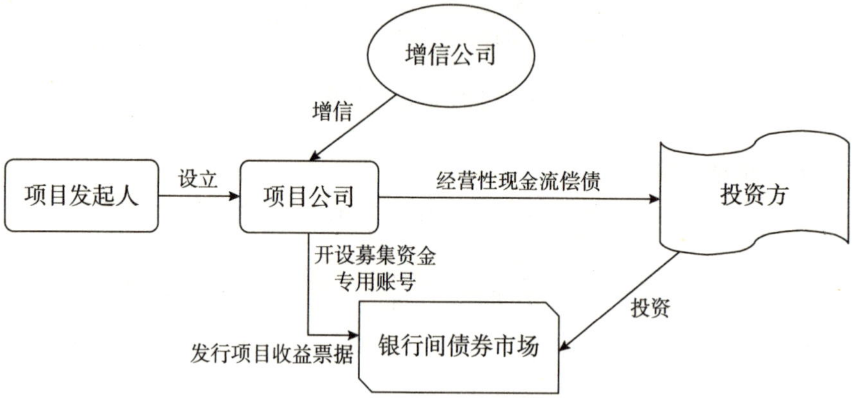

图 11–4　PRN 投融资流程

（三）经营性现金流的管理

PRN 募集资金只能用于指定的拟建或在建工程项目的建设、运营和后期维护，不得挪作他用，这就要求项目公司应该在全国银行间债券市场簿记建档管理。募集资金统一划入项目公司在银行间债券市场开设的募集资金专用账户，专用账户由监管银行统一监管；同时在银行开立偿债资金专用账户，用于结算偿债资金，之后再统一划入中央国债登记公司，统一付息兑付，这样在以现金流为主要偿债来源的 PRN 中，能够更好地保障投资者的合法权益。

（四）增信公司对 PRN 进行增信

在 PRN 中由于项目公司为新设立的项目公司，注册资本少，融资能力差，但在实际运行中，项目公司却需大量的、周期要求长的资金，这就导致投资方并不是很愿意投资，而有增信机构增信或者项目公司用拟建或在建的项目资产抵押对新建的项目公司进行增信，能大大激发投资者的投资热情，也更有利于保障资金的安全。

七、PRN 支持 PPP 融资过程中的障碍、操作难点及解决方法

（一）障碍及操作难点

2014 年 7 月以来的 3 年多时间里，随着 PRN 的陆续成功发行，该种金融工具逐渐进入政府和投资者的视野，然而我们也同时注意到 PRN 这种金融工具也不是尽善尽美的。在支持 PPP 融资过程中，由于我国市政债券市场相关制度建设并不完善，一些配套措施还没有到位，PRN 在实施过程中也暴露出一些不足，或者说 PRN 在支持 PPP 融资过程中主要存在以下障碍和操作难点。

1.PRN 存在一定的风险难以化解

目前 PRN 仍存在着一定的难以化解的风险，这其中主要包括项目投资风险、项目管理风险和项目其他风险等。

项目投资风险方面：由于市场利率随着市场状况、财政状况以及国家货币政策等因素会存在波动性变动，而 PRN 一般时间长而且利率固定，会存在一定的利率风险；由于金融市场和实体市场运营状况的不可确定性，项目回报会受到运营企业运营状况、管理状况等因素的影响，偿付风险也相应增加；PRN 发行后虽然可以在银行间债券市场进行交易流通，但债券市场的活跃度是发行企业未知的，也会带来相应的流动性风险，根据目前已经发行的 PRN 案例来看，PRN 在银行间债券市场的活跃度可以说是非常低的，已发行 PRN 中有些甚至还是由主承销商包销自己购买的，市场整体认可度有待提高。

项目管理风险方面：项目建设之前虽然由专业的评估预测机构对拟建设项目进行了整体的评估和预测，但是大型基础性项目一般周期长、难度大，不确定性因素多，可能存在项目难以保质保量完成的项目建设风险；项目公司一般为新

设立的公司，经验不足，项目完工后是否能运行好，实现持续稳定的项目收益堪忧，会存在运营风险；项目监管银行如果未能按照相关规定对监管项目进行有效监管，出现挪用建设项目资金款项等情况也是可能发生的，因此会存在账户监管风险。

项目其他风险方面：项目是否会有完善的投资人保护机制和增信机制，信用增信公司会对 PRN 存续期发行人应偿还的金额，包括票面利息、违约金、损害赔偿金和实现债权费用提供不可撤销的连带责任保证。若信用增进公司未能按增进协议履行相关职责，则可能会存在一定的兑付风险。

2. 缺乏相应的配套措施，信息披露机制不完善

2014 年 7 月 11 日，银行间交易商协会制定的《业务指引》，对 PRN 发行事项作出相关规定，用以规范项目公司发债行为。然而，《业务指引》并未对 PRN 发行之后的监督管理事项作出清晰明确的界定，并且在没有地方政府担保的情况下，完全依靠项目运营收益作为主要的偿债资金来源，项目信息披露机制的不完善则会在 PRN 未来市场产生一定的阻碍作用。

3. 缺乏多元化的投资者体系，投资主体单一

PRN 作为在银行间市场交易商协会发行的市政债券的一种，其收益相较于国债来说是要高的，而在有增信担保的情况下风险一般是低于企业债券的，是投资者可以选择的相对理想的投资工具。目前 PRN 的主要投资人仍旧是当地的金融机构，这样的投融资主体在形成外部的"近约束"作用方面是有利的，但所在地投资人的过度集中在一定程度上会加大非系统性风险在 PRN 发生投资中的可能性。而且，项目所在地金融机构投资能力非常有限，在没有充分利用民间资本的投入时，通常情况下是难以满足重大工程项目对大额资金的需求的，而从目前的发行状况来看，银行间市场投资人投资 PRN 的意愿并不高，在银行间债券市场的活跃度也不高。因此，PRN 要想更好地契合 PPP 投融资的需求就必须从多方渠道融资，尤其是让外地投资人愿意投入本地的 PRN 项目，构建起多元化投资者体系是项目收益票据市场健康发展必不可少的条件。

4. 缺乏专业的中介机构，服务体系不健全

PRN 要想在银行间债券市场得以快速发展，需要中介机构利用专业的评估方法和评估体系来为其提供专业性和独立性的分析报告。而我们知道 PRN 项目公司多为新设立的公司，该新设立的公司是专门为了该项目而建立的，之前并未从事过生产经营活动，这就导致在中介机构的分析报告中缺乏一定的历史财务数据作为支撑，对该项目未来的盈利能力和发展前景等的预测在无可借鉴的情况下做出，评估机构的评估过程是必须要遵循一定原则和标准的，如果没有针对新设项目公司的评估体系和方法，那么现有的评估机构很难完全做出正确的评估。同时，由于采取隔离措施，没有政府的隐性担保和资产抵押，对项目的风险认定和信用增进也需要更加专业的增信公司完成。目前，由于现有 PRN 承销利润不足，中介费用偏低，愿意承做 PRN 项目的中介机构还不多。因此，尚难以建立起专门服务 PRN 的中介机构，项目票据服务体系也没有很好地建立起来。在相关体系和制度尚不健全的情况下，项目公司与中介机构之间往往会发生不合法的寻租现象，原有的信用评级机构的评级报告结果也难以让人信服，这对 PRN 的可持续发展带来了一定的障碍。

5. 缺乏落实相关产品设计机制的实践，有待进一步优化

PRN 在产品设计之初是希望通过新设立项目公司与地方政府及其相关机构进行彻底的风险隔离，杜绝地方政府的隐性担保，这样可以实现地方政府债务更加透明化。但随着项目的逐渐开展，由于相应的配套措施没有做到位，为了使得 PRN 能够尽快发行成功，部分已发行的案例中往往采取项目母公司向发行主体先行注入部分启动资金，用以解决企业建设资金需求问题，以定向非公开的方式向特定的投资者募集资金的方式发行。

综上，我们认为 PRN 的设计者努力创新的目的是使该产品更具有可操作性和实践性，但不可否认，目前银行间市场交易商协会的现有 PRN 发行方案还有很多可以完善和增进的地方，相关项目机制有待进一步的优化提高。

（二）解决方法

目前的 PRN 在发行过程中还存在着很多的不足和障碍，但其优点更不容忽视，这就需要我们采取有效的措施，解决其存在的问题和应用难点，我们认为可以采用以下的解决方法：

1. 进一步完善 PRN 体系，合理规避、缓释风险

上文中，我们也提到在 PRN 的实施案例中，存在一些固有的风险是难以避免的，但我们也知道任何一种债券都会有一定的风险，有风险并不可怕，只要找到相应的解决措施，合理规避、缓释风险，PRN 还是会发挥更加积极的作用的。

2. 完善增信、担保等风险缓释措施

新建项目公司发行 PRN，投资者担心投资风险过高，到期不能还本付息是情有可原的。这就更要求 PRN 进一步完善增信和担保机制，在选择增信公司时要优先选择信用能力高、公司治理结构完善、运作规范，并具有相应资格和资质的增信公司，能够在项目公司不能还本付息时，承担起连带债务清偿责任；另外，我们认为也可以用拟建或在建项目进行资产抵押担保，有不动产做抵押，投资者的投资顾虑会明显减轻。

3. 强化前期风险识别能力，允许后期浮动变更风险等级

上文中，我们也提到由于 PRN 评级机构是在没有项目公司历史记录的情况下做出的信用风险等级评估，这就要求评级机构更要加强注意义务和诚信义务，在全面审查项目申报相关资料的同时，合理借鉴类似工程项目的投资回报率做出等级评定，并允许在后期建设和运营过程中根据现实情况浮动（主要是下调）交易风险等级。

4. 扩大项目收益票据的发行范围，加强产品创新

我国目前有相当数量的“城投债”具有“准市政债”的特征，我们可以以 PRN 的发行为契机，以改造符合条件的“城投债”为起点，扩大项目收益票据发行范围。现在的“城投债”以土地出让金与地方政府补贴为还款来源，这导致投资人一般是不会去关心投资项目的建设、运营和管理情况的，那么如果发行人不披露项目的相关信息的情况下，地方政府的偿债能力和债券市场的约束机制可能会出现无法正常发挥实效的情况。建议明确“城投债”中以市政公用事业为投向、以募投项目自身经营性收益为主要还款来源的部分为基础，鼓励引导符合条件的企业和项目通过必要的技术改造，在银行间市场发行项目收益票据解决市政建设资金需求，避免行政审批的低效率。

地方政府建设城市基础性设施，需要大量的资金投入，这需要 PRN 能够做到与时俱进，进一步创新机制系统。怎样做到 PRN 的发行机构与地方政府及其相关机构风险的隔离，不需要母公司再向发行主体先行注入启动资金，这需要更科学的体系设计。我们认为产品创新可以从以下几个方面实现：投资资本金摊余方式机制创新，应该向着更长期和金融市场周期错配平滑运行；完善金融市场风险和资金流动风险的预防；鼓励 PRN 向资本市场公开发行，更好地接受市场约束和公众监督。

5. 完善配套服务体系，增强外部约束

PRN 要想在银行间债券市场得以快速发展，需要中介机构为其提供专业性和独立性的分析报告。那么我们提议应该建立专业的 PRN 评估中介机构和评估体系。PRN 及其发行方具有独特的制度背景和财务特征，对其盈利能力、偿债来源、偿债意愿和能力的评估，也应由更加独立的队伍、采用更专业的方法。为推动 PRN 良性发展，需建立一套科学合理的信用评估体系，包括独立的评估队伍、专业的评估指标和方法，有效发挥揭示信用风险的作用，为投资者提供决策参考，为管理部门提供有效信息。

加强项目收益票据信息的公开，引入外部监管体系，如银行间市场交易商协会的监管、证券监督管理委员会的监管和国有资产监督管理委员会的监管等。

八、典型案例

本章以湖南长沙会展中心投资有限责任公司 PRN 为例进行解析。

（一）背景介绍

会展业是指通过举办各种形式的会议和展览展销，为参展商和观众提供会议和展览服务，从而产生直接或间接经济效益和社会效益的产业。按照一般国家标准（GNS）服务部门分类法，会展业属于现代服务业。会展业涉及工业、农业、商贸等诸多产业，对结构调整、开拓市场、促进消费、加强合作交流、扩大产品出口、推动经济快速持续健康发展等发挥重要作用，在城市建设、精神文明建设、和谐社会构建中显示出其特殊的地位和作用。①

在全国会展业蓬勃发展的当下，总体而言，长沙的现有会展收入占比以及会展场馆设施方面不仅严重落后于北京、上海、广州等一线城市，而且也不及

---

① 参见湖南长沙会展中心投资有限责任公司 2015 年度第一期项目收益票据募集说明书中对会展业的相关介绍。随着经济全球化的不断深入和市场经济的不断完善，会展业以其强大的功能、不可替代的作用及崭新的形象，正在迅速崛起并成为第三产业中一个举足轻重的新兴行业。尤其是近几年来，中国会展业更是发展迅速，进入年均增长 20% 的快速发展时期，而湖南省长沙市作为“星城”“快乐之城”，现有的会展场馆设施落后，新建会展场馆已刻不容缓。

近年来飞速发展的中西部城市，如武汉、西安、郑州、和成都等，这不仅严重制约了湖南第三产业的发展，而且对于城市总体定位和城市品牌效益等方面都有影响。但新建大型的基础设施前期需要足够的资金投入，如何既能够如期开展工程项目的建设、运营，又不增加地方政府的担保风险和偿债压力，还能如期偿还投资人的投资和利息收入，在这样的背景下，湖南省长沙会展中心投资有限责任公司引入 PRN，到银行间债券市场投融资机制应运而生。

2015 年 7 月湖南长沙会展中心投资有限公司开始进行 PRN 发行并募集资金。注册资本 20 亿元；并于本期注册发行 8 亿元，分 15 年偿还，其中前 5 年只需偿还每年的利息，后 10 年每年摊还本金的 10% 和每年的利息；由中债信用增信投资股份有限公司为本期项目收益票据本息提供不可撤销的连带责任担保；并由大公国际资信评估有限责任公司和中债资信评估有限责任公司，为发行人的债项信用等级进行评级。

（二）本期 PRN 基本情况

定向工具名称：湖南长沙会展中心投资有限责任公司 2015 年度第一期 PRN

项目名称：长沙国际会展中心建设工程

注册额度：20 亿元，分三期发行（8+6+6），本次为第一次发行金额 8 亿元

融资 / 计息期限：15 年（其中前 5 年只需偿还每年的利息，后 10 年每年摊还本金的 10% 和每年的利息）

建设地点：项目位于长沙市黄黎组团浏阳河东岸，南起香樟路的东延线，东至梯塘路，西临浏阳河，北接中轴大道，位于城市重要的交通节点。

建设内容与规模：长沙国际会展中心定位为集展览中心、会议中心、商务中心、购物中心、娱乐中心和接待中心于一体的复合功能区中的核心场馆，主要建设内容包括：室内展览馆、展厅辅助、登陆厅、会议配套、公共交通空间、餐饮中心、地下室、展示广场等。会展区总用地面积 870 亩（含周边道路，净用地面积 795.5 亩），拟建地上建筑面积约为 300705 平方米，地下建筑面积约为 132704 平方米，总建筑面积共 433409 平方米。投资估算与资金来源：本中心总投资 578153.71 万元，其中：建筑工程费 281002.41 万元，设备购置费 39958.25 万元，设备安装费 89565.33 万元，其他费 28707.77 万元，基本预备费 35138.70 万元，土地费 41551.20 万元，建设期利息 55095.70 万元，管线拆迁费 1000 万元，

铺底流动资金 353 万元。[①]

（三）本期 PRN 交易结构

本期 PRN 主要参与主体如表 11–4，交易结构如图 11–5 所示：

表 11–4　本期 PRN 主要参与主体一览表

机构角色	机构名称
发起人	湖南长沙会展中心投资有限责任公司
主承销商	交通银行股份有限公司
其他承销团成员	国泰君安证券股份有限公司
簿记管理人	交通银行股份有限公司
发行对象	全国银行间债券市场机构投资者 （国家法律法规禁止的投资者除外）
增信 / 担保公司	中债信用增进投资股份有限公司
信用评级机构	大公国际资信评估有限公司；中债资信评估责任有限公司
律师事务所	湖南金州律师事务所
会计师事务所	大信会计师事务所（特殊普通合伙）长沙分所
评估预测机构	亚太（集团）会计师事务所
登记、托管、结算机构	银行间市场清算所股份有限公司
技术支持机构	北京金融资产交易所有限公司

① 相关资料和数据来源于中国银行间市场交易商协会网站的公布，网址：http://www.nafmii.org.cn/，最后访问日期 2017 年 11 月 30 日。

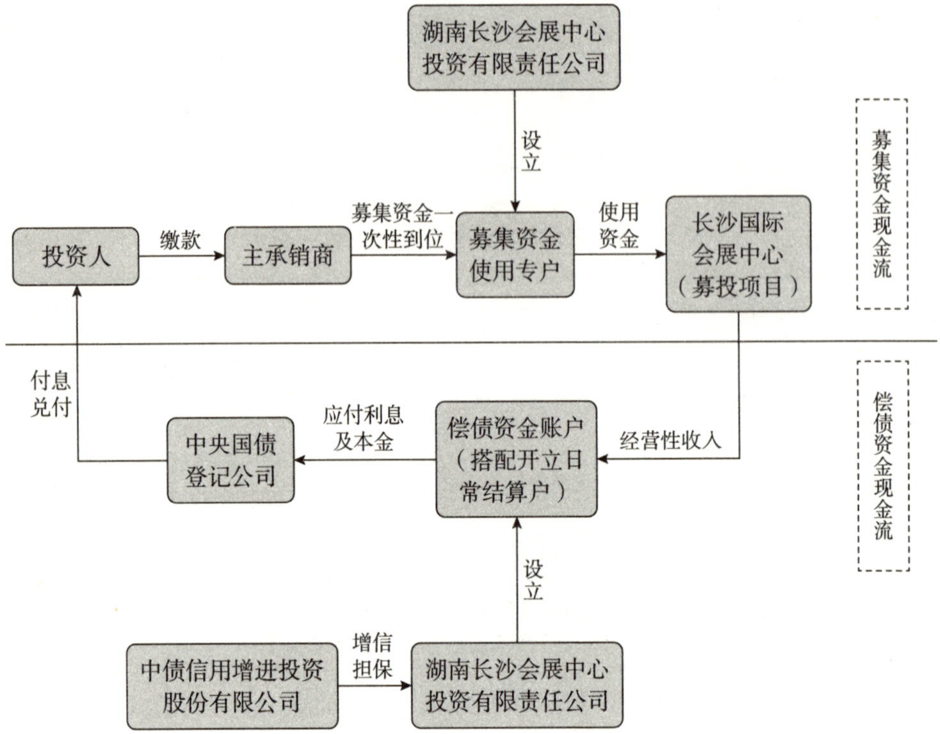

图 11-5 本期 PRN 交易结构[①]

本期 PRN 项目的操作流程如下：

1. 长沙市的项目实施主体即发行人在交通银行开设募集资金使用专户和偿债资金专户，用于募集资金的划转和票据本金、利息的偿付。

2. 本期 PRN 的募集资金将划入募集资金监管账户，该账户由监管银行交通银行监管，资金划出必须用于长沙国际会展中心项目，不得挪作他用。

3. 本期票据还本付息的首要也是最主要的资金来源是长沙国际会展中心的运营收入，长沙国际会展中心所产生的主要运营收入将划入公司日常结算户，偿债资金由日常结算户再划转至偿债资金账户，上述账户均由监管银行进行监管。本期 PRN 存续期的第 1 个至第 5 个计息年度期间，公司承诺在每年付息日的第 7 个工作日前，确保偿债资金账户有足额资金支付当期应付利息；本期项目

① 湖南长沙国际会展中心 2015 年度第一期项目收益票据交易结构资料来源于：《湖南长沙会展中心投资有限责任公司 2015 年度第一期项目收益票据募集说明书》，第 20 页。

收益票据存续期的第 6 个至第 15 个计息年度期间，公司承诺在每年付息日或兑付日的第 7 个工作日前，确保偿债资金账户有足额资金支付票据应付本息。

4. 本期票据的经营性现金流若出现无法覆盖本息的情况，中债信用增进投资股份有限公司将履行其不可撤销的连带责任保证，代发行人偿付本息。

5. 发行人口头承诺募投项目产生的运营收入将优先偿还本期票据。因尚未出具书面承诺函，故在交易结构中，视本期票据与项目未来可能存在的其他融资借款享有同等受偿权。

（四）湖南长沙会展中心投资有限责任公司发行本期 PRN 的可行性分析

1. 项目建设方角度

随着长沙市城市化的不断推进，大批城市基础设施正在规划兴建，而这些大型基础设施的兴建需要大量的资金投入，单纯依靠地方政府的财政拨款是难以满足的，项目建设对资金的迫切需求，财政投入的难以为继，这些均需要引入市场的融资方式来满足资金的需求。

目前国际上新建大型基础设施项目多采用的融资方式有：BOT、项目收益债券、企业债、中期票据和向银行贷款等，这些融资方式虽然在一定程度上帮助解决了项目建设的资金需求问题，但却使更多的市场风险转移到了地方政府部门，稍有不慎就可能会引发更大的市场金融风险。这时，通过开展 PRN 工作支持城镇化建设，借助金融市场平滑城镇化项目建设支出与收入的周期错配，能够更好地实现项目建设“财务成本在时间轴上的平移分布”；另外 PRN 坚持“使用者付费”的理念，也有利于防范和化解地方政府债务风险，是金融支持实体经济的有益尝试，也是银行间债券市场未来发展的可能方向。

2. 项目投资方角度

投资 PRN 其收入是相对稳定的，PRN 投资的票据多为非公益性的，未来会产生持续稳定的现金流的收益性项目。例如，本案例中投资的湖南长沙国际会展中心，我们可以大胆地预估该项目在未来可以通过举办展览会、租赁等产生持续稳定的现金流，并且在湖南长沙国际会展中心投资有限公司的 PRN 募集说明书中我们可以清楚地看到其第 13 章为《投资者保护》，制定了相对完善的措施来保障项目投资者的合法权益，并且有中债增进投资股份有限公司为项目进行增信，为项目承担不可撤销的连带责任保证。项目投资方可以在相对安全的情况下获得可观的投资回报，这也是项目投资方期许看到的。

九、相关法律文件

1.《银行间债券市场非金融企业债务融资工具管理办法》（中国人民银行令〔2008〕第1号）

2.《关于2014年深化经济体制改革重点任务的意见》（国发〔2014〕18号）

3.《项目融资业务指引》（银监发〔2009〕71号）

4. 2014年7月11日中国银行间市场交易商协会发布《银行间债券市场非金融企业项目收益票据业务指引》，该指引于2014年6月24日经交易商协会第四届常务理事会第二次会议审议通过，并经人民银行备案同意。

第十二章

通过资产支持票据实现 PPP 融资

一、资产支持票据的概念

资产支持票据是一种债务融资工具，该票据由特定资产所产生的可预测现金流作为还款支持，并约定在一定期限内还本付息。[①]资产支持票据通常由大型企业、金融机构或多个中小企业把自身拥有的、将来能够生成稳定现金流的资产出售给受托机构，由受托机构将这些资产作为支持基础发行商业票据，并向投资者出售以换取所需资金。资产支持票据在国外发展比较成熟，其发行过程与其他资产证券化过程类似，即发起人成立一家特殊目的公司（Special Purpose Vehicles，SPV），通过真实销售将应收账款、银行贷款、信用卡应收款等资产出售给 SPV，再由 SPV 以这些资产作为支持发行票据在市场上公开出售。

二、我国资产支持票据的发展

在我国，资产支持商业票据业务的实践工作也在不断推进。2000 年，中集集团与荷兰银行合作，将公司的 8000 万美元应收账款以资产支持商业票据的形式在国际市场上进行销售。2012 年 8 月 3 日，银行间市场交易商协会正式发布了《银行间债券市场非金融企业资产支持票据指引》，标志着我国的资产支持票据（ABN）正式推出。根据指引规定，发行人限于非金融企业，基础资产需权属明确，不得附带抵押质押等权利限制，产品在银行间债券市场发行，由基础资产所产生的现金流作为还款支持，约定在一定期限内还本付息，发行人可选择公开发行或非公开定向发行，在发行时，需要披露包括募集资金用途和基础资产及现金流情况，公募票据要求双评级，并在指定网站公告披露信息。指引

① 陈砚之、袁洋：《资产支持票据：融资工具的后起之秀》，载《现代金融》2016 年第 12 期。

中未对私募票据作强制评级要求，相关信息披露也可由买卖双方在《定向发行协议》中自行约定。同时，指引要求在资产支持票据债项评级下降、基础资产现金流恶化或其他可能影响投资者利益等情况、资产支持票据发生违约、发生基础资产权属争议时，设置投资人保护机制。根据中国银行间市场交易商协会发布的数据，2018 年接受 ABN 注册能知书达到 129 号之多，截至 2019 年 7 月，已接受 ABN 注册通知书 60 号。

三、资产支持票据的特点及意义

（一）资产支持票据的特点

1. 基础资产

《资产支持票据指引》要求基础资产符合法律法规规定，权属明确，能够产生可预测现金流的财产、财产权利或财产和财产权利的组合，且不得附带抵押、质押等担保负担或其他权利限制。用来支持资产支持票据发行的基础资产可以分为两类[①]：一类是债权，指原始权益人基于协议享有的对债务人的债权，该债权是单纯的权利，不存在待给付的义务，一般可包括 BT 模式应收款、一般企业的应收款等，主要特征：第一，债权人已经履行完毕所有与收取款项相关的义务；第二，应收款确定可计量；第三，应收款不应有权利限制，已被质押的企业应收款不得作为基础资产；第四，企业应收款的付款方应有良好的信用自治、经营业绩和支付记录。另一类是收益权，指原始权益人基于对基础资产的所有（或占有）、使用而享有的收益权，常见的有污水处理收费、垃圾处理费收入、电费收入、高速公路收费收入、桥梁隧道通行收入、地铁收入、港口及机场跑道收费收入等未来能够产生稳定现金流入的收益权类资产，只要未来能够产生稳定现金流的资产（如收益权类基础资产）都可以考虑。主要特征为：第一，收益权产生的现金流应该能够被有效、准确地计量；第二，市政公共收费业务或交通及服务收费业务需得到相关政策支持；第三，收费权上不得附带权利限制；第四，收益权对应的现金流应该可以特定化。

---

① 参见中国银行间市场交易商协会编写组：《资产支持票据理论与实务》，中国金融出版社 2015 年版。

2. 资产隔离

按照美国资产证券化的成熟经验，发起人一般要将其能产生现金流的资产出售给特殊目的载体（SPV），然后由 SPV 创立以该现金流为支持的证券产品，再出售给投资者。而 SPV 的主要功能正是在于隔离资产出售人和被出售资产之间的权利关系。SPV 可以分为特殊目的公司（SPC）和特殊目的信托（SPC）两种形式，在我国现有《公司法》和《破产法》等法律体制下，资产证券化产品的风险隔离基本都是通过信托实现的。例如，银行的信贷资产证券化采取的就是这种形式，即将基础资产设定为信托资产，转移给受托人所有，再由受托人发行相关证券化产品。而指引中并未强制要求设立 SPV，或对其他风险隔离形式进行明确要求[①]

3. 增信措施

实践中主要有内部信用增级和外部信用增级两种方式。外部信用增信方式主要由第三方提供信用支持，如银行提供信用状、保险公司提供债券保险、公司提供担保，或者从第三方获得次级贷款，即索偿顺序在证券化产品之后，保证在现金流恶化时证券化产品能首先获得及时偿付。外部法操作流程简单，在证券化发展的初期十分流行，但担保成本较高，并且最大的问题在于证券化产品的信用实质上依赖于担保人的信用。一旦担保人的信用评级被降低，证券化产品的评级也将受到拖累。内部信用增级法依据交易结构资深设计来完成。如设立超额利差账户（即可以弥补基础资产现金流遭受的违约损失，也可以防范发起机构和资产管理服务机构的运营风险）；设立准备金账户或现金担保账户；设计优先级、次级的分层结构；对基础资产的总值进行超额担保，等等。目前，我国资产支持票据产品主要采用内部信用增级方式，不强制要求外部担保。

（二）与其他融资类工具比较

1. 债务融资类

债务融资类金融工具中，信贷资产证券化与专项资产管理计划同资产支持票据最相类似。通过对比三者的发起机构、交易模式、基础资产、主管机构等方面，可清晰显示出资产支持票据的各项特点（见下表）：

---

① 周文佳：《资产证券化创新之资产支持票据业务探析》，载《时代金融》2013 年第 32 期。

表 12-1 债务融资类金融工具对比

	信贷资产证券化	专项资产管理计划	资产支持票据
发起机构	金融机构	主要为非金融企业也包括部分金融企业（如金融租赁公司等）	非金融企业
交易模式	发起机构将信贷资产信托给受托机构	证券公司以计划管理人身份面向投资者发行资产支持受益凭证，用受托资金购买基础资产	企业发行资产支持票据应设置合理的交易结构，不得损害股东、债权人利益
基础资产	主要是信贷资产（含不良信贷资产）	主要是企业应收款（债券）和收益权	符合法律法规规定，全书明确，能够产生可预测现金流的财产、财产权利或财产和财产权利的组合
主管机构	中国人民银行、中国银监会（审核）	中国证监会（核准）	交易商协会（注册）
发行方式	在全国银行间债券市场公开或定向发行	公开发行或非公开发行	公开发行或非公开发行
交易市场	全国银行间债券市场	证券交易所、中国证券业协会机构间报价与转让系统、证券公司柜台市场以及中国证监会认可的其他交易场所	全国银行间债券市场
登记托管机构	中央国债登记结算有限公司	中国证券登记结算有限公司	上海清算所

2. 资产支持类

可见，资产支持类金融工具中，资产支持票据在产品期限、信用评级方面与 MTN、CP、PPN、SCP 等均有差异，信用评级要求相对较低。

表 12-2　资产支持类金融工具对比

	ABN	MTN	CP	PPN	SCP
产品期限	1 年及以内	1 年以上	无限制要求	无限制要求	270 天及以内
募集资金用途	应符合法律法规和国家政策要求，如投资建设项目、偿还银行贷款补充运营资金等	应用于符合国家法律法规及政策要求的企业生产经营活动，如偿还银行贷款、补充营运资金等	应用于符合国家法律法规及政策要求的企业生产经营活动，如偿还银行贷款、补充营运资金等	应符合法律法规和国家政策要求，如投资建设项目、偿还银行贷款补充运营资金等	应用于符合国家法律法规和政策要求的流动资金需要，不得用于长期投资
信用评级	公开发行城需评级，非公开定向发行由发行人与投资者协商确定	需评级	需评级	发行人与投资者协商确定	企业如已在银行间债券市场披露有效评级则无须重复披露
托管机构	上海清算所	中央结算公司	上海清算所	上海清算所	上海清算所

（三）资产支持票据推出的意义

1. 背景意义

为贯彻落实《中共中央国务院关于深化投融资体制改革的意见》（中发〔2016〕18 号）、《国务院关于创新重点领域投融资机制鼓励社会投资的指导意见》（国发〔2014〕60 号）等文件精神，推动 PPP 项目通过资产证券化方式融资，2016 年中国证监会与国家发展改革委联合发布了《关于推进传统基础设施领域政府和社会资本合作（PPP）项目资产证券化相关工作的通知》（以下简称《通知》）。根据《通知》要求，中国证监会将与国家发展改革委加强合作，充分依托资本市场，积极推进符合条件的 PPP 项目通过资产证券化方式实现市场化融资，优先鼓励符合国家发展战略的 PPP 项目开展资产证券化。上海证券交易所、深圳证券交易所、中国证券投资基金业协会将建立专门的业务受理、审核及备案绿色通道，专人专岗负责，提高国家发展改革委优选的 PPP 项目相关资产证券化产品的审核、挂牌和备案的工作效率。从我国推广 PPP 项目资产证券化的实践情况来看，以收益权为基础开展的 PPP 项目资产证券化相对成熟。其中，资产支持票据模式作为以收益权为基础资产的模式之一已在实践中取得初步成果。

2. 价值意义

第一，有利于盘活企业资产，拓展企业融资渠道。对于企业拥有的相当数量有市场价值、能产生稳定现金流的资产，用金融工程技术盘活这类资产，将为金融支持实体经济开辟新的途径，可以支持更多民生领域建设，促进中国城市化进程。

第二，有利于丰富债券品种，推进市场发展。随着债务融资工具市场的快速发展，进一步丰富金融产品成为市场发展的内在要求。资产支持票据的推出将为市场引入结构化产品，有利于进一步发挥场外金融市场优势、满足发行人和投资人的个性化需求，推进银行间债券市场功能提升。

第三，有利于缓解信用评级企业的融资状况。对于信用级别较低、发行较为困难的企业。如这类企业拥有一部分有稳定现金流的资产，可以用证券化技术剥离出来、加以盘活，使原来难以发行的信用债，转化为债项评级相对较高的证券化产品，相对缓解低信用评级企业的融资状况。

四、资产支持票据的优势与劣势

（一）优势

相比信贷资产支持证券和企业资产支持证券，资产支持票据具有显著的特征。

第一，基础资产范围广泛。资产支持票据的基础资产范围同交易所企业资产证券化的基础资产范围较为接近，而且与短期融资券和中期票据在各自指引中规定待偿还余额不得超过企业净资产的 40% 不同，《资产支持票据指引》中并未明确规定净资产 40% 的比例限制。发行人拥有的已建成的、有稳定现金流的项目或者项目收益权，只要其现金流能够覆盖资产支持票据的本息支付要求，就可以进入遴选范围。

第二，投资者享有双重追索权。资产支持票据是表内融资，发行人对票据有最终偿还义务。投资者对基础资产和发行人有双重追索权，即资产的现金流用于票据偿付，不足时由发行人以自身经营收入补偿。

第三，不强制规定采用特殊目的载体（SPV）。现有《资产支持票据指引》

规定资产支持票据的发行人为非金融企业，因此尽管理论上资产支持票据可采用有特殊目的载体的破产隔离结构，通过引入特殊目的载体在资产支持票据中形成真实出售，但是目前国内可以担任特殊目的载体的特别目的信托（SPT）和券商或基金子公司专项资产支持计划并不能满足非金融企业的规定。

（二）劣势

2012 年 8 月，交易商协会公布了《银行间债券市场非金融企业资产支持票据指引》，首次发行了三只资产支持票据产品。但受制于先天缺陷，传统型 ABN 并未如预期快速发展，迄今为止仅发行 220 亿元左右，市场影响力较小。限制传统型 ANB 发展的主要是交易结构缺陷，具体表现如下：

一是无法实现风险隔离。由于《资产支持票据指引》不强制要求设立特殊目的载体（SPV），第一批发行的资产支持票据均以原始权益人直接作为发起人，在主承销机构设立资金监管专户，明确基础资产的未来现金流直接进入资金监管专户，但基础资产仍属于发起人，体现在发起人的资产负债表中，不能实现基础资产的真实出售和破产风险隔离。[①] 这类产品的性质在某些方面更接近设置应收账款质押的一般信用债。当原始权益人发生破产时，发起人与主承销机构签署的协议无法对抗善意第三方，其他债权人对于资产支持票据项下的基础资产仍享有追偿权，产生的现金流将被视为清算资产的一部分，存在被强制分配给其他债权人的可能性。

二是增信作用有限。传统型 ABN 有担保资金池，因此债项级别一般不低于原始权益人的信用级别，但因未能实现破产风险隔离，其增信作用有限，很难增信到 AAA 的最高信用等级。这使得原始权益人自身的信用等级对资产支持票据信用等级影响很大，呈高度正相关状态。因此，对市场上各方的吸引力有限，长期发展受到一定限制。

三是无法实现出表。由于传统型 ABN 交易结构的限制，无法满足会计出表的要求，对于存在出表需求的企业缺乏吸引力，缺乏激励去鼓励企业交易相关产品，制约市场规模的扩张。

---

① 朱易捷：《国外整体业务证券化模式对我国 PPP 资产证券化的启示》，载《金融纵横》2017 年第 7 期。

五、资产支持票据与 PPP 的契合性

（一）基础资产选择上的契合性

基础资产方面，资产证券化的基础资产既可以是财产，也可以是某种财产权利或多种财产权利的组合。财产诸如基础设施等实物不动产，财产权利诸如信贷资产、企业应收款、租赁债权等既有债权类资产以及基础设施收益权、不动产收益权等，即收益类资产。值得注意的是，以地方政府为直接或间接债务人的基础资产被明确禁止实施资产证券化，例外是 PPP 模式下政府按照事先公开的收益约定规则应当支付或承担的财政补贴，该条规定为 PPP 资产证券化打开了施行通道。资产支持票据要求基础资产必须是已建成、可产生稳定可预测现金流的项目，不包括正在建设的设施，据此，PPP 模式下的已完工 BOT（Build-Operate-Transfer，建设 – 经营 – 移交）、BOO（Build-Own-Operate，建设 – 拥有 – 运营）、ROT（Renovate-Operate-Transfer，改建 – 运营 – 移交）、TOT（Transfer-Operate-Transfer，移交 – 经营 – 移交）项目回收款、应收账款等既有债权以及 OM（Operation And Maintenance，运营 – 维护）、MC（Management Contract，管理合同）项目未来运营收益权等均可以作为资产支持票据的基础资产。

我国已发行的资产支持票据主要有债权类基础资产和收益权类基础资产两种，其中收益权，特别是基础设施类收益权是 PPP+ABN 模式中的主要运用的基础资产类型。基础设施收益权为未来收益权，指为满足市民一般生产生活需要的公共服务设施事业，主要包括水、电、热、交通、电信等事业。城市供水、供电、供热、交通、电信等公用事业收益权在目前市场经济运行良好的大背景下具有收益稳定、数额大的特点，且通常具备地方政府的信用背书，与资产支持票据中对基础资产产生稳定现金流的要求相契合。但应强调的是，资产支持票据对基础资产的要求为未来产生稳定现金流，是对未来收益权的保障性要求，而不能理解为对基础资产本身的价值评判。即使基础资产自身建设情况极为优质也不可断然认定其具有产生稳定现金流的能力。故在前期论证项目未来产生现金流能力时，不应以基础资产本身价值为论证对象，而应综合往期项目回报率、类似项目运营情况、发行人主体信用能力等指标科学合理预测项目能力。

另外，PPP 模式中不可避免地涉及特许经营权的转让问题。这里的问题是，

PPP 特许经营权在我国现行法律框架下能否被合法转让以作为资产支持票据的基础资产？首先，特许经营权多存在于涉及公众日常生产生活的产业及服务，如供水供电供热、通信、交通等领域。在这些领域设立特许经营权的目的在于提高此类事业的市场准入门槛，严格把控经营主体资格，以保障公共产品和服务的质量。基于此种特殊目的，特许经营权的主体资格被严格限制，不可随意转让。其次，PPP 特许经营权的获取均经过法定程序，不排除竞争等形式，若允许 PPP 特许经营权的任意转让，则将导致前置限制程序形同虚设。最后，PPP 特许经营权的取得主体有严格的资格限制，资产支持票据过程的受让方通常难以满足相关资格限制。因此，PPP 项目中的特许经营权无法在 ABN 中转让成为合格的基础资产。实务操作情况下，在 ABN 过程中可以通过分离特许经营权与公用事业收益权来避免特许经营权转移的限制带来的不便。二者的分离是完全可行的，特许经营权指对某一类产品或业务经相关行政机关行政许可后独占经营的权利，而收益权是因提供产品或服务而有权接受相应收益的权益，公用事业的收益权虽因特许经营权而产生，但并非捆绑权利，故二者是可分的。由于我国对公用事业的特许经营主体市场准入要求较为严格，在实务中通常将经营权与收益权分离，以收益权为基础资产进行资产证券化。实践中，PPP 资产证券化所涉及的公共交通行业的收益权已有明确法律依据可以进行转让；而对于供热供水、污水处理等特许经营行业的收益权转让问题，根据相关法律文件及指导性案例对以上特许经营行业的收益权质押准许态度可以推断出其转让的可行性。

（二）期限上的契合性

PPP 基础设施项目的生命周期较长，包括投资期和运营期在内的整体周期多为十年至二十年甚至更长，而资产支持证券化产品的期限普遍较短，通常不超过五年，资产支持票据对发行期限没有明确的期限限制，一般为中长期。PPP 项目的长生命周期是投资者止步的重要因素之一，诸如银行、基金公司等投资机构通常希望在较短时间内获得令人满意的投资回报，而 PPP 动辄十年以上的投资期限不能满足投资者的收益需求。表面上看来，PPP 与 ABN 的期限存在严重分离，不能匹配，但只要在结构上进行一定调整，即可解决二者期限错配的问题。为解决 PPP 项目期限较长的融资困难，一方面，可将 PPP 项目基础资产的现金流按期限作划分处理，分阶段发行资产支持票据，根据现金流到期时间发行较短期限的证券。另一方面，除对 PPP 作结构上的处理外，投资主体的选择也是解决发行期限错配的途径之一。为调整资产支持票据等融资工具与 PPP 生命周期期限的不匹配，可鼓励引入社会基金、保险基金等能够接受长期限投资周期的投资机构。通过降低养老基金等长期投资期限投资机构的准入条件，给予长期限投资者支持，促进其更积极地加入 PPP+ABN 模式项目中，使 PPP+ABN 模式的期限错配问题得到修正。据此，PPP 与 ABN 在期限上存在一定契合性。

（三）退出机制的契合性

PPP+ABN 模式解决了以往 PPP 项目投资人"进得去，出不来"的困境。PPP 项目的特征之一即长期合作，长期限也是主管部门对 PPP 项目的要求之一。具体而言，PPP 项目期限多在十年至三十年，通常根据项目类型、主体情况、运作形式、协商许可协议等各方面条件综合确定具体期限。也有例外项目的期限不同于普通项目期限，如 MC（management contract，管理合同）期限一般少于三年；OM（operations&maintenance，委托运营）期限不超过八年；园区开发类型的 PPP 项目期限则可能超出三十年。可见，除 MC、OM 项目的期限较短，其他 PPP 项目合作期限普遍长于十年，如此长的投资期限使得多数期望短期内收回投资收益的投资人却步。由于我国 PPP 模式仍处于初步发展阶段，相关制度不健全且法规层级较低，目前在法律层面没有保障社会资本即时退出的机制。与 ABN 的结合解决了 PPP 项目退出机制的弊端：ABN 产品期限无特殊限制性规定，与 PPP 项目的长期性形成互补，通过结构化设计，可发行三年至五年期的 PPP+ABN 产品，缩短 PPP 投资合作期限，满足了社会资本提前退出的需求，可吸引多数短期限投资者并鼓励更多社会资本进入。另外，PPP 与 ABN 的结合降低了项目期限的同时也降低了投资者准入的门槛，使得原本不具备投资 PPP 项目资格的投资人取得投资机会，可更充分调动社会资本对 PPP 项目的投资积极性，为 PPP 项目融资取得新发展。

六、资产支持票据参与 PPP 的决策流程

PPP 项目中资产支持票据的操作流程是：（1）PPP 项目公司向投资者发行资

产支持票据；（2）PPP 项目公司将其基础资产产生的现金流定期归集到资金监管账户，PPP 项目公司对基础资产产生的现金流与资产支持票据应付本息差额部分承担补足义务；（3）监管银行将本期应付票据本息划转至上海清算所账户；（4）上海清算所将本息及时分配给资产支持票据持有人。（见图 12–1）

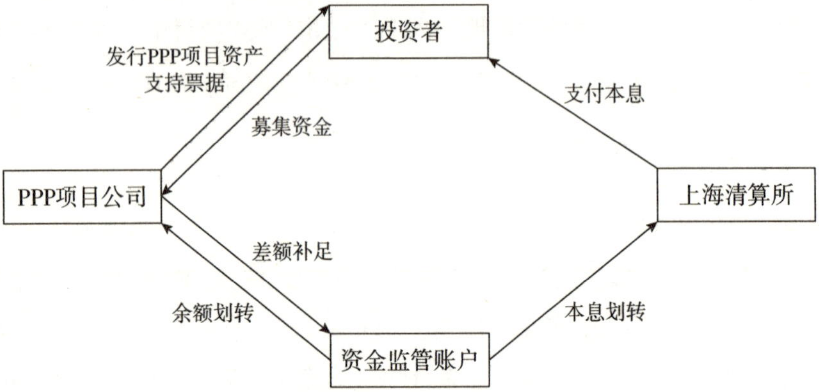

图 12–1　资产支持票据参与 PPP 项目操作流程示意图

注册流程：

资产支持票据主要注册流程（与中期票据相同）

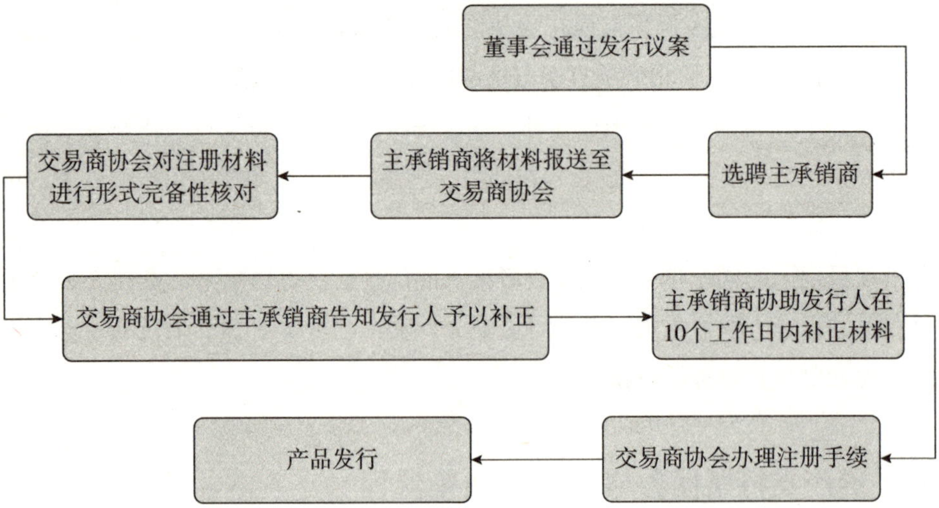

图 12–2　资产支持票据注册流程示意图

（一）基础资产选择标准

法律标准：基础资产为发行人合法拥有或控制；资产边界清晰且权利完整；基础资产本身或所附着资产不存在抵押、质押或诉讼等法律限制情况。

现金流标准：能产生稳定的、可预测的现金流；资产存续已有一定期限，且现金流历史记录良好，数据容易获得。

基础资产主要类型：

1. 债权类，如已完工 BT 项目的回收款；

2. 企业已形成的应收账款等未来收益权类，如交通行业：公路收费收入；桥梁、隧道收费收入；地铁收入；港口、机场跑道收费收入；

3. 市政公用事业类：垃圾处理费收入；城市税费收入；城市供气收入；城市供热收入等；

4. 电力事业类：水电厂、火电厂上网电量收入。

（二）交易结构

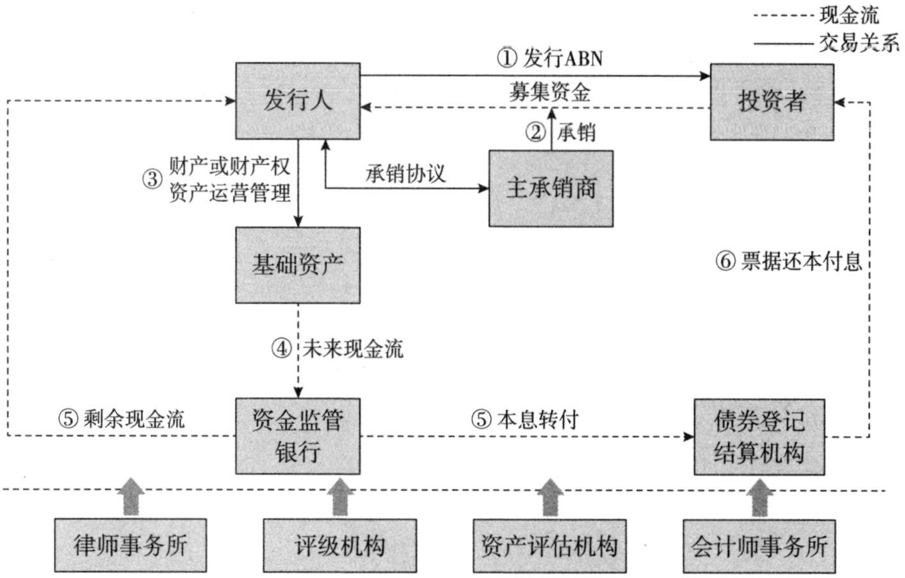

图 12-3　ABN 交易结构示意图

1. 发行人以基础资产未来产生的现金流为基础，向投资者发行资产支持票据，非公开发行需与特定投资者签订《非公开定向发行协议》。

2. 主承销商受发行人委托，在银行间债券市场向（特定）投资者发行资产支持票据。

3. 发行人负责资产管理基础资产，并负责保障其正常运营，以产生预期的现金流。

4. 发行人与资金监管银行签订《资金监管协议》，发行人在资金监管银行处开立专户，并将该专户指定为资金监管账户，归集资金资产产生的现金流。

5. 资金监管银行按照《发行协议》及《资金监管协议》的约定，划转相应的现金流以用于资产票据的本息兑付。

6. 债券登记结算机构将筹集到的资金用于向投资者支付本息。

（三）参与机构及其主要职责

1. 发行人：以能够产生稳定现金流的基础资产为支持发行资产支持票据，负责管理并运营基础资产。

2. 主承销商：协助发行人准备发行文件，与交易商协会直接沟通；在银行间债券市场承销资产支持票据，为发行人募集资金。

3. 资金监管银行：为发行人特定资产的现金流入开立专用资金账户，进行资金的监督、报关和转付。

4. 评级机构：对发行人进行主体评级，对资产支持票据进行债项评级，负责跟踪评级。

5. 会计师事务所：出具审计报告。

6. 资产评估机构：对基础资产现金流进行评估，并出具现金流评估报告书（也可由会计师事务所承担这一职能）。

7. 登记结算机构：为资产支持票据提供登记、托管、结算和代理支付服务（指上海清算所）。

（四）主承销商职责

1. 项目甄选：以市场需求为导向，以公司风险控制要求为准则，按照自律规则及相关指引要求，筛选发行人与基础资产。

2. 企业辅导：确保企业充分了解相关法律、法规及其所应承担的风险和责任，为企业提供切实可行的专业意见及良好的顾问服务。

3. 尽职调查：对发起人及基础资产的情况进行勤勉尽责的调查。

4. 方案设计：帮助企业进行信息披露，为投资者提供有关信息查询服务，严格按照相关协议组织债务融资工具的承销和发行。

（五）其他中介机构职责

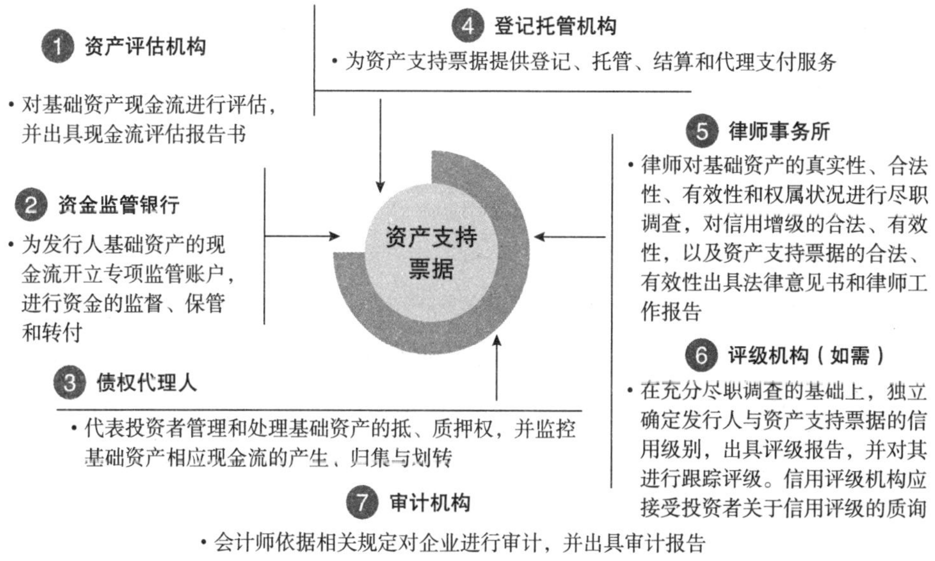

图 12–4　中介机构职责示意图

（六）发行人义务

1. 配合尽职调查：配合中介机构对企业自身情况以及基础资产情况进行的尽职调查。

2. 交易结构：应设置合理的交易结构，不得损害股东、债权人利益。

3. 现金流归集：应指定切实可行的现金流归集和管理措施，对基础资产产生的现金流进行有效控制，对资产支持票据的还本付息提供有效支持。

4. 投资者保护：应约定投资者保护机制。

5. 信息披露：对投资者进行真实、完整、准确、及时的信息披露。

6. 还本付息：按照约定，按时足额还本付息。

7. 基础资产管理：对基础资产进行管理和运营，并及时向监管账户划转基础资产产生的现金流。

8. 募集资金运用：严格按照约定的募集资金用途使用募集资金，需要变更募集资金用途应征得投资人同意，并确保用途合法合规定、符合国家产业政策。

9. 配合后续工作：配合评级机构的跟踪评级工作，以及主承销商和监管机构的后续管理工作。

七、典型案例

（一）远东租赁发行国内首单信托型企业资产证券化产品案

1. 基础资产情况

截至 2012 年 3 月末，发行人下辖六区一市天然气销售地唯一特许经营，在当地市场具有垄断地位。目前发行人已建成投用三座天然气门站、城市高压天然气网管道 106 公里、城市中低压天然气管道 2030 公里、建成高中压调压站 11 座，公司 2009–2011 年天然气销售收入符合增长率接近 60%。

2016 年 6 月 7 日远东国际租赁有限公司（以下简称远东租赁）成功于中国银行间市场交易商协会注册信托型资产支持票据（Asset-Backed Notes，ABN），这是国内首单信托型企业资产证券化产品。

2. 天然气销售收入现金流预测

2009–2011 年发行人所在地规模以上工业总产值符合增长率超过 20%。根据历史数据，假设 2012–2016 年发行人所在地规模以上工业企业生产依然将保持适度增长，而天然气销售收入将维持比规模以上工业企业更快的增长速度，预计增长速度将达到 8%–15%。

交易结构如下：

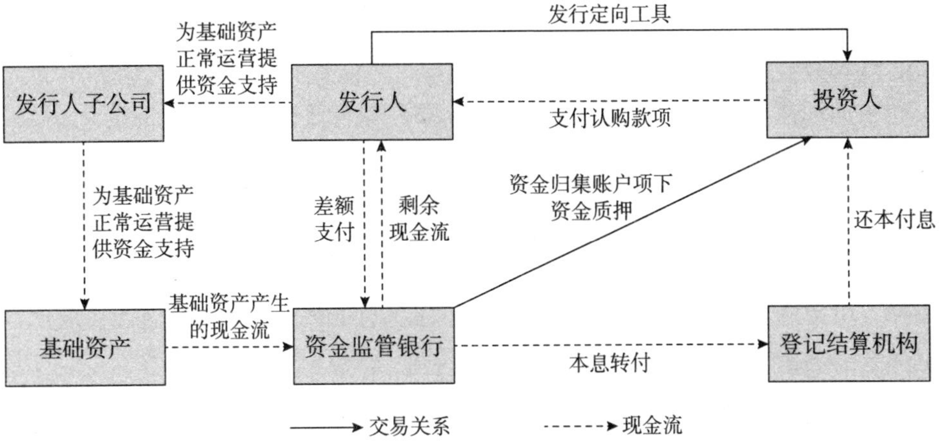

图 12-5 交易结构示意图

3. 现金流隔离

（1）设立账户

发行人在资金监管银行开立资金归集账户，用于归集基础资产产生的现金流，并保证将划款期间获得的全部天然气收入划付至资金归集账户内，直至资金归集账户中资金足以兑付当年本息为止。在 ABN 每一划款期间产生的天然气收费收入，如果天然气收费收入产生于划款期间或未注明产生时间，则该笔收入属于当期基础资产项下的天然气收费收入，其他天然气收费收入不属于当期基础资产项下的天然气收费收入。

（2）收入划付

资金监管银行应在 ABN 每年划款期间，接受从划入资金归集账户中的全部资金，并按照相关协议的要求对资金归集账户中的全部资金履行监管义务和职责。在 ABN 各品种还本付息前 10 个工作日，如划入资金归集账户的资金不足以兑付当年本息的，资金监管银行通知发行人予以补足，确保资金归集账户内资金达到当年还本付息总额。每年发行人按本期资产支持票据相关文件规定还本付息后，经资金监管银行和质权代理人一致同意，发行人可划出资金监管账户内的剩余资金。资金归集账户中的资金，发行人可在资金监管银行的监管下从事以保值、增值为原则的投资（如定期存款、通知存款等），相关收益归发行人所有。

（3）资金监管

资金监管银行对资金归集账户内的资金负责监督专款专用，未经 ABN 各方一致书面同意，发行人不得使用资金归集账户进行任何其他结算业务。如果未经质权代理人和资金监管银行一致书面同意，发行人不得使用资金归集账户进行任何不符合 ABN 相关规定的划款。

资金监管银行开立的资金归集账户归集的资金质押给投资人，作为 ABN 的担保。质押资金的数额以兑付 ABN 当年应付本息的数额为限，超过当年应付本息部分的资金不作为质押标的。

4. 投资者保护机制

发行人违约责任：如发行人在规定的付息条件下逾期未能支付到期应付利息，应按照延期支付的实际天数和尚未支付到期应付利息的余额，向投资人支付违约金。如发行人在符合规定的兑付条件下逾期不能归还本金，应该按照延期还款的实际天数及尚未归还的本金数额，向投资者人支付违约金。

账户查阅：单独或合计持有百分之五十以上当期资产支持票据余额的持有人可无条件地、随时地要求调看缴费账户和资金归集账户在划款期间内的资金进出情况，可以调阅缴费账户和资金归集账户明细日记账、原始凭证和银行对账单，发行人和资金监管银行应给予完全地配合，并应其要求提供复印件。

差额支付：如从缴费账户划入资金归集账户的资金在当期资产支持票据各种还本付息前 10 个工作日不足以兑付当年本息的，资金监管银行应通知发行人予以补足，发行人应及时补足，确保资金归集账户内资金达到当年还本付息总额。

（二）远东国际发行租赁债权 ABN 案

本期 ABN 基础资产为远东租赁依据融资租赁合同对承租人享有的租赁债权，主体信用等级为 AAA，注册金额 20.68 亿元，计划首期一次发行完毕，发行载体为平安信托，由国开行担任主承销商和簿记管理人，由渤海银行担任联席主承销商。

表 12–3 参与主体信息表

参与角色	参与方	参与方简称
委托人 / 资产服务机构 / 发起机构	远东国际租赁有限公司	远东租赁
受托人	平安信托有限责任公司	平安信托
牵头主承销商	国家开发银行股份有限公司	国家开发银行
联席主承销商	渤海银行股份有限公司	渤海银行
资金保管机构	中国民生银行股份有限公司上海分行	民生银行
登记托管机构	银行间市场结算所股份有限公司	上海清算所
法律顾问	北京市中伦律师事务所	中伦律所
会计顾问	瑞华会计师事务所	瑞华会计

与传统 ABN 相比，本期 ABN 实现了不少产品结构设计创新，其中最大的亮点是引入特定目的信托（SPT）作为发行载体，实现了对原有 ABN 模式的创新。此外，本期 ABN 还实现了企业类资产支持证券的首次公开发行，更有助于降低企业融资成本。引入特定目的信托能以《信托法》作为上位法支撑，在我国现有法律框架下实现有效破产隔离。对发行人而言，满足了企业通过资产证券化将资产出表的需求，有利于发起机构在拓宽融资渠道的同时提升存量资产利用效率、调整资产负债结构；同时，分层设计的交易结构可以对优先级债项进行信用增级，有效降低了企业的融资成本及风险承担。对投资人而言，资产支持票据以资产作为支撑，通过交易结构设计可以有效实现风险隔离，从而具有较好的增信作用，有利于风险防范。

1. 产品信息

本期资产支持票据项目注册金额为 20.68 亿元，分为优先 A 级、优先 B 级和次级档，次级资产支持票据全部由资产服务机构远东租赁认购，其中，优先 A 级资产支持票据能够获得优先 B 级资产支持票据和次级资产支持票据 15.02% 的信用支持，优先 B 级资产支持票据能够获得次级资产支持票据 5.96% 的信用支持。

表 12-4 产品信用支持信息表

项　　目	优先 A 级	优先 B 级	次级档
注册规模（万元）	175,740	18,730	12,330
分层比例（%）	84.98	9.06	5.96
评级	AAA(上海新世纪)	AA(上海新世纪)	未予评级
预期到期目	2019/9/26	2020/3/26	2021/6/26
票面利率	固定利率	固定利率	无票面利率
发行利率	固定利率	固定利率	不适用
利息支付频率	按季支付	按季支付	不适用
还本方式	过手摊还	过手摊还	

2. 交易结构

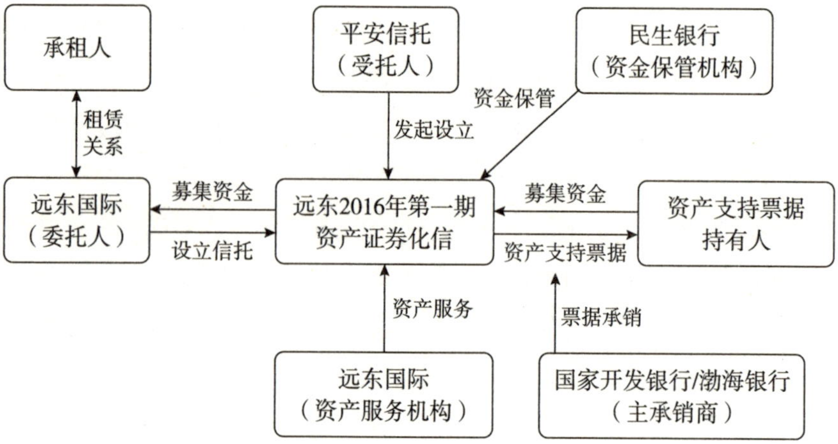

图 12-6 远东国际 ABN 交易结构示意图

3. 基础资产

（1）本期资产支持票据项目的基础资产涉及 49 个承租人的 51 笔租赁资产，租金余额最高的前五名承租人集中度为 23.62%；行业集中度方面，租金余额最高的前三个行业集中度为 74.49%；地区分布方面，22.28% 的贷款集中于贵州省，租金余额集中度最高的前三个省份集中度为 57.21%。

表 12-5　基础资产信息表

注册人	远东国际租赁有限公司
资产池基本情况	
租金余额（万元）	234336
承租人数量	49
租赁合同笔款	51
单笔租赁合同最高租金余额（万元）	12,266
单笔租赁合同平均租金余额（万元）	783
加权平均租金利率	6.69%
加权平均租赁合同期限（月）	52.48
加权平均租赁合同剩余期限（月）	44.88
单笔租赁合同最长剩余期限（月）	58.49
单笔租赁合同最短剩余期限（月）	10.75
集中度	
租金余额最高的前五名承租人集中度	23.62%
租金余额最高的前三个行业集中度	74.49%
租金余额最集中的前三个省份集中度	57.21%
资产池加权平均信用等级	A+ / A（上海新世纪）
抵质押贷款本金比重	7.69%
正常类	100%

（2）入池资产担保情况

入池资产的担保类型以保证担保为主，保证类贷款本金余额占比为 58.14%。

表 12-6　入池资产担保信息表

类　型	资产笔数	资产笔数占比	本金金额（万元）	金额占比
信用类	26	50.98%	86440.76	41.86%
保证担保	22	43.14%	104171.58	50.45%
保证担保 + 质押担保	2	3.92%	11352.47	5.50%
质押担保	1	1.96%	4530.41	2.19%
合计	51	100.00%	206495.22	100.00%

（3）入池资产信用等级分布情况

表 12-7 入池资产信用等级分布

入池资产信用等级	资产笔数	资产笔数占比	金额（万元）	金额占比
AA	9	17.65%	65424.78	31.68%
AA⁻	6	11.76%	26805.28	12.98%
A+	14	27.45%	50027.73	24.23%
A	8	15.69%	32035.91	15.51%
A⁻	9	17.65%	17804.14	8.62%
BBB+	2	3.92%	8675.57	4.20%
BBB	2	3.92%	4616.23	2.24%
BBB⁻	1	1.96%	1105.59	0.54%
合计	51	100.00%	206495.22	100.00%

4. 信用支持

（1）优先级 / 次级结构

信托的结构设计中引入了优先 A 级 / 优先 B 级 / 次级的分层结构。优先 A 级资产支持票据、优先 B 级资产支持票据、次级资产支持票据发行规模占初始资产池的比例分别为 84.98%、9.06% 和 5.96%，优先 A 级资产支持票据能够获得优先 B 级资产支持票据和次级资产支持票据 15.02% 的信用支持，优先 B 级资产支持票据能够获得次级资产支持票据 5.96% 的信用支持。

（2）超额利差

信托项下资产支持票据超额利差的形成原因主要是资产池本金的加权平均收益率大于合计的相关费用和预期的优先级资产支持票据预期收益率，超额利差对优先级资产支持票据的信用支持将在现金流的分析中予以反映。

（3）保证金

信托基础资产承租人绝大部分支付了一定数额的保证金，可用于冲抵融资租赁合同项下应付款项，承租人合计保证金占未偿本金余额的 11.60%，有助于保障优先级资产支持票据的安全偿付。

八、相关法律法规

1.《国家发展改革委、中国证监会关于推进传统基础设施领域政府和社会资本合作（PPP）项目资产证券化相关工作的通知》（发改投资〔2016〕2698 号）

2.《财政部、国家发展和改革委员会关于进一步共同做好政府和社会资本合作（PPP）有关工作的通知》（财金〔2016〕32 号）

3.《中国银行业监督管理委员会关于政协十二届全国委员会第三次会议第 2852 号（财税金融类 285 号）提案答复的函》（银监函〔2015〕227 号）

4.《财政部、国家发展和改革委员会、中国人民银行关于在公共服务领域推广政府和社会资本合作模式指导意见的通知》（国办发〔2015〕42 号）

5.《国务院关于创新重点领域投融资机制鼓励社会投资的指导意见》（国发〔2014〕60 号）

6.《银行间债券市场非金融企业债务融资工具管理办法》（中国人民银行令〔2008〕第 1 号）

第十三章

通过“债贷组合”实现 PPP 融资

一、“债贷组合”的概念

“债贷组合”是指按照“融资统一规划、债贷统一授信、动态长效监控、全程风险管理”的融资模式，由银行为企业制定系统性融资规划，根据项目建设融资需求，将企业债券和贷款统一纳入银行综合授信管理体系，并对企业和项目债务融资实施进行全程管理。[①]

“债贷组合”模式中，由相关银行担任综合融资协调人，地方政府支持平台作为融资主体，由银行、地方政府、平台公司三方签订综合融资服务协议，同步由银行贷款并发行债券。相关银行为企业制定系统性融资规划，在负债规模总体可控的前提下，根据项目资金需求，将贷款和债券有机组合，帮助企业利用两个市场进行融资，同时开展“债贷统筹”管理平台公司债务（包括“债贷组合”企业债券和银行贷款），协助平台公司加强债务风险管理和信息披露等工作，加强对地方平台公司和政府债务风险的整体管理与控制，从而使平台公司债务管理水平得到提高，其运作会更加规范化。[②]

想要达到“债贷组合”模式的帕累托最优效果，实现融资的初衷，创新“债贷统筹”管理机制是必不可少的环节。目前地方债务风险受到持续关注，部分平台公司存在多头融资、无序融资、超额融资、短钱长用等问题，如何构建既支持地方经济发展，又利于管控债务风险的机制，是目前对于“债贷组合”领域关注的要点。例如，国家开发银行参与的债贷组合债券，其作为平台贷款的主要银行，在风险管理和控制方面具有丰富的经验，实际上起着风险底层稳定器的作用。通过探索“债贷统筹”管理机制，充分发挥国开行在中长期贷款、

---

① 参见马常红：《政府多元化融资方式研究》，载《决策咨询》2015 年第 4 期。

② 参见国家开发银行“债贷组合”研究课题组：《平台债务管理模式创新研究——“债贷组合”支持棚户区改造》，载《开发性金融研究》2015 年第 3 期。

融资平台债务管理和债券发行、承销领域的综合优势，有利于建立一个支持经济发展和风险防范的良好范例。①

二、“债贷组合”的发展状况

银行间市场成立以来的 20 年间，共发行各类债券超过 140 万亿元。2017 年上半年，银行间债券市场存量债券规模超过 60 万亿元，约占全市场托管量的 90%，较 2000 年增长近 35 倍。②银行间债券市场交易也日趋活跃，流动性逐步增强，2017 年交易量持续增加，约占全市场交易量的一半以上。根据国际清算银行（BIS）统计，中国债券市场规模仅次于美国和日本，连续多年位列世界第三。

“债贷组合”债券的期限结构主要包括 5 年期和 7 年期，其中以 7 年期为主；从发行人的主体评级来看，主体级别和债项级别均在 AA 级以上（含 AA 级），且以 AA 级居多；“债贷组合”产品以企业债券居多，也发行过中期票据；“债贷组合”债券发行主体以城投企业为主；“债贷组合”债券发行利率较低，一般均低于当月同期限同级别企业债的平均利率，使得发行人发行利率与其他债券相比具有明显的优势；其募资用途主要用于棚户区改造，保障房建设、基础设施建设等方面也是“债贷组合”债券融资的重要用途。③具体情况见表：

表 13-1　债贷组合债券募资用途情况

债券简称	发行人	募资用途	发行日期
13 钢建投	铜陵市建设投资控股有限责任公司	棚户区改造	2013/8/26
14 娄底债	娄底市城市建设投资集团有限公司	公租房、棚户区改造、基础设施建设	2014/4/15
14 郴州债	郴州市城市建设投资发展集团有限公司	棚户区改造	2014/4/16
14 张经投	张家界市经济发展投资集团有限公司	基础设施建设	2014/4/17

① 参见高国华:《首只“债贷组合”试点企业债券正式发行》，载《金融时报》2013 年 7 月 13 日。

② 王平:《与时偕行　中流击水　银行间市场 20 周年发展历程回顾》，载《金融时报》2017 年 11 月 7 日。

③ 参见鹏远评级:《债贷组合债券及融资实务解析》，https://m.hexun.com/bond/2016-08-23/185660825.html，最后访问日期 2019 年 10 月 14 日。

续表

债券简称	发行人	募资用途	发行日期
14 余交通	杭州余杭交通集团有限公司	保障性住房	2014/4/18
14 青经开	城发投资集团有限公司	公租房建设	2014/4/30
14 玉溪投	玉溪市开发投资有限公司	公租房建设、限价房建设	2014/8/25
14 鹤城投	黑龙江省鹤城建设投资发展有限公司	棚户区改造	2014/11/10
15 阳江债	阳江市恒财城市投资控股有限公司	基础设施建设	2015/4/13
PR 岳城投	岳阳市城市建设投资有限公司	棚户区改造	2015/7/12
15 徐新盛	徐州市新盛建设发展投资有限公司	棚户区改造	2015/8/11
15 滇城投	云南省城乡建设投资有限公司	保障房建设	2015/12/31
G16 京汽 1	北京汽车股份有限公司	技改扩能建设	2016/4/21

三、“债贷组合”的特点

“债贷组合”债券即“债券 + 贷款”组合，是国开行与国家发改委共同研究推出的针对企业债券的一种创新业务，是指国开证券为企业或平台公司承销一定额度的企业债，国开行或者其他商业银行再拿出一定额度的项目贷款纳入组合融资的模式。[①]“债贷组合”中的企业债券能够缓解市政建设资金过度依赖银行信贷，减少政府信用占用的问题。“债贷组合”模式把债与贷纳入整体防控范围，有利于统筹实现各方利益，有效保护城投债投资者合法权益和银行贷款安全，有利于降低平台融资成本，从而推动 PPP 融资项目乃至中国资本市场的稳健发展。

（一）“债贷组合”是采用了直接融资和间接融资相结合的模式

募投项目的资金来自债券的直接融资或者银行贷款的间接融资，这是融资模式上的创新。从目前已发行的“债贷组合”债券情况可以看出，机构认购较为积极，发行率均低于同期一般类的城投债。“债贷组合”除了可应用于棚改项

① 谢琼、姚莲芳：《政府投融资模式创新：地方政府债券与企业专项债券的对接与平衡》，载《地方财政研究》2017 年第 6 期。

目之外，也可在其他项目中进行大力推广，如地下综合管廊建设等与新型城镇化建设相关的项目。[①]

（二）银行根据项目建设融资需求为发行人制定系统性融资规划

银行一般与发行人或者政府共同签署《综合融资服务协议》，通过银团贷款、债券融资等方式负责项目建设的融资安排，满足项目建设融资需要。[②] 从目前已发行的“债贷组合”债券看，绝大多数“债贷组合”模式中由国开行担任综合融资协调人的角色，而后工商银行等商业银行也开始参与进来。2015 年，国家发改委就明文鼓励商业性银行参与债券和贷款统筹管理，允许地下综合管廊建设专项债券采取“债贷组合”的增信方式。

（三）综合融资协调人对发行人债券融资和银行贷款统筹管理，加强债务风险防控

综合融资协调人将发行人债券和贷款统一纳入综合授信和风险管理体系，对项目建设贷款和债券资金实施全方位管理，全过程动态监控投融资活动，及时识别、预警和提示债务风险，实现对发行人债务风险的整体防控。[③] 国家发改委对于“债贷组合”债券开启了绿色通道，允许地方政府大力支持企业或平台公司与银行进行合作，支持地方政府市政基础设施建设和经济发展。

（四）“债贷组合”风险防控的核心是“两级双控”制度

“两级双控制度”是指对平台公司的总融资量和偿付能力等进行动态监控，将债券和贷款统一纳入银行的综合授信和风险管理系统中，建立债、贷资金专户，从平台公司债务和地方政府债务两个维度实行风险防控的制度，主要体现为两个方面：一是地方政府负债监控。通过申请建设和债务支出等指标建立地方政府债务评估和控制系统；二是平台公司负债监控。按照资产负债率、年度偿债

① 谢琼、姚莲芳：《政府投融资模式创新：地方政府债券与企业专项债券的对接与平衡》，载《地方财政研究》2017 年第 6 期。

② 参见吴志武：《债贷组合模式介绍及融资实务解析》，载《债券》2016 年第 12 期。

③ 参见鹏远评级：《债贷组合债券及融资实务解析》，载 http://mt.sohu.com/20170316/n483589882.shtml。

覆盖率和资产负债率变动等指标，对平台公司的债务风险进行评估和控制。此外，银行还通过对平台公司等有关方面的客户进行访谈、生产经营情况与财务报表分析、现场考察等方式对债券项目实施动态监控。通过统筹债务总量和期限结构，银行计划提前实施还款来源，以此保证资金专款专用，有效防控债务风险，促进融资平台的持续健康发展。

四、"债贷组合"与PPP融资的契合性

伴随着我国基础设施建设的步伐逐步加快，传统的地方政府平台贷款融资模式已经难以满足公共基础设施建设的巨大资金需求。地方政府的财政压力过大，而民间的私人组织尚有闲置资金。[①]PPP模式和"债贷组合"的提出有利于解决上述问题。

（一）缓解财政约束上的契合性

PPP模式引入了大量社会资本，以期实现政府与社会资本在建设成本上的分摊，这种公共服务成本与收益的代际匹配可很大缓解财政约束。[②]对比而言，"债贷组合"模式的目标之一也为缓解政府财政压力，两种模式具有相同的功能诉求。加之不论是PPP模式还是"债贷组合"模式，有很大一部分项目费用不属于政府（或银行）的直接费用，不会增加政府（或银行）的长期债务。

（二）实现政府债务的整体防控上的契合性

"债贷组合"依照"融资统一规划、债贷统一授信、动态长效监控、全程风险管理"的融资模式，不仅可以实现对企业的长效监管，而且有利于整个银行的系统性风险防范，实现全程立体的风险监控。PPP模式在基础设施建设中引入社会资本，同时政府监管整个项目，提高了项目的整体可控性，将PPP模式与"债贷组合"模式相结合，银行在制订融资计划时，可以更为深入而准确地

---

① 伏兴艳、赵卿:《城市商业银行参与PPP项目的风险管理分析》，载《当代经济》2017年第14期。

② 参见赵全厚、姜楠楠、刘超群:《述评：财政视角下的PPP》，载《经济研究参考》2016年第15期。

预测整个项目或企业的资信及后期运营状况，实现信息共享，提高安全系数，促进企业项目成功。

（三）解决资金错配上的契合性

将民间资本引入周期较长的社会基础设施建设，可以减轻民间资本的经济压力，促成民营企业和政府在资金和资源上的优势互补，实现总体利益最大化。在“债贷组合”模式中，相关银行为企业制定系统的融资规划，在债务规模总体可控的前提下，根据项目的资金需求，贷款和债券进行有机组合，帮助企业利用两个市场进行融资，提高融资效率和成功率。

（四）促进经济增长和市场化改革上的契合性

PPP模式将大量社会资本引入基础设施建设中，短期可提高投资水平，拉动经济增长，长期可改善基础设施状况提高生产率。与此同时，二者的前期调研和后期实施过程中均需要咨询、金融、法律、物业管理等各个行业的高密度配合，才能补足短板，促进产业的协同发展。PPP合同多为20年以上的长期合同，它的实施有助于契约精神的培育和法治环境的建设；而“债贷组合”由银行进行统一规划，可以提高银行对整个借贷市场的深入了解，促进资金的最大化利用。PPP模式和“债贷组合”对于政府和市场的功能进行定位，可以帮助明确市场边界，改善政府作风，提高行政效率。

五、“债贷组合”支持PPP融资的决策流程

在当前经济稳增长的情况之下，“债贷组合”融资模式和“债贷组合”债券对支持重大项目投资建设具有重要的现实意义，要保障“债贷组合”债券顺利发行，有必要了解“债贷组合”债券发行的步骤：

第一步，是要了解发行“债贷组合”债券的条件。目前来看，“债贷组合”债券发行企业以地方融资平台为主，期限普遍较长，资金需求较大，单凭债券发行难以满足融资需求，募投领域主要是棚户区改造，同时涵盖专项债券募投领域、绿色债券募投领域。因而符合以上融资特征的地方国有企业，可以考虑通过“债贷组合”模式进行融资，而且融资成本还具有一定优势。

第二步，找到合适的银行担任综合融资协调人。为“债贷组合”融资最重要的是找一家银行作为综合融资协调人，由综合融资协调人负责多种金融工具的安排，以解决项目融资问题。目前，国开行担任综合融资协调人居多，也可以找商业性银行担任综合融资协调人。对于城投平台可以采取通过地方政府、城投平台和银行三方签署《综合融资服务协议》的方式，由地方政府参与更容易达成协议。非城投平台，可以单独和银行签署《综合融资服务协议》，但服务费用可能较高。

第三步，选择符合其自身条件的债券类型。“债贷组合”债券类型可以不拘一格，而不是仅限于企业债，也可以是中期票据、公司债券、项目收益债，等等。由于不同的监管部门目前对发行不同债券类型有不同的要求，因而债券类型的选择需符合不同的发行要求。比如，发行企业债，其主管部门为发改委，同时，发行人需要满足三年连续盈利，规模受净资产 40% 的限制；再如，发行小公募公司债，其主管部门为证监会，同时，发行人需为平台公司除外的所有公司制法人，强制评级但级别不设限，规模受净资产 40% 的限制。

第四步，确定主承销商及其他中介机构协助债券发行申请或注册。目前，由国开行担任综合协调人的企业债券发行，其主承销商均有国开证券参与，中期票据发行由国开行直接担任主承销商；也存在如由工商银行担任综合协调人的 G16 京汽 1（2016 年第一期北京汽车股份有限公司绿色债券），[①] 其发行主承销商是工商银行和海通证券。2019 年呼和浩特新机场修建项目由国开行内蒙古分行和农开行分行提供资金支持。

六、“债贷组合”支持 PPP 融资过程中的操作障碍

企业债券是资本市场融资的重要手段，发行企业债券是企业有效利用社会资金、开展直接融资的重要渠道。以国开行参与的“债贷组合”产品为例，其主要通过开展中长期信贷与投资等金融业务，为国民经济重大中长期发展战略服务，重点支持棚户区改造、水利、地下综合管廊、海绵城市、医疗卫生、教育、

---

① 陈新畅、陈晓倩:《基于国际经验的中国绿色债券发展现状研究》，载《时代金融（下旬）》2017 年第 2 期。

扶贫开发、城市轨道交通、节能环保、健康养老、文化旅游等领域的贷款。在PPP 项目的基本运作流程中，“债贷组合”这一创新方式与 PPP 项目融资环节具有高度的紧密相关性，但在实际“债贷组合”支持 PPP 融资的操作过程中，仍存在一些障碍。

（一）“债贷组合”模式无法有效调动发行人的积极性

从宏观的角度来看，2015 年下半年以来，关于“城投债”的发行政策趋于宽松，融资方式的创新有所增加。对于地方融资平台，降低了债券市场融资难度，重大工程项目建设获得更多的融资支持。与此同时，宽松的货币政策使得资金流动性更加充裕，资产短缺的频率加大，导致“城投债”发行利率不断下降。在信用风险不断暴露的情况下，“城投债”的发展势头更为迅猛，受到了市场的追捧。这无疑降低了发行人，特别是城投平台发行“债贷组合”债券的积极性。PPP 模式的好处之一在于，较之传统融资方式可激发社会资本的投资积极性，可为基础设施建设提供更为充足的资金支持，如果“债贷组合”模式不能有效调动民间资本的积极性，将其引入 PPP 模式中可能会成为一纸空文。

（二）综合融资协调人可能引发责任稀释

目前，发行的“债贷组合”产品，大多数是由国开行作为整个项目的综合融资协调人。由国开行统一规划可以从宏观上把握好整个企业的融资规模及债贷比例，但也有可能引发责任稀释。明确政企责任是 PPP 的核心要素之一，PPP 项目的长期性和工程的复杂性促使各方在项目筹备期初期明晰责任范围。但在实际操作中，一方面，“动态长效监控、全程风险管理”的项目理念容易致使政府和企业在项目中成为“智猪博弈”模型中的被动受益方，缺乏真正利益参与人的积极性，另一方面，一旦项目出现问题，国开行作为综合融资协调人，很可能成为政企责任推诿的借口，导致真正责任难以落实。

（三）债贷组合增信方式并没有受到评级机构的认可

国家发改委在文件中多次提到“债贷组合”的信用增信方式，但这种增信方式并不属于常见的增信方式，从国际经验来看，更加常见的债券增信方式主要有第三方担保、抵质押担保、流动性支持、债券保险、债券信托、信用准备金等，债贷组合并不在其列。这一增信方式也未受到评级机构的认可。“债贷组合”有点类似于银行流动性支持增信方式。由银行担任综合融资协调人，对项目建设提供资金进行统筹安排，对债务风险进行管理，这似乎意味着当项目建设缺少资金时贷款由银行解决，发行人出现债券违约风险银行也负有管理债务风险的义务，也包括提供流动性贷款支持。但毕竟这只是隐含的意思，从已发行的“债贷组合”债券募集说明书看，均没有看到提供流动性贷款支持以保障发行债券本息偿付的明确表述。那么，具体落实到 PPP 项目的时候，对于“债贷组合”在增信方式方面的缺陷性，会导致 PPP 项目融资的障碍。其实，即使“债贷组合”属于银行流动性支持增信方式，这种方式在实际中的效力也比较弱，因为银行一般在做出流动性贷款支持承诺时只是表示，在企业出现“临时资金流动性”不足时，愿意提供流动性支持，但如果企业自身经营失败、亏损严重，那就不属于“临时资金流动性不足”，因而在债券违约时银行不愿意提供流动性支持在法律上也没有强制执行的效力。总而言之，评级机构并未认可“债贷组合”这种增信方式，在增信方式上因存在较大的缺陷而增信作用较弱。当然，债贷组合债券在增信方式上仍可以进一步完善，作为综合融资协调人的银行可以更明确流动性贷款支持承诺。尽管流动性支持条款增信作用较弱，但在债券增信中仍聊胜于无。

七、“债贷组合”在支持 PPP 融资过程中的解决办法

（一）参照外部增信体系，提高社会资金质量

融资的外部增信涉及政府信用、第三方增信企业的增信实力、金融机构集群融资创新能力等客观因素影响。当前，我国“影子银行”、地方政府债务风险聚集，银行融资创新能力不强，传统经营业务利润下降，不良资产现状尚无明显改善，而 PPP 项目运行周期长，在经济市场风险、政策风险、货币风险等聚集的情形下，PPP 项目运行的可控性较弱，因此，通过外部增信的方式提高资产质量已成为保障 PPP 项目健康持久、稳定运行的重要途径。由于政府在 PPP 项目融资中是以特许经营权出让为融资手段，因此，政府信用在 PPP 融资的外部增信中尤为重要，只有以政府信用为保障，才能吸引社会资本的持续投入。增信企业通过对 PPP 项目融资的外部增信，将自有或者筹集的净资金投入 PPP

项目中，既能够降低银行 PPP 项目融资风险，防止银行不良债务上升，又能够提高 PPP 项目的资金质量，促进社会资金在 PPP 项目中的有效使用。在 PPP 项目融资的外部增信中，政府信用和第三方企业的增信实力至关重要。

（二）“债贷组合”应广泛吸收社会资本介入

PPP 项目的本质就是政府与社会资本的合作模式，从行业和项目运营主体上看，基建领域国企或平台公司比较多，但是在社会领域，通过发债融资的还比较少，应广泛吸收民营资本介入，这也符合国家鼓励“大众创业万众创新”投融资精神。养老、健康、教育、文化、体育和旅游等社会领域产业要鼓励民资进入，如果有符合相关资质的，相信民企会有更多机会，参与这些新兴的融资方式。[①] 农村产业融合领域，民资参与较多，如能符合相关条件，应该也可获得发债资质。日前，国家发改委印发《社会领域产业专项债券发行指引》《农村产业融合发展专项债券发行指引》，鼓励市场主体采取“债贷组合”增信方式，由商业银行进行债券和贷款统筹管理，同时对以小微企业增信集合债券形式发行社会领域产业专项债券以及农村产业融合发展专项债券，予以松绑。据两个指引文件规定，以小微企业增信集合债券形式发行专项债券，募集资金用于小微企业发展的，可将《小微企业增信集合债券发行管理规定》中委托贷款集中度的要求放宽为“对单个委贷对象发放的委贷资金累计余额不得超过 5000 万元且不得超过小微债募集资金规模的 10%”。此次调整对于债券发行整体利好，调整后将能满足大部分中小企业客户的融资需求。但调整后小微企业增信集合债的投向集中度将有所提升，信用风险也将有所恶化，可能对债券的价格、需求量也将产生影响。

（三）将“债贷组合”与绿色债券相结合，扶持并促进绿色产业的发展

“绿色债券”是指募集资金主要用于支持绿色产业项目的债券。2016 年 10 月 25 日，“武汉地铁集团有限公司 2016 年度第二期中期票据”顺利完成簿记建

---

① 参见《发改委新推社会领域、农村产业专项债委贷集中度放宽至 10%》，载 https://finance.sina.com.cn/roll/2017-08-11/doc-ifyixipt0948180.shtml

档。该债券由国家开发银行主承销，是国内首单采取“债贷基”模式的银行间市场绿色债券。该期债券额度 20 亿元，期限 15 年，发行利率为 3.35%，全场合规申购金额 67.5 亿元，认购倍数达 3.38。基于对绿色发展的支持、债券严格的风控措施以及国开行主承销能力的信任，本期债券在债市风险加大、风险偏好下降的背景下实现了全额认购。本期票据所募集资金主要用于武汉地铁集团对城市轨道交通等国家重点绿色领域建设项目。通过贷款、基金与绿色债券相结合，发行人可结合市场行情更合理地安排融资计划，能够进一步降低发行人的融资成本。[①] 目前绿色债券的优惠政策还没有落定，发行利率上的政策红利还没有体现出来，等政策出来后，发行利率还会往下走。将债券募集资金与国开发展基金、国开行中长期信贷资金统筹同步监管和运用，有助于为绿色债务融资工具提供增信，提高绿色项目资金整体安全性和使用效率。

（四）加深政企参与度，明晰权利义务配置

当前我国 PPP 项目主要为大型基础设施，因而政府牵头，广泛吸收社会资本进行 PPP 项目融资非常必要，通过 PPP 项目融资实现政府、各参与方的合作与共赢。“债贷组合”融资模式中，由银行进行统一规划，在某种程度上会降低当地政府与企业之间进行深入合作、沟通的原动力，因此，在 PPP 融资模式中，要防止相关银行资金的一家独大，应广泛吸纳社会资本特别是有实力的企业，如具有基础设施建设或运营管理经验的上市公司、外资公司、央企或实力较强的民营企业作为 PPP 项目融资的合作伙伴，使更多的企业资本参与到 PPP 融资中，以提高效率，降低风险。同时，政府以特许经营权协议为基础，与企业进行全程、深度合作，共同对项目运行的整个周期负责。企业通过对 PPP 项目融资，承担相应的融资风险，防范政府在 PPP 项目融资中“明股实债”的风险，有效降低政府债务存量。[②] 通过加深政企参与度，明确双方在项目合作中的权利与义务，促使政企形成互利共赢的长远目标，促进双方关系稳健长远发展，更好地为社会和公众提供服务。

---

① 参见《全国首单“绿色 + 债贷基组合”中期票据成功发行》，载 http://m.sohu.com/a/117732387_530801。

② 参见马延明：《PPP 融资法律问题研究》，黑龙江大学 2018 年硕士学位论文。

八、典型案例

“债贷组合”债券和“债贷组合”中期票据，是对发行人债务风险进行整体管控，参照信贷管理的深度提前揭示出债贷风险，实现发行人债务风险的整体防控。2013 年 7 月 16 日，国开行支持的国内首只“债贷组合”企业债券——“七年期岳阳城投 18 亿元企业债”成功发行，开启了“债贷组合”模式在我国发展的新篇章。我国首批“债贷组合”试点城市包括岳阳市、铜陵市和许昌市。“债贷组合”模式的推出，对于支持地方棚改项目建设、有效防控地方政府债务风险、保护投资人利益和增强投资者信心具有十分重要的意义。[①] 我们将通过以下三个具有典型代表性意义的案例对“债贷组合”模式进行介绍。

（一）湖南岳阳棚改项目

经国家发展委核准，由国开行担任“综合融资协调人”、国开证券担任主承销商的用于棚户区改造的首只“债贷组合”试点企业债券——“13 岳阳城投债”提前结束募集，以 6.05% 的阶段性最低利率成功发行，并获投资人双倍认购。本期债券发行规模为 18 亿元，期限为 7 年，募集资金主要用于湖南岳阳云梦新城等 15 个棚户区的改造及配套项目。这只“债贷组合”债券是由国开行湖南分行、岳阳城投和岳阳市政府三方签署综合融资服务协议，在国开证券为岳阳城投承销 18 亿元企业债的同时，国开行湖南分行拿出 8 亿元的项目贷款来进行融资。

岳阳市城市建设投资有限公司（以下简称岳阳城投）成立于 1999 年，是岳阳市最主要的城市开发建设融资主体、投资主体和项目业主，成立至今对岳阳市的城市基础设施建设、保障房建设以及棚户区危旧建筑体改造贡献巨大。近年来，先后建成巴陵广场、武广客运广场，完成天灯咀“城中村”与铁西区棚户改造项目，成功拉通枫桥湖路、建湘路、青年中路、巴陵东路等重要道路，完成金凤桥片区和云梦新城两宗土地 296.57 亩出让成交等多项城市建设重点工作。2010-2013 年，岳阳城投规划投资项目 33 个，总投资达到 186 亿元，其中，

---

① 参见杨虹：《棚改债贷组合模式有望进一步铺开》，载《中国经济导报》2013 年 10 月 10 日。

11个棚户区改造项目及4个配套设施建设项目总投资26.54亿元，兴建房屋共计9256套，总建筑面积108.4万平方米。综合考虑岳阳市经济实力、财政实力较强，政府及岳阳城投与国开行长期合作基础好，加之岳阳城投本期债券募集资金投向的棚户区改造项目对岳阳市城镇化建设意义重大，2013年“岳阳城投债”成为“债贷组合”试点工作的优选对象。截止到2014年8月，岳阳城投企业债以及国开行贷款支持的云梦新城等11个棚户区项目已基本建成，1700多户居民搬进了新家。与此同时，国开行又陆续为湖南郴州市、张家界市和娄底市三市发行“债贷组合”债券，总额达45亿元，其中30.5亿元用于棚户区改造，并为上述债券投向的棚改项目提供17.4亿元贷款，支持棚户区改造面积约154万平方米，惠及2.02余万户低收入家庭。“债贷组合”模式为加快当地棚户区改造、保障和改善民生发挥了重要作用。

（二）安徽铜陵棚改项目

安徽省铜陵市是典型的工矿城市和资源枯竭型城市，资源枯竭、民生欠账问题严重，棚户区改造任务繁重，棚户区改造工程具有量大、点多、面广等特征。在铜陵市56处成片棚户区中，70%处于远离城市的独立工矿和地质灾害区，尤其是矿山棚户区，年限多超过30年，改造工作刻不容缓。全市有棚户区居民和住房困难家庭7.33万户，约占城镇家庭总户数的43%；矿山棚户区年限多超过30年，属于C级和D级危房，且存在采空区等地质灾害隐患。2013年，国开行将铜陵列为“债贷组合”支持棚户区改造的首批两个试点城市之一。2013年8月26日，经国家发改委核准，国内第二只“债贷组合”试点企业债券“13铜陵建投债”又在市场资金面紧张程度加剧的情况下成功发行。本期债券由国开行担任综合融资协调人，国开证券任主承销商，发行规模为15亿元，期限为7年，实现了6.98%的低成本利率。本次募集资金与国开行提供的5亿元贷款资金搭配用于安徽省铜陵市郊区金口岭棚户区改造工程、铜官山区棚改工程、狮子山老城区棚改工程及铜陵市人才公共租赁房工程等项目的建设。棚户区拆迁面积达48.07万平方米，新建安置房面积达49.34万平方米。“债贷组合”模式充分发挥了国开行的综合融资优势，有效解决了棚户区改造对长期、低息资金的需求。同时，国开行作为综合融资协调人，对项目建设贷款和债券资金实施全方位管理，全过程动态监控投融资活动，及时识别、预警和提示债务风险；编制《系统性投融资规划》，帮助地方政府和平台公司合理规划投融资总量，整体控制债务总量、防范资金链断裂风险，有效地推动了地方融资平台的健康发展。

（三）“云南城乡投”中期票据

2015 年 12 月 31 日，由国开行主承销并担任综合融资协调人的国内首只“债贷组合”中期票据——云南省城乡建设投资有限公司（以下简称云南城乡投）3.5 亿元中期票据成功发行。这是“债贷组合”首次在中国银行间市场交易商协会产品上试水，是银行间债市的一项重大创新。① 其募集说明书显示：本期债券注册金额 17.5 亿元，5 年期利率 4.5%，募集资金将与国开行牵头的 67 亿元银行贷款配套，全部用于 2013 年云南省公共租赁住房省级统贷建设项目建设。“云南城乡投”是经云南省政府批复同意的省级保障性住房建设投融资公司，由云南建工集团有限公司于 2008 年发起设立的，注册资本为 107.5 亿元。2012 年，根据《云南省人民政府关于同意云南省城乡建设投资有限公司作为省级城镇保障性住房建设投融资公司的批复》，“云南城乡投”按照国家和云南省有关规定参与城镇保障性住房建设，其实际控制人为云南省国有资产监督管理委员会，控股人为云南省建工集团有限公司和云南省建工城建投资开发有限公司。“云南城乡投”自 2012 年以来主要承担云南省当地的保障性住房建设及棚户区的改造，具有政策性导向，根据联合资信评估有限公司对于云南省城乡建设投资有限公司及其拟发行的 2015 年度第一期“债贷组合”中期票据的信用状况的综合分析和评估可知，其长期信用等均级为 AA。

本期“债贷组合”中期票据成功注册并发行，解决了项目建设资金不足的燃眉之急，支持了云南省昭通市昭阳区新建 10000 余套保障性住房，使得 2013 年云南省公共租赁住房省级统贷建设项目融资全部落实，对缓解云南省中低收入家庭住房需求问题，促进社会和谐稳定具有重要意义。2014 年 3 月，中国银行市场间交易商协会取消了有关中期票据发行主体的地方政府融资平台行政级别的限制，这对于之前大多数只能依靠银行借贷等较高资金成本方式筹集资金的地方政府投融资平台无疑是个好消息，这表明只要企业以及地方政府符合相关条件即可发行中期票据。国开行之所以选择“债贷组合”中期票据来解决保

---

① 参见 http://www.sohu.com/a/52044702_119663。

障性住房的项目建设资金问题，主要原因在于中期票据具有低成本筹集资金，注册效率高，发行灵活等优势，这也有利于综合融资协调人加强风险管控的主动性和积极性。

九、相关法律法规

（一）行政法规与国务院文件

1.《国务院办公厅关于推进城市地下综合管廊建设的指导意见》（国办发〔2015〕61号）

（二）行政规章及规范性文件

1.《国家发展改革委办公厅关于企业债券融资支持棚户区改造有关问题的通知》（发改办财金〔2013〕2050号）

2.《国家发展和改革委员会办公厅关于创新企业债券融资方式扎实推进棚户区改造建设有关问题的通知》（发改办财金〔2014〕1047号）

3.《国家发展改革委办公厅关于印发〈战略性新兴产业专项债券发行指引〉的通知》（发改办财金〔2015〕756号）

4.《关于印发城市停车场建设专项债券发行指引的通知》（发改办财金〔2015〕818号）

5.《关于推进开发性金融支持国家级新区健康发展有关工作的通知》（发改地区〔2015〕1584号）

6.《国家发展改革委办公厅关于简化企业债券审报程序加强风险防范和改革监管方式的意见》（发改办财金〔2015〕3127号）

7.《关于加强保障性安居工程配套基础设施建设中央预算内投资管理的通知》（发改投资〔2015〕3001号）

8.《国家发展改革委关于北京汽车股份有限公司发行绿色债券核准的批复》（发改企业债券〔2016〕144号）

9.《国家发展改革委关于支持优质企业直接融资进一步增强企业债券服务实体经济能力的通知》（发改财金〔2018〕1806号）

第十四章

通过商业银行专项金融债实现 PPP 融资

一、商业银行专项金融债的概念

商业银行专项金融债是指商业银行按照《全国银行间债券市场金融债券发行管理办法》发行，募集资金专项用于某类资金用途的金融债券。一般性金融债与专项金融债最本质的区别在于后者具有明确的政策优惠，并需“专户管理，专款专用”。

二、商业银行专项金融债的发展概况

2005年，中国人民银行发布了《全国银行间债券市场金融债发行管理办法》，对金融债的发行行为进行了规范，发行主体增加了商业银行、企业集团财务公司及其他金融机构。目前，我国商业银行发行的专项金融债主要涉及小微企业贷款、“三农”贷款及绿色产业领域。2011年，中国银监会发布的《关于支持商业银行进一步改进小型微型企业金融服务的补充通知》（以下简称《补充通知》）中首次出现专项金融债的概念，该文件允许商业银行发行小微企业贷款“专项金融债”。《补充通知》对之前发布的“银十条”进行细化，明确支持商业银行发行专项用于小型微型企业贷款的金融债，同时对商业银行提出了更加具体的差别化监管和激励政策，注重加大对单户授信总额500万元（含）以下小型微型企业的信贷支持，鼓励和支持商业银行积极通过制度、产品和服务创新支持科技型小型微型企业成长，以促进小微企业融资。2013年，中国银监会专门印发关于商业银行发行“三农”专项金融债有关事项的通知，允许商业银行发行“三农”专项金融债，募集资金用于发放涉农贷款。商业银行针对“三农”的专项金融债主要是加大对“三农”领域的信贷支持，加快推动农业现代化进程。2014年苏州银行在全国银行间债券市场发行“三农”专项金融债券，成为全国首家发行“三农”专项金融债的商业银行。2015年，为加快建设生态文明，引导金融机构服务绿色发展，推动经济结构转型升级和经济发展方式转变，中国人民银行颁行了《在银行间债券市场发行绿色金融债券的公告》，为商业银行发行绿色专项金融债券的具体行为进行规范。2016 年，为积极响应国家推进生态文明建设的号召，支持绿色产业发展，浦发银行向人民银行和银监会提交了绿色金融债券的发行申请，并获批 500 亿元的发行额度。2016 年 1 月浦发银行成功发行境内首单绿色金融债券，3 月又发行了第二期，两期合计 350 亿元，绿色金融债券发行规模居国内首位。

2017 年 5 月 4 日发改委正式印发了《政府和社会资本合作（PPP）项目专项债券发行指引》（以下简称《指引》），其中内容指出，专项金融债的发行主体不限于政策性银行，各方社会资本均可，为 PPP 项目提供了债务融资新模式，有效拓宽了项目的融资渠道，推进了 PPP 项目融资多元化发展。PPP 项目建设大举推进，中央与地方政府对项目建设信心十足，市场发展前景看好，商业银行此时通过专项金融债支持 PPP 项目的资金需求，能够在满足自身利益所需的同时，为整体 PPP 项目债券融资提供新的动力。

三、商业银行专项金融债的特点

（一）专一的用途

商业银行发行的专项金融债券与一般普通金融债券最大的不同在于，通过债券募集到的资金需投入专项使用中。如小微企业金融债，募集资金专项用于小微企业贷款的金融债券。如“三农”专项金融债，募集资金专项用于发放涉农贷款的金融债券。如绿色金融债，募集资金必须用于清洁能源、节能、污染防治、资源节约与循环利用、生态保护和适应气候变化、清洁交通这六大类绿色产业项目。

（二）专门的管理

募集资金需要专户或者专门台账进行管理，以确保资金专款专用于专项。如《补充通知》要求，获准发行“三农”专项金融债的商业银行，应当建立专门管理和统计制度，实行专户管理和定期考核。如中国人民银行 2015 年出台的《在银行间债券市场发行绿色金融债券的公告》中，要求发行人应当开立专门账户或建立专项台账，对绿色金融债券募集资金的到账、拨付及资金收回加强管理，保证资金专款专用，在债券存续期内全部用于绿色产业项目。

（三）专项的披露

除常规金融债券需披露的内容外，还需要对募集资金适用情况、认证报告和审计报告进行定期披露，对债券支持的产业项目发展及其项目影响等实施情况持续跟踪评估。如商业银行针对“三农”发行的专项金融，政策要求应于发行完毕后一个月内将发行情况书面报告银监会，每年 3 月末前向属地监管机构报告“三农”专项债券管理和使用情况。如商业银行针对绿色产业发行金融债券要求，发行人应当按季度向市场披露募集资金使用情况。发行人应当于每年 4 月 30 日前披露上一年度募集资金使用情况的年度报告和专项审计报告，以及本年度第一季度募集资金使用情况，并将上一年度绿色金融债券募集资金使用情况报告中国人民银行。

（四）专业的流程

针对不同专项发行金融债券，政策普遍要求商业银行在申请时提交项目确定、筛选以及认定的具体材料，因此商业银行需要制定项目筛选标准和评估认定流程，并配套相应的募集资金管理办法，确保内部规范操作。如商业银行申请发行“三农”专项金融债，应当向银监会提交最近两年涉农贷款增长、主要投向、风险管理和产品服务创新等情况的报告，以上材料需要经过专业的程序进行统计汇总。如绿色金融债券募集说明书要求其中应当包括募集资金拟投资的绿色产业项目类别、项目筛选标准、项目决策程序和环境效益目标以及绿色金融债券募集资金使用计划和管理制度等，这就要求商业银行在申请发行针对绿色产业的专项金融债时需要有针对项目评估的专业流程。

（五）监管部门重点关注

由于商业银行专项金融债是为了实现最终资金流向于针对性产业领域，因此在针对不同专项的金融债券规范中突出要求了监管部门的监管要求。如针对商业银行发行小微企业专项金融债的监管，《补充通知》中要求各级监管机构应在日常监管中对获准发行小型微型企业贷款专项金融债的商业银行法人进行动态监测和抽样调查，严格监管发债募集资金的流向，确保资金全部用于发放小型微型企业贷款。如商业银行以“三农”专项金融债募集资金发放的涉农贷款则是要求在计算存贷比时允许在分子项中扣除，并以书面形式报送属地监管部门。对其具体的贷款发放情况有着具体的监管要求。

（六）审核程序加快和简化

专项金融债旨在支持项目发展，满足特殊项目的资金需求，是代表国家产业发展的方向，得到国家财政金融的支持，因此在个体审批核准程序中都要求进行简化和加快，从而更好地及时为项目提供资金支持。如银监会在《绿色债券发行指引》中设专门条款规定，在相关手续齐备、偿债保障措施完善的基础上，绿色债券比照国家发改委“加快和简化审核类”债券审核程序，提高审核效率。

四、商业银行专项金融债与 PPP 项目的契合性

（一）资金用途的契合性

商业银行专项金融债均要求通过金融债券募集到的资金要用于针对性项目，在现已发行的小微企业、“三农”、绿色金融债券中都体现了专一的资金用途，并在发行申请、债券运作、后期资金监管中都有所体现。按照《指引》要求，商业银行发行针对 PPP 专项金融债，旨在通过债券募集的资金用于 PPP 项目建设、运营或偿还已经直接用于项目建设的银行贷款，重点支持能源、交通运输、水利、环境保护、农业、林业、科技、保障性安居工程、医疗、卫生、养老、教育、文化等传统基础设施和公共服务领域。商业银行通过发行针对 PPP 项目的专项金融债能够将募集到的资金统一使用到 PPP 项目上，能够拓宽 PPP 项目的融资渠道，构建多元化的商业银行资金支持模式。

（二）审核程序的契合性

从不断修改的商业银行专项金融债的各项行为规范来看，针对专项金融债的具体审核程序都明文规定“加快和简化审核类”债券审核程序，提高审核效率。这表明了银监会和中国人民银行对于专项金融债在程序上的支持，以尽快实现债券的发行，从而更快获得项目所需要的发展资金。PPP 项目的建设是关于公

共服务领域，在审核程序上的简化，能够使得PPP项目建成的服务功能更快得到实现，对社会生活的和谐建设有着重要意义。在《指引》中，针对PPP项目的专项债也同样明文规定了该简化的要求，“在相关手续齐备、偿债措施完善的基础上,PPP项目专项债券比照国家发改委‘加快和简化审核类’债券审核程序，提高审核效率”。由此可见，商业银行专项金融债与PPP项目的债券发行要求是完全契合的。

（三）债券期限的契合性

商业银行针对不同产业领域发行的专项金融债，在期限上均根据项目的不同特殊性进行要求与调整，且由于专项金融债支持的项目是国家为整体宏观经济可持续发展，协调资本市场秩序的要求，所以其期限相对较长。如针对“三农”的商业银行专项债，其中要求“商业银行申请发行‘三农’专项金融债，募集资金期限应与农业生产经营周期基本匹配，期限原则上不少于3年”。从PPP项目来看，其主要针对自然资源开发、基础设施和公用事业类项目，这些类别项目建设周期较长，对于债券的存续期限有一定要求，所以商业银行专项金融债的特定化债券期限能够更好地满足PPP项目的资金需求。

（四）优惠政策补贴的契合性

从中国银监会和中国人民银行对小微企业金融债券、“三农”金融债券及绿色金融债券等各项规定来看，为了更好支持特定项目和产业的发展，在审核标准、市场准入、财务设计上都出台了有关政策。如通过商业银行的“三农”专项金融债发放的涉农贷款可在计算存贷比时允许在分子项中扣除；如绿色金融债券中允许企业使用不超过50%的债券募集资金用于偿还银行贷款和补充营运资金，并在《公告》中确认“鼓励政府相关部门和地方政府出台优惠政策措施支持绿色金融债券发展”。以上这些优惠政策补贴能够使得商业银行针对项目发行的专项金融债的市场吸引力提高，从而为项目提供更为充足的资金来源。PPP项目本身具有一定的公益性，在项目建设中投入周期较长，前期建设资金的需求极大，能够通过有一定政策优惠的金融债券支持，能够在取得商业银行信贷的基础上创新融资渠道，为项目的发展在资金上创造优势。发改委在《指引》中也有相关规定，“允许企业使用不超过50%的债券募集资金用于补充营运资金”，这相比于其他一般金融债券的比例要求有着突出优势，能够及时地满足 PPP 项目营运资金的需求，解决融资困难的问题。

（五）操作上的契合性

首先，债券设计灵活。目前已发行的包括商业银行针对“三农”的专项金融债、商业银行绿色金融债以及商业银行小微企业专项金融债，在操作上都允许根据项目资金回流的具体情况科学设计债券发行方案，支持合理灵活设置债券期限、选择权及还本付息方式。专项金融债的整体操作设计上具有一定的灵活性，在适应不同项目时能够更好地契合其项目特色从而商业银行能针对性地进行债券期限、选择权、还本付息的设计。

其次，评估工作规范。由于商业银行发行的专项金融债券是针对某个特定项目的，所以对项目的认定是确认发行的前提。从商业银行的绿色金融债券来看，在申请发行时对绿色产业范围的核对包括两个方面，一是有《绿色债券支持目录》，二是鼓励提交独立的专业评估或认证机构出具的评估或认证意见。这样使得特定项目同一般项目能够有所区别。对于 PPP 项目来说，建设项目对于商业银行金融债的竞争在没有专业的项目认定情况下，容易错失已有的融资机会。因此商业银行专项金融债的这一操作能够更好地确保符合 PPP 项目各项规格要求的债券发行后募集到资金。发改委关于 PPP 项目债券也作出此方面的要求，鼓励聘请具有相应行业甲级资质的中介机构为项目编制可行性研究报告。

再次，合同体系建立。在商业银行发行的专项金融债中，为了确保以专项为核心获得金融债券的资金支持，在以往的专项金融债券对其中发行阶段均有要求建立以项目合同为核心的合同体系，并就其中具体内容进行规范。PPP 项目专项债的要求也含有此部分“应建立以 PPP 项目合同为核心的合同体系，相关合同文件应合法、规范、有效，包含股东持股比例、项目运营收益来源和标准（包括但不限于项目运营收入、运营成本、财政补贴、税收优惠、提前终止补偿等）、项目风险分担模式等内容”。

最后，专项信息披露要求。由于商业银行专项金融债在政策上享有优惠补贴，且在实际操作上具有一定简化程序，以及项目本身对于整个社会公众群体的利益相关性，所以对于专项金融债的信息披露有着更高要求。如商业银行发行绿色金融债券就被要求应当按季度向市场披露募集资金使用情况，应当于每年 4 月 30 日前披露上一年度募集资金使用情况的年度报告和专项审计报告，以及本年第一季度募集资金使用情况，并将上一年度绿色金融债券募集资金使用情况报告中国人民银行。PPP 项目与绿色产业项目相类似，对于社会公众群体的生活利益有着较大的关联，所以在发改委的相关《指引》中也要求“PPP 项目专项债券信息披露要求发行人和主承销商应在债券发行前，按要求对项目实施方案、PPP 项目合同、项目入库情况、建设运营情况及本期债券可能存在的风险等事项进行充分披露”。

五、商业银行专项金融债的投资决策流程

（一）前期准备

前期准备工作对于商业银行专项金融债的成功发行及后续投放至关重要，在资金专用的要求下，需对符合专项要求的项目进行摸底和储备，并据此确定该专项金融债券的发行规模。与此同时，搭建规范的内部管理框架，为发行以及后续募集资金投放奠定制度保障。

（二）开展第三方认证

人民银行鼓励进行第三方认证，对项目本身进行第三方评估认证确定项目类型与项目基本情况对于后续一系列材料申报以及债券管理具有重要意义。引入独立第三方进行认证，对项目的标准及执行情况、专项项目决策流程、资金使用流程以及项目储备情况等进行核查，可以从独立第三方角度确保专项金融债券区别于普通金融债券，切实专项支持信贷业务发展，避免道德风险和逆向选择。此外，在专项金融债券发行后，第三方认证机构会持续参与评估过程，可以让市场检验专项金融债券发行后的成效，保障相关信息的公开透明，也有助于发行人后续发行专项金融债券。

（三）准备申报材料

商业银行专项债在申报材料方面没有统一的指引或规定，但是结合目前在

小微企业领域、“三农”领域以及绿色产业领域的专项金融债的各类政策要求归纳汇总后发现以下特点：

第一，专项金融债券的申报材料要求有一定程度的豁免和简化，从而提高了发行人的申报效率。主要是承销协议、评级报告及法律意见书可以不在申报环节提供，后续发行前备案补充即可，简化了申报工作流程。

第二，在申报环节还豁免了发行公告 / 发行章程、偿债计划及保障措施。专项金融债的申报材料往往增加了专业性内容，即专业评估或认证机构出具的评估认证意见。

第三，募集资金投向专项的承诺函。如中国银监会《关于商业银行发行“三农”专项金融债有关事项的通知》中要求商业银行申请发行“三农”专项金融债，应当向银监会提交由商业银行出具的将发行“三农”专项金融债所募集资金全部用于发放涉农贷款的书面承诺。如《补充通知》中，银监会针对小微企业专项金融债要求列明申请发行小型微型企业贷款专项金融债的商业银行应出具书面承诺，承诺将发行金融债所筹集的资金全部用于发放小型微型企业贷款。如《在银行间债券市场发行绿色金融债券的公告》要求金融机构申请发行绿色金融债券需要提交“募集资金投向绿色产业项目的承诺函”。

（四）路演和发行

商业银行专项金融债的路演和发行安排与普通金融债券基本类似，在路演推介环节可以增加有关商业银行专项金融债定义和投资亮点的介绍，也可将发行人在专项信贷业务方面的相关情况和特色进行展示。针对资金专项使用的要求，在募集资金到账后内部管理需要马上跟进，包括资金使用跟踪、后续专项管理等，主要是确保后续披露报告、认证和审计过程都更加顺畅。

六、商业银行专项金融债支持 PPP 项目的障碍及其解决

通过商业银行专业金融债的引入，可以在参与 PPP 项目的成本上分散私人企业的成本，提高项目运行的透明度。但是目前在实际操作中仍存在不可回避的风险和等待完善的空间，如项目监管、具体运行，等等。

（一）商业银行专项金融债支持 PPP 项目的障碍

1. PPP 项目商业模式不成熟

我国 PPP 项目的商业模式还不足够成熟，项目长期合作过程中的风险难以把控，债券投资收益较低会大大降低商业银行发行专项金融债券的积极性，使得在实际发行中甚少商业银行的参与性较低。PPP 项目未充分发挥其社会服务产品所具有的公共产品的特性，资金来源较为单一，对偿债能力会有较大的影响。加上 PPP 项目外部性较强，政府的履约意愿和履约能力都会对商业银行造成较大的利益影响。

2. 项目方与银行协调合作存有阻碍

尽管有相关指导意见的推出，但是作为一种新兴的政府企业合作项目，目前商业银行发行 PPP 专项金融债在国内的可参考的经验极少，国外的经验有碍于不同国情不同制度而难以借鉴适用。因此从立项规划、项目合作、业务操作等方面缺乏经验和相关人才，项目方对接商业银行的合作协调较为困难，专项负责项目的资料汇总收集、项目风险的分析测评、同商业银行结合可能性的工作人员较不稳定，存在操作风险。

3. 无成本优势

从目前与 PPP 项目专项金融债最为接近的绿色金融债来看，目前市场上成功发行绿色金融债的商业银行，其自身评级均为 AA 级和 AAA 级；发行利率主要集中在 2.94%–4%，发行期间主要为 3 年期和 5 年期，因此相比同等评级的发行人发行同等期限的债券，并无明显的价格优势。同时若严格按照监管机构要求，商业银行需要聘请第三方独立的专业机构对所发行的绿色金融债券进行评估或认证，聘请注册会计师对募集资金使用情况出具专项审计报告，发行成本将会提高，甚至高于普通金融债券发行成本。

4. 第三方认证的机构缺乏统一标准

商业银行专项金融债最为重要一环节为特定产业项目范围认定，除了监管部门的有关明确规定以外，还可从第三方认证的方式进行确定。但是从事专项第三方认证的机构鱼龙混杂，尤其是 PPP 项目，缺乏统一规范认证的边界、流程和报告内容；市场缺乏第三方认证机构的准入要求和自律准则，因此第三方认证报告缺乏社会公信力。随着 PPP 项目专项债发行规模的不断扩大，市场对于有着统一标准和社会公信力的跟踪评价体系的需求也日趋强烈。

5. 发行审批程序并无专设绿色通道

目前从商业银行已发行的针对小微企业、“三农”、绿色产业领域的专项金融债来看，其发行审批程序与普通金融债券的发行相同，仍由银监会和人民银行先后进行审批。这就在一定程度上限制了金融机构选择债券最佳发行时点的灵活性，降低了利率询价的灵活性，并未提高市场运行效率。

（二）商业银行专项金融债支持 PPP 项目融资的障碍解决

1. 创新 PPP 项目商业模式

PPP 项目应当充分发挥其提供产品与服务的公共性、排他性与非竞争性，将项目内容充实与丰富，引入多种项目实施与操控的方案。在项目治理、项目规划与项目设计上考虑到长时间段的实施时长，将消费者偏好变化、项目技术工艺改革等可能的市场变化考虑在内，完善 PPP 项目的商业模式。同时，由于 PPP 项日的特殊性，政府履约意愿和履约能力等风险会对商业银行发行专项债积极性有较大影响，需要在商业模式中考虑到外部政治政策环境的变化，从而能够增强银行业金融机构从事 PPP 专项金融债的正面激励。

2. 推动建立完善 PPP 项目评估体系

鼓励项目方同发行人聘请独立机构对所发行的 PPP 专项金融债进行评估或认证，逐步建立起 PPP 专项债的评级机制，统一 PPP 项日的评估标准，要求注册会计师对募集资金使用情况出具专项审计报告，鼓励专业机构对 PPP 项目专项金融债券支持 PPP 产业项目发展及其环境效益影响等实施持续跟踪评估，并及时向市场披露，从而保证项目运行的透明性和规范性，减小信息不对称产生的发债难问题，用市场的方式筛选优质的转向债券，服务于公共领域的建设与发展。对于 PPP 项目的评估也不能仅仅满足于简单判断，应争取开展更深入的评估。

3. 要求构建统一信息披露标准

PPP 项目方应当要求商业银行进行完整的信息披露，使募集资金的数额、具体用途按项目或者具体使用者可进行追踪和查询。国家发改委在《指引》中强调信息披露环节，在 PPP 项目专项金融债发行要求逐渐提高的态势下，应当重点完善披露机制，组建专项披露小组，明确专项金融债的审批和发行银行信息披露的内容。同时通过信息的披露，可以结合电视网络等媒体渠道，扩大信息传播范围，进一步促进专项金融债的市场影响力。

4. 利用好商业银行专项金融债公共示范发行与试点发行机会

在商业银行专项金融债市场发展的前期，政府部门结合重点金融机构进行公共示范发行和试点发行，从而为专项金融债券市场提供必要的交易量和流动性，吸引投资者的参与。当前专项金融债券市场中缺乏具有代表性与影响力的商业银行正式参与，政府在提高有关商业银行的积极性，调动商业银行发行PPP项目专项金融债券的热情时在政策以及规制上做一定宽松化规定，能够在短时间内给予PPP项目融资福利，项目方应当把握住试点机会，争取到专项债募集到的资金利用。

七、典型案例

绿色金融债是指金融机构依法发行的、募集资金用于支持绿色产业并按约定还本付息的有价证券。金融机构通常包括开发性银行、政策性银行、商业银行、企业集团财务公司等。下文我们主要讨论商业银行发行的绿色金融债。

自2015年12月22日人民银行发布在银行间债券市场推出绿色金融债券的公告以来，绿色金融债券已经成了2016年中国银行间债券市场上最耀眼的新星，其融资期限长、融资成本低的特征与绿色金融领域的投资项目相匹配，受到了投资者和项目业主的青睐。从发行数量上来看，自2016年1月27日“16浦发绿色金融债01”首次公开发行以来，截至2017年12月31日我国已累计发行绿色金融债57笔（按债项数目统计），募集资金规模累计2471亿元，发行期限为三年期或五年期，其中累计发行额度超过100亿元的金融机构发行主体分别为交通银行、浦发银行、兴业银行、国家开发银行、北京银行、中国农业发展银行，其累计发行额度分别为500亿元、500亿元、500亿元、200亿元、150亿元、100亿元，共计1950亿元，占我国绿色金融债已发行总量比重为78.92%。从募集资金投向来看，发行主体须将所募集资金投向符合《绿色债券支持项目目录》政策规定的项目。根据绿色金融债发行主体各季度公开披露的募集资金使用情况专项报告，其募集资金投向覆盖了节能、污染防治、资源节约与循环利用、清洁交通、清洁能源、生态保护和适应气候变化六大项目。从整体市场规模来看，当前央行已批准绿色金融债的发行额度为2707亿元，其中有236亿元尚未发行。

各月发行规模统计结果如下图所示：

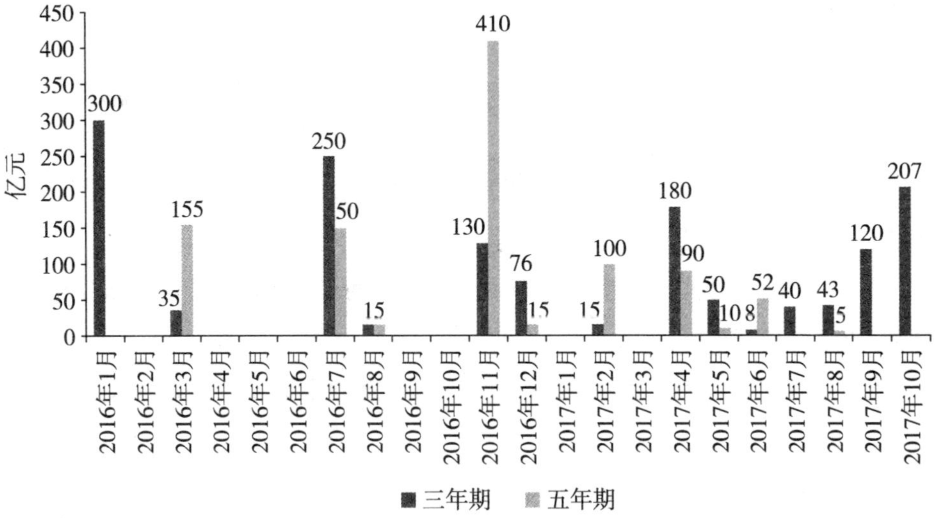

图 14-1 各月发行规模统计

数据来源：中国金融信息网

但是，相比于国际绿色债券的发展，我国绿色债券发展尚为落后。早在 2013 年 2 月国际金融公司就针对发展中国家发行了 10 亿美元的绿色债券。欧洲和美国的发行量巨大，印度、丹麦、巴西、墨西哥等新兴市场的绿色债券发行规模也在不断增长。我国当前绿色专项金融债在发展过程中仍存在系列问题亟待解决。首先，第三方认证的机构鱼龙混杂，绿色评估缺乏统一标准。其次，缺乏成熟的责任投资者队伍。随着绿色金融债发行规模的不断扩大，信托和券商等机构也逐渐参与了投资。但是在实际操作过程中，投资人并不会因为债券贴上绿色标签就放松了风险与收益匹配。事实上，如果后续没有更多的激励性政策，仅依靠社会责任感培育责任投资者队伍，就可能出现后续资金流入乏力的现象。最后，发行审批程序并无专设绿色通道。目前绿色金融债的发行审批程序与普通金融债券的发行相同，仍由银监会和人民银行先后进行审批。这就在一定程度上限制了金融机构选择债券最佳发行时点的灵活性，降低了利率询价的灵活性，并未提高市场运行效率。

八、相关法律法规

1.《全国银行间债券市场金融债券发行管理办法》（中国人民银行令〔2005〕第1号）

2.《在银行间债券市场发行绿色金融债券的公告》（中国人民银行公告〔2015〕第39号）

3.《中国银监会关于商业银行发行“三农”专项金融债有关事项的通知》（银监发〔2013〕39号）

4.《中国银监会关于支持商业银行进一步改进小型微型企业金融服务的补充通知》（银监发〔2011〕94号）

5.《绿色债券发行指引》（发改办财金〔2015〕3504号）

6.《政府和社会资本合作（PPP）项目专项债券发行指引》（发改办财金〔2017〕730号）

第十五章

通过小微企业增信集合债实现 PPP 融资

一、小微企业增信集合债的概念

小微企业增信集合债是政府融资平台发行债券，募集资金以商业银行委托贷款形式发放给小微企业，小微企业偿还贷款的本息用来兑付债券的本息。2013 年 3 月小微企业增信集合债券面向市场发行，自推出以来，通过监管部门和政府通力合作，推动小微企业增信集合债的发行数量和规模逐年攀升。

二、小微企业增信集合债的发展概况

小微企业增信集合债总共经历了三个发展阶段。第一阶段是 2012 年 4 月至 2013 年 4 月为萌芽阶段。此阶段国家发改委先后出台关于小微债长创新券种的通知。2013 年 3 月民生银行首批成功发行小微企业增信集合债，标志着小微债开始发挥服务小微企业需求的职能。第二阶段是 2013 年 4 月到 2015 年 11 月发展阶段，在政策利好的激励下，小微债共计发行 28 期，募集资金共计 165.5 亿元。第三阶段是 2015 年 11 月至今，此阶段为成熟期，国家发改委发布系列管理规定，规范了小微债的实践操作过程。

三、小微企业增信集合债的特点

小微企业增信集合债的设计是建立在集群融资的理论基础上，充分考虑了中小企业集合债券“捆绑发债”的优点，同时根据小微企业的特点对发行的程序和流程进行了改良，其特殊性主要体现在以下方面。

1. 参与主体

从发行主体来看，小微企业增信集合债是以省级、市级、县级地方政府融资平台作为债券的发行主体。对于直接以小微企业作为发行主体而言，地方政府融资平台的优势体现在依托政府的资源优势，在项目的获取和承揽方面更为便捷。同时经过多年的垄断经营，不论是总资产、净资产还是经营活动的现金流和净利润规模都比较大，偿债能力良好，因此相应的资本市场评级级别高，容易得到投资者的认可。

从主承销商来看，小微企业增信结合债和以往企业债相比，能够突破商业银行不能作为承销商发行债券的限制。而商业银行相对于证券公司来说，在企业评估筛选、贷款流程管理以及风险控制方面会拥有更突出的优势。

2. 发行成本

小微企业财务制度较为不健全，信用评级相对较低，因此依靠自身财务状况进行融资的成本会比较高，但是小微企业的融资需求非常旺盛，而且呈现少量多次的特点。而小微企业增信集合债通过地方政府融资平台作为发行人来降低融资的资金成本。因为，发行人为地方政府融资平台意味着拥有政府的隐形信用背书。同时区域内的垄断竞争优势使得政府融资平台公司无论是在总资产和净资产规模还是营业收入和利润方面相比小微企业都有较大的优势，这就提高了发行人的主体评级。

3. 期限较长、方式灵活

小微企业增信集合债与银行为小微企业提供的贷款期限相比具有更大的期限优势。如 2015 年第七师国有资产经营有限公司的小微企业增信集合债的期限长达 4 年，2014 年攀枝花城市建设投资经营有限公司集合债券期限为 5 年。抚顺市城建投资有限公司的小微债分为了两期发行。

四、小微企业增信集合债与 PPP 项目的契合性

1. 参与主体的契合性

从发行主体来看，小微企业增信集合债是以省级、市级、县级地方政府融资平台作为债券的发行主体。而 PPP 项目作为政府资本与社会资本合作的项目，其项目本身存在周期长、投资大的特点，因此通过政府融资平台发债能够大大

提高债券的吸引力，辅助 PPP 项目融资。从主承销商来看，小微企业增信商业银行不能作为承销商发行债券的限制，这一点对于 PPP 项目来说是在发行主体上放宽条件，能够有利于融资来源的拓展。

2. 期限的契合性

小微企业增信集合债从目前市场上的整体情况来看，为小微企业提供的贷款期限相比期限会更长，延长募集资金的实践，提高募集资金的使用效率。这一优势与需要长期限投入资金的 PPP 项目十分契合，能够为 PPP 项目的融资拓展新的方式。

3. 融资成本的契合性

小微企业财务制度较为不健全，信用评级相对较低，因此依靠自身财务状况进行融资的成本会比较高，但是小微企业的融资需求非常旺盛，而且呈现少量多次的特点。在 PPP 项目中，小微企业同政府资本的合作也可通过小微企业增信集合债的方式达到融资目的，并在发行成本控制到位，通过地方政府融资平台为发行人的特点来降低融资的资金成本。

五、小微企业增信集合债的投资决策流程

小微企业增信集合债是一种创新融资工具，融资过程主要分为两个阶段：政府融资平台发行小微债融资阶段和募集资金使用、回收和兑付阶段。

发行主体出具小微企业增信集合债发行的申请、企业信用报告等文件；主承销商负责协助政府融资平台编制募集说明书、可行性研究报告及其他债券发行主管机关要求的必要文件，协调各方签署各项协议文件；会计师事务所负责出具审计报告，并根据发改委要求出具公司主要资产梳理核查的意见；律师负责出具法律意见书；评级机构出具小微企业增信集合债的评级报告和政府融资平台的征信报告；监管银行出具募集资金和偿债资金账户监管协议。同时，监管银行、发行主体和地方政府之间会签订《风险缓释基金三方监管协议》；监管银行、发行主体、主承销商和地方政府签订《关于合作发行小微债的四方协议》（如图 15-1）。

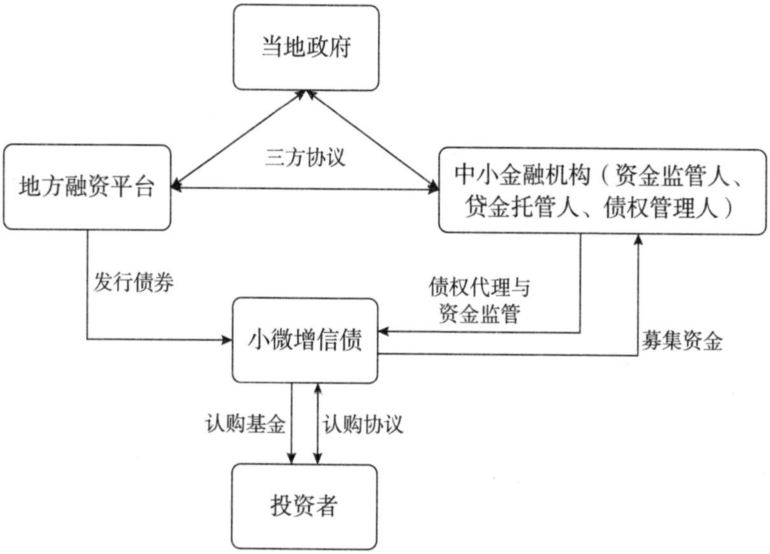

图 15–1　小微企业增信集合债流程

六、小微企业增信集合债支持 PPP 项目的障碍及其解决

小微企业增信集合债虽然在缓解小微企业融资困难、发挥政府融资平台优势上具有明显的重要作用，但是小微债增信措施选择不合理、融资成本过高以及地方政府融资平台风险较大等问题都需要改进。

1. 小微企业增信集合债支持 PPP 项目的障碍

（1）增信措施

债券增信是指债券发行主体为了降低债券的票面利率，保障债券的按时还本付息，满足投资者对于投资安全性的需求，通过采取各种增信措施来缓解债券违约情况的出现，提升债券的信用等级的行为。案例中 16 红果小微债的主体和债项信用等级均为 AA 级，为了达到延长债券期限和控制成本的效果，16 红果小微债采用了附投资者回收站选择权和调整票面利率选择权的 3+1 发行方案。这两者对于投资者而言，票面利率的调整由发行人掌握，调整幅度将存在不确定性，可能下调也可能上调一定幅度，这就使得在债券发行时难以量化发行人调整票面利率选择权的价值，因此从这点上小微债增信效果微弱，对于本身市场对小微企业偿债能力的质疑的消除没明显的作用。

（2）融资成本

我国当前债券融资的成本主要包括利息费用、主承销商的手续费和其他发行费用。利息费用取决于债券的面值与票面利率的乘积。发行费用与承销手续费相差不大，基本是期限越长，发行主体的信用等级越低，发行金额越小，手续费就越高。对于小微债来说发行费用和手续费由于政府融资平台的信用等级所以较为理想，因此融资成本主要取决于债券票面利率的高低，而债券票面利率受制于债券类型、债券评级级别、地域分布、主体偿债能力，等等。小微债由于增信措施、小微企业的违约风险等因素，其票面利率相比其他债券会较高，因此融资成本随之上升。

（3）融资平台风险

地方政府融资平台是各地地方政府为了实施基础设施和市政建设等工程项目，通过财政出资或者划拨土地的形式组建起来的公司。政府融资平台在促进当地经济发展发挥正面作用的同时，也会出现一系列问题。首先地方融资平台在融资过程中可能会存在不规范行为，目前的监控力量不足；其次地方政府有自己的债务危险，影响债券的偿付；最后目前地方政府融资平台公司内部治理结构尚未完善，虽以政府名义在操作资金但脱离了外部监管。可见小微债虽然是以政府融资平台作为发行主体，但是由于政府融资平台目前发展不成熟的风险也会影响债券的市场吸引力。

2. 小微企业增信集合债支持 PPP 项目的障碍解决

针对小微债实际融资过程中的问题，可以从以下几个方面进行改善：

（1）优化小微债增信措施的选择

一般而言债券主体的信用等级较低时，发行主体会选择适合的外部增信措施提高债券的信用等级，以期降低票面利率。首先，常见的内部增信措施包括企业抵押质押股权和房屋土地等流动性高的资产，限定企业对外投资的规模和担保额度，设置回售选择权及董监高承诺债券出现兑付危机时主动降薪和不得离职等措施；其次，外部增信措施主要是第三方提供全额连带责任担保、购买商业保险、银行流动性支持条款等措施。此外，从外部体系环境来说，还需市场加强债券市场中增信体系的建设、培育增信主体等。

（2）推动小微企业诚信体系建设

首先，失信惩戒和守信奖励并举。当前我国小微企业诚信体系建设仍然不够系统，小微企业违约的社会成本较低，投资者面对小微企业违约事件往往束手无策，小微企业的违约风险又提高了小微债的融资成本，因此应该加快完善小微企业诚信体系，增强小微企业和企业家的失信惩戒和守信奖励措施。其次，构建“一站式”信息集中和平衡机制。小微企业的信用信息较为分散，工商、财政、银行、环保、质检和司法等部门都是自成系统，不仅建设和维护成本高，而且信息分散，增加信息查询的难度。以工商部门小微企业信息查询为例，企业信用信息网上面有专门的小微企业名录，但是其中包含的信息主要是企业名称、类型、登记机关、社会信用代码证、行业代码和注册资金数额等工商登记信息，其他相关的信息需要到相应主管部门的网站进行查询。为此，国家应该出台强制性数据信息的征集政策，明确信用信息征集的范围，制定信用信息的及时更新和开放机制，形成覆盖面广泛的一站式查询系统。同时，针对征集的信息建立评价机制，确定小微企业的信用等级水平。通过诚信体系的建设帮助企业树立诚信经营的观念，选择诚信的经营行为，增加违约的社会和经济成本，降低违约事件发生的情况，增强投资者的投资信心。

（3）化解地方政府融资平台风险

地方政府融资平台的风险主要来自地方政府财力增长的可持续性以及融资平台本身的运营和管理的规范性，作为小微债的发行主体，上述风险影响微债的信用等级。针对上述问题，可以从构建地方政府偿债能力、负债情况以及平台公司的盈利能力和偿债指标的风险预警系统，及时发现和预报融资平台公司潜在的风险以及完善融资平台内部治理结构，在平台公司建立起符合法律规范的治理框架和结构。

七、经典案例

贵州盘县（现盘州市）政府融资平台 2015 年 5 月开始筹备 16 红果小微企业增信集合债的发行工作，2016 年 1 月 14 日成功发行 12 亿元小微债，债券期限为 4 年时间，同时第 3 年末附有发行人调整票面利率选择权和投资者回售选择权。16 红果小微债发行主体是盘县政府融资平台，募集的资金委托工商银行六盘水分行，以委贷的形式投放到经工商银行六盘水分行协助选择、推荐并经过发行主体确认的位于红果经济开发区内的小微企业，工商银行六盘水分行负责委贷的后续管理和贷款回收工作。

小微债的发行主体盘县政府融资平台是成立于 1998 年 11 月 6 日的有限责任公司，公司注册资本为 10 亿人民币，盘县财政局和经开区财政局持股比例分别为 51% 和 49%，公司的最终控制人为盘县人民政府。盘县政府融资平台发行了 16 红果小微债。在项目启动阶段，首先政府融资平台形成发债决议；其次政府融资平台筛选中介机构，包括主承销商、律师、评级、担保、监管银行等其他中介机构；最后尽职调查确定发行方案，最终确定盘县政府融资平台小微债的发行基本条款如下（表 15–1）：

表 15–1　政府融资平台小微债的发行条款情况

债券名称	16 红果小微债
发行规模	12 亿元
债券期限	4 年期，第 3 年末附发行人调整票面利率选择权及投资者回售选择权
债券利率	固定利率形式，通过中央国债登记结算有限责任公司簿记建档发行系统确定发行票面年利率
发行对象	银行间和上交所债券市场机构投资者
还本付息	单利按照年计息，不考虑复利，利率逐年支付，本金最后一期支付
信用安排	无担保
信用级别	主体信用等级 AA 级，本期债券信用等级 AA 级

资料来源：盘县政府融资平台公司小微债募集说明书

项目启动后进入材料制作和申报阶段，政府融资平台将材料上报省发改委，省发改委初审后交由国家发改委，国家发改委批复同意发行。16 红果小微债正式进入发行阶段，通过小微债募集的集资通过工商银行六盘水分行以委托贷款的形式投放到经政府融资平台确定的小微企业，并由工商银行六盘水分行负责资金的回收。

从贵州盘县政府融资政府平台发行的小微企业债可以看到不同主体的不同权利和义务。首先，对于盘县政府来说，主要负责日常的指导协调和财政上的专项资金支持，作为债券的“风险缓释”体系的一部分。其次，政府融资平台主要负责落实债券的发行方案。再次，承销商主要负责协助确定政府融资平台的债券发行规模、利率、期限等债券发行中的重要要素，牵头组织债券的发行承销工作。最后，工商银行六盘水分行主要负责项目资金的募集资金和投放。

总的来说，16 红果小微债对于缓解盘县小微企业融资难题、促进盘县地区经济转型发展、拓展政府融资平台营业收入和提升政府融资平台治理水平和对资本市场的影响力发挥了一定的作用。这对于 PPP 项目的融资方式具有重要的借鉴意义，应当学习利用政府融资平台的突出优势，针对性扶持由政府融资平台确定的 PPP 项目，通过平台发行债券继而融资募集资金投向适合的 PPP 项目之上，进而缓解 PPP 项目融资困难的问题。

八、相关法律、法规和政策文件

1.《关于进一步支持小型微型企业健康发展的意见》（国发〔2012〕14 号）

2.《关于加强小微企业融资服务支持小微企业发展的指导意见》（发改财金〔2013〕1410 号）

3.《国家发展改革委办公厅关于简化企业债券申报程序加强风险防范和改革监管方式的意见》（发改办财金〔2015〕3127 号）

4.《企业债券管理条例》（中华人民共和国国务院令第 588 号）

5.《小微企业增信集合债券发行管理规定》（财金〔2015〕3127 号文件附件）

6.《农村产业融合发展专项债券发行指引的通知》（发改办财金规〔2017〕1340 号）

7.《关于开展 2018 年度企业债券存续期监督检查和本息兑付风险排查有关工作的通知》（发改办财金〔2017〕1958 号）

第十六章

通过资产证券化实现 PPP 项目的融资

一、资产证券化及其发展历程

（一）资产证券化的概念

狭义的资产证券化是指信贷资产证券化，按照被证券化资产种类的不同，信贷资产证券化可分为住房抵押贷款支持的证券化（Mortgage-Backed Securitization，MBS）和资产支持的证券化（Asset-Backed Securitization，ABS）。广义的资产证券化是指："某一资产或资产组合采取证券资产这一价值形态的资产运营方式。"它包括以下四类：1. 信贷资产证券化：就是将一组流动性较差信贷资产，如银行的贷款、企业的应收账款，经过重组形成资产池，使这组资产所产生的现金流收益比较稳定并且预计今后仍将稳定，再配以相应的信用担保，在此基础上把这组资产所产生的未来现金流的收益权转变为可以在金融市场上流动、信用等级较高的债券型证券进行发行的过程。2. 实体资产证券化：即实体资产向证券资产的转换，是以实物资产和无形资产为基础发行证券并上市的过程。3. 现金资产证券化：是指现金的持有者通过投资将现金转化成证券的过程。4. 证券资产证券化：即证券资产的再证券化过程，就是将证券或证券组合作为基础资产，再以其产生的现金流或与现金流相关的变量为基础发行证券。①

（二）PPP 资产证券化及其发展

国家发改委、中国证监会于 2016 年 12 月 21 日，联合印发了《关于推进传统基础设施领域政府和社会资本合作（PPP）项目资产证券化相关工作的通知》，要求各省级发改委于 2017 年 2 月 17 日前，推荐 1–3 个首批拟进行证券化融资

① 参见王淑梅：《我国银行业不良资产证券化定价研究初探》，载《商业时代》2011 年第 25 期。

的传统基础设施领域 PPP 项目，报送发改委。发改委将从中选取符合条件的 PPP 项目加强支持辅导，力争尽快发行 PPP 项目证券化产品。[①]2017 年 3 月初，国家发改委向证监会提供了首批 9 单 PPP 资产证券化项目的推荐函，包括交通设施、工业园区、水务、固废处理等类型的传统基础设施领域项目。3 月 8 日上交所和深交所正式受理了其中 4 单项目，3 月 10 日全部获得无异议函。目前该 4 单 PPP 资产证券化产品已经全部成功发行，总规模达 23.96 亿元。[②] 产品信息如下：

表 16-1 四单 PPP 产品的对比

产品简称	发行金额（亿）	产品状态	市场分类	产品分类
九通 PP2017-1	7.06	存续期	企业资产证券化	PPP
绿源 PP2017-1	3.2	存续期	企业资产证券化	PPP
首创 PP2017-1	5.3	存续期	企业资产证券化	PPP
新水源 2017 1	8.4	存续期	企业资产证券化	PPP
总　　计	23.96			

二、PPP 资产证券化产品的特点

PPP 资产证券化作为一种新型的类固收产品，不仅具备资产证券化结构化和信用增级两大共性，而且产品期限可能会有所突破，且 PPP 资产证券化目前尚处于发展初期，存在一定的新产品红利。分析已发行的产品情况，PPP 资产证券化产品的主要特点如下：

1. 类固收与类股权并存。较之普通的资产证券化，PPP 项目资产证券化需

---

① 参见张磊：《我国资产证券化的现状、问题及对策建议》，载《北方经贸》2016 年第 1 期。

② 这 4 单产品分别为："太平洋证券新水源污水处理服务收费收益权资产支持专项计划"（简称"新水源 2017-1"）、"中信证券——首创股份污水处理 PPP 项目收费收益权资产支持专项计划"（简称"首创 PPP2017-1"）、"华夏幸福固安工业园区新型城镇化 PPP 项目供热收费收益权资产支持专项计划"（简称"九通 PPP2017-1"）和"广发恒进——广晟东江环保虎门绿源 PPP 项目资产支持专项计划"（简称"绿源 PPP2017-1"）。

结构化设计，是一种类固收产品，优先级收益相对稳定，它的风险较低，次级为浮动收益，承担主要风险，有些还设有中间级，收益和风险居于其中。目前市场上已发行的收益权资产证券化中，优先级占比较高，可达94.3%。其中优先A级固定利率证券占比93.94%，浮动利率证券占比6.06%，优先B级证券均为固定利率证券；次级证券占比较低，仅为5.70%，且大部分的次级证券是由原始权益人认购的，以实现外部增信。由此可见资产证券化产品具备类固收的属性。①

2. 资产安全性较强。PPP项目资产证券化的一大优势是，可通过多种手段为特殊目的载体发行的资产支持证券提供增信，保障产品的安全性。发改委联合证监会开展资产证券化示范工作，优选主要社会资本参与方为行业龙头企业，处于市场发育程度高、政府负债水平低、社会资本相对充裕的地区，以及具有稳定投资收益和良好社会效益的优质PPP项目，项目资质良好，风险较低。

3. 期限一般较长，可达10–30年。现已发行的收费收益权资产证券化产品5–10年的期限显然难以满足PPP项目10–30年的合作期需求。在当前经济下行的大背景下，长期限的PPP项目资产证券化产品有助于提前锁定收益，增强产品对投资者的吸引力。②

4. 政策约束性强。党的十八届三中全会之后PPP模式备受关注。从国务院到各部委纷纷发文，指导规范PPP模式的运作实施。而且PPP立法工作也在同步进行，PPP顶层设计势必越发完善，法律保障力度加大，政策约束性更强。

5. 基础资产广。PPP项目资产证券化可供选择的基础资产较为广泛，对应到PPP项目的三种回报机制：使用者付费模式下的收费收益权、政府付费模式下的财政补贴、可行性缺口补助模式下的收费收益权和财政补贴，该三种方式拓宽了基础资产的范围。

6. 国家保障力度更大。使用者付费的PPP项目一般现金流稳定、收益更有保障，政府付费的PPP项目已经明确提前纳入财政预算，有政府的人大决议保

---

① 参见《解析PPP资产证券化》，载http://mt.sohu.com/20170705/n500000462.shtml，最后访问日期2018年8月4日。

② 参见《解析PPP资产证券化》，载http://mt.sohu.com/20170705/n500000462.shtml，最后访问日期2018年8月4日。

障，可行性缺口补助的 PPP 项目则介入两者之间。由此可见，PPP 项目通常有政府参与，在政府信用担保的背景下，风险相对可控。[①]

三、资产证券化与 PPP 的契合性

（一）盘活存量 PPP 项目资产

交通、保障房建设、片区开发等基础设施建设领域是 PPP 项目中的重要组成部分，此类工程建设期资金需求巨大，项目资产专用性较高，流动性相对较差。如对 PPP 项目进行资产证券化，可选择现金流稳定、风险分配合理、运作模式成熟的 PPP 项目，以项目经营权、收益权为基础，变成可投资的金融产品，通过上市交易和流通，盘活存量 PPP 项目资产，增强资金的流动性和安全性。

（二）吸引更多社会资金参与提供公共服务

由于 PPP 项目期限长，资金需求大，追求合理利润，加之法律政策层面没有对退出机制明确保障，对社会资金的吸引力相对有限。PPP 项目资产证券化可改善这一特点，促成社会资金的合理、良性退出，创新类的 PPP 项目融资模式可提高社会资本的积极性。

（三）提升项目稳定运营能力

PPP 项目开展资产证券化，是指以真实销售和设立 SPV 的方式隔离基础资产与发起人的财务风险，使得投资者与发行者之间有良好的隔离机制，从而确保项目财务的稳定与独立。[②]

---

① 参见《干货 PPP 资产证券化：特点、模式与主要问题》，载 http://www.360doc.com/content/17/0217/20/33479191_629799602.shtml，最后访问日期 2018 年 7 月 5 日。

② 参见《PPP 项目资产证券化是如何运作的？》，载 http://business.sohu.com/20161227/n477117555.shtml，最后访问日期 2018 年 8 月 3 日。

四、PPP 资产证券化的基本投资决策流程

（一）交易流程

1. 开展尽职调查

PPP 资产证券化项目中的首要基础性工作是尽职调查。对基础资产合法性的尽职调查应当包括：基础资产的法律权属、转让的合法性、基础资产的运营情况或现金流历史记录，还应对基础资产未来的现金流情况进行合理预测和分析。[①]

2. 确定基础资产

根据资产证券化的定义及操作流程，确定基础资产，是进行资产证券化的起点和首要问题。《资产证券化业务管理规定》第 3 条规定，基础资产是指符合法律法规，权属明确，可以产生独立、可预测的现金流且可特定化的财产权利或者财产。[②]

3. 构建特殊目的载体

对于企业资产证券化，原始权益人通过证券公司、基金管理公司子公司或其他证监会认可的有资质的管理人，由其设立专门的资产支持专项计划（简称“专项计划”，即 SPV），对基础资产进行风险隔离、评级、增信等结构化处理，在此基础上发行资产支持证券。

4. 基础资产转让

资产证券化的法律本质是基础资产的出售，即发起人将基础资产通过一定方式转让给 SPV，以便 SPV 依据此资产发行证券。基础资产转让是指发起人将资产出售给 SPV，发起人应与 SPV 签订《基础资产资产买卖协议》。

5. 信用增级

资产证券化的信用增级方式主要有三种：内部信用增级、外部信用增级和混

---

① 具体到 PPP 项目中，根据《通知》的规定，传统基础设施领域 PPP 项目能够进行资产证券化的项目需符合以下要求：（1）完整履行项目审批程序，签订规范 PPP 合同，各方合作顺畅；（2）项目质量达标，能够持续安全运营；（3）已建成并正常运营 2 年以上，已产生稳定持续的现金流；（4）原始权益人信用稳健，最近 3 年无不良信用记录。

② 参见汪金敏：《久旱甘露：承包商 PPP 资产如何证券化》，载《施工企业管理》2017 年第 2 期。

合信用增级。PPP 资产证券化可综合运用多种信用增级方式，包括内部优先 / 次级结构、差额支付、储备金账户等，还可考虑加入外部增信措施，目前外部增信方式比较多的是第三方担保、银行流动性支持、保险三种。[①]

6. 设立与发行

（1）资产支持证券的设立

资产支持证券的成立过程主要为：认购人在阅读并理解了所有相关文件、材料后，基于对计划管理人等中介机构的信任，同意加入专项计划，以其合法拥有的人民币资金认购资产支持证券，并委托计划管理人依据《认购协议》《计划说明书》等合同文件的内容将认购资金用于购买原始权益人的基础资产。

（2）基金业协会备案

《资产证券化业务管理规定》已明确将企业资产证券化改为备案制，“管理人应当自专项计划成立日起 5 个工作日内将设立情况报中国基金业协会备案”。

（3）交易场所挂牌

拟在证券交易场所挂牌、转让资产支持证券的专项计划，管理人应当提交证券交易场所拟同意挂牌转让文件；管理人向基金业协会报送的备案材料，应当与经证券交易场所审核后的挂牌转让申报材料保持一致。[②]

（二）PPP 资产证券化中的若干操作要点解析

1. 使用者付费 PPP 项目中的收益收费权

在大多数使用者付费的 PPP 项目中，资产证券化的基础资产是收益权，这是因为此类有明显的资质限定。收费权本身的转让目前无法办理变更和过户登记，但收益权都是建立在收费权的基础上，因此须把收费权质押给专项计划，以确保现金流的回收。

2. PPP 项目收费权、收益权已存在质押问题

多数 PPP 项目在获取项目融资时已将收费权、收益权质押给金融机构，这与前述所说资产证券化中“相关基础资产以及产生该基础资产的相关资产不应

① 参见丁伯康：《PPP 项目资产证券化的信用评级问》，载 http://www.sohu.com/a/150807126_532149，最后访问日期 2018 年 8 月 2 日。

② 参见《交易所、银行间资产证券化深度解析》，载 http://www.360doc.com/content/16/0619/22/16244952_569113420.shtml，最后访问日期 2018 年 8 月 2 日。

附带权利限制”的要求相违背，在实操中可通过过桥贷款替换金融机构供款解除质押，或与金融机构达成一致，在通过资产证券化融资后归还借款后解除质押的方式解决，具体方式需与金融机构协商。

3. 关于 PPP 项目资产证券化的现金流风险

未来债权是 PPP 资产证券化产品现金流的基本性质，项目公司以提供符合要求的公共服务为基础方能获得相应付费，同时根据 PPP 的相关政策规定，PPP 项目中“严禁通过保底承诺、回购安排、明股实债等方式进行变相融资”。虽然现金流可以实现预测，但是若公共服务不达标可能致使服务费的减少，故而给投资人带来损失。

4. 基础资产的“真实销售”与“出表”

对于 PPP 资产证券化的基础资产出表问题，需要结合基础资产的具体类型来看，如果基础资产是现时的债权，如原始权益人发起人为项目公司融资方，基础资产为信托贷款、委托贷款等，是完全可以实现从原始权益人发起人出表的，但如果基础资产是未来债权，如原始权益人发起人是项目公司，基础资产为项目公司的收益权收费权，则从原始权益人发起人出表无从谈起，因为未来的收益并不体现在原始权益人发起人的表内，是未来可能收到的现金流，所以在开展资产证券化业务的时候，无从实现出表的要求。①

5. 关于 PPP 资产证券化的基础资产负面清单

《证券公司及基金管理公司子公司资产证券化业务管理规定》(以下简称《管理规定》) 第 3 条对基础资产做了详细规定。② 但并非所有符合上述规定的财产权利或财产均可作为基础资产，该《管理规定》第 37 条规定：“中国基金业协会根据基础资产风险状况对可证券化的基础资产范围实施负面清单管理，并可以根据市场变化情况和实践情况，适时调整负面清单。”中国基金业协会发布《资产证券化基础资产负面清单》(以下简称《负面清单》)，其规定的负面清单

---

① 参见李波:《2017 年资产证券化发展报告》，载《债券》2018 年第 1 期。

② 基础资产是指符合法律法规规定，权属明确，可以产生独立、可预测的现金流且可特定化的财产权利或者财产。基础资产可以是单项财产权利或者财产，也可以是多项财产权利或者财产构成的资产组合，其交易基础应当真实，交易对价应当公允，现金流应当持续、稳定，包含的类别为企业应收款、租赁债权、信贷资产、信托受益权等财产权利，基础设施、商业物业等不动产财产或不动产收益权，以及中国证监会认可的其他财产或财产权利。

如下：

“（1）以地方政府为直接或间接债务人的基础资产。但地方政府按照事先公开的收益约定规则，在政府与社会资本合作模式（PPP）下应当支付或承担的财政补贴除外。（2）以地方融资平台公司为债务人的基础资产。本条所指的地方融资平台公司是指根据国务院相关文件规定，由地方政府及其部门和机构等通过财政拨款或注入土地、股权等资产设立，承担政府投资项目融资功能，并拥有独立法人资格的经济实体。（3）矿产资源开采收益权、土地出让收益权等产生现金流的能力具有较大不确定性的资产。（4）有下列情形之一的与不动产相关的基础资产：①因空置等原因不能产生稳定现金流的不动产租金债权；②待开发或在建占比超过 10% 的基础设施、商业物业、居民住宅等不动产或相关不动产收益权。当地政府证明已列入国家保障房计划并已开工建设的项目除外……（5）不能直接产生现金流、仅依托处置资产才能产生现金流的基础资产。如提单、仓单、产权证书等具有物权属性的权利凭证。（6）法律界定及业务形态属于不同类型且缺乏相关性的资产组合，如基础资产中包含企业应收账款、高速公路收费权等两种或两种以上不同类型资产。（7）违反相关法律法规或政策规定的资产。（8）最终投资标的为上述资产的信托计划受益权等基础资产。”

五、PPP 资产证券化案例分析

以“华夏幸福固安工业园区新型城镇化 PPP 项目供热收费收益权资产支持专项计划”为例。

社会资本方华夏幸福基业股份有限公司（以下简称华夏幸福）是一家行业领先的上市产业新城运营商，获中诚信证券评估有限公司给予 AAA 级长期主体评级，评级展望为稳定。主要从事土地整理、基础设施建设、产业发展服务、市政服务以及园区住宅配套开发等。各项财务指标显示短期偿债能力、持续盈利能力均较强。华夏幸福固安 PPP 项目社会资本方股权关系：

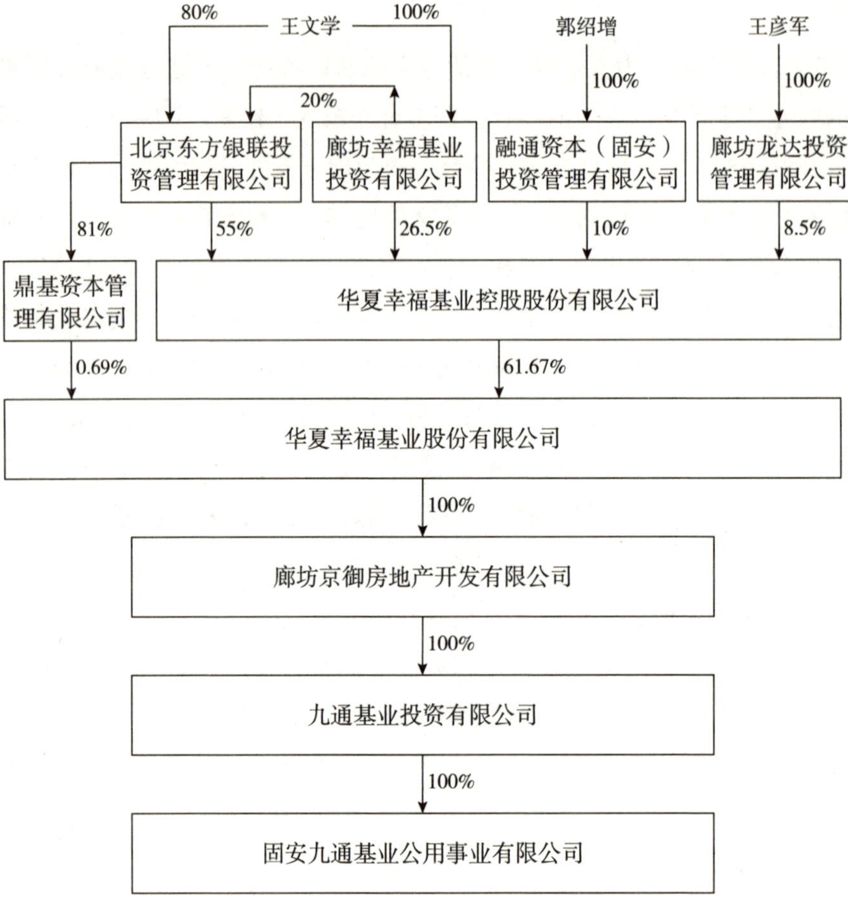

图 16-1　华夏幸福固安 PPP 项目社会资本方股权关系图

基础资产是华夏幸福子公司九通公共事业在 2017 年 4 月 1 日到 2023 年 3 月 31 日内为固安工业园区新型城镇化项目提供供热等公用事业服务而取得使用者付费收入的收益权。固安 PPP 项目是国内最优秀的园区 PPP 项目，并且供热属于刚性需求，项目盈利模式较为成熟，无论是计算收益还是在还款保障上，都有一套成熟可行的标准，中兴财光华会计师事务所压力测试下，现金流对优先级证券本息覆盖倍数超过 1.1。

结构上采用分层设计，优先级资产支持证券募集规模为 6.7 亿元，分为 1 年至 6 年期 6 档，均获中诚信证券评估有限公司给予的 AAA 评级，其中 1 年期优先级资产支持证券票面利率为 3.90%。风险较大的 0.36 亿元次级资产支持证券则由华夏幸福全资子公司九通基业投资有限公司全额认购华夏幸福固安 PPP 项目各档资产支持证券。

华夏幸福固安 PPP 项目是 PPP 在资产证券化领域的应用的有效实践，有一定的模板化借鉴价值。预计未来将有大量 PPP 资产证券化推广复制该项目的经验特点，总结而言，主要有以下特点：一是内部结构化分层，优先级证券规模占比 95%，次级证券规模占比 5%。优先偿付优先级证券预期收益后，再偿付优先级证券本金；之后的剩余资产归次级证券持有人所有。次级证券持有人为固安 PPP 项目原始权益人九通公共事业。二是华夏幸福为优先级证券提供不可撤销差额支付承诺。三是华夏幸福为原始权益人九通公共事业购回及投资者售回提供保证担保。四是华夏幸福为原始权益人九通公共事业提供流动性支持。五是每年监管账户中现金流入对优先级证券本息覆盖倍数保持 1.1 倍以上。①

六、PPP 在资产证券化面临的主要问题

（一）项目公司的适格性

根据 2698 号文规定，原始权益人信用稳健，内部控制制度健全，具有持续经营能力，最近三年未发生重大违约或虚假信息披露，无不良信用记录是重要筛选条件之一。但在很大一部分的非经营性 PPP 中，项目公司相当于一个空壳公司，主要收入也为政府支付的服务费用。类 PPP 项目是否可以原始权益人进行资产证券化？一般可尝试通过协议约定将其所享有的政府付费收入转让给项目公司的社会资本方股东，以其作为原始权益人进行资产证券化。②

（二）政府付费的转移限制

在非经营性项目中，项目公司可获取的收入为政府所支付的服务费用，同样也存在着需要征得政府同意的情形。在实践操作中，有的项目会在实施方案中约定资产证券化过程中由社会资本方与政府方的利益分享机制来解决政府方

---

① 参见《PPP 资产证券化中的金融市场业务机遇》，载 http://www.360doc.com/content/17/0330/16/37236512_641458536.shtml，最后访问日期 2018 年 8 月 3 日。

② 参见《PPP 项目进行资产证券化需要考虑的主要法律问题》，载 http://toutiao.manqian.cn/wz_bQ6PbhaoveB.html，最后访问日期 2018 年 10 月 1 日。

动力不足的问题，即通过资产证券化所节约的项目成本在社会资本方及政府方之间按一定的比例分配，使得政府方也可享受资产证券化红利。[①]

（三）非经营性项目的税收问题

在非经营性项目中，大多数的政府付费回报不包含项目公司运营过程中所产生的税收，因此在非经营性项目中项目公司还需承担相应税收。此外在实践中也有部分非经营性项目的社会资本方为了保证自身的收入可以覆盖其成本，会要求项目公司所取得的政府付费收入由地方政府予以免税。在该种情况下，该等收入可能难以满足资产证券化对于基础资产合规性方面的要求。

（四）运营周期过长问题

无论是经营性项目还是非经营性项目，根据目前政策对于PPP项目的要求，项目的经营期为10–30年，最低不得低于10年，而资产证券化的产品周期一般为3–5年，难以覆盖整个PPP项目的生命周期。此外，基础设施类PPP项目大多属于准经营类项目或者非经营类项目，该类项目的收益主要来源于政府付费或者政府支付的可行性补助，现金流来源较为单一，不仅受到项目所在地政府的财政能力的制约，而且周期过长在一定程度上也造成了此类PPP项目的收入受政策影响大。[②]

七、PPP项目推广应用资产证券化的完善措施

（一）完善PPP项目资产证券化的政策体系及配套措施

一方面，完整的政策体系是促进PPP项目资产证券化进一步发展的理论基础。随着时间完善的标准化的政策文件，有助于解决各阶段出现的问题，调整进行的方向。另一方面，PPP项目的负责部门应该及时响应和支持国家推出的政策，对自身出现的问题做到了解和积极配合解决。对于普遍存在的问题，相

① 参见星焱：《我国PPP项目资产证券化的问题与对策》，载《证券市场导报》2017年第5期。

② 参见《PPP项目进行资产证券化需要考虑的主要法律问题》，载http://www.zhihegl.com/rdgz1.jsp?id=650&type=5，最后访问日期2018年8月5日。

关部门应该对涉及的法律问题做出明确规定，从而建立一个全面的监管体系。[①]

（二）完善 PPP 项目资产证券化的交易机制和操作流程

首先，可针对 PPP 项目资产证券化的特性，提出产品区别于普通资产证券化产品的特定的交易机制，如标准券质押式回购。这一机制可降低风险、提升流动性、增强产品吸引力。其次，PPP 项目资产证券化中已经利用的结构性分层设计也可借鉴公司对债权的分类管理模式，不同等级的产品试用不同的交易机会。最后，公募发行能够一定程度上排除项目期限长融资需求大的问题，进一步降低融资成本，允许公募发行，将市场规模扩大。

（三）以信用评级机制合理划分 PPP 项目资产证券化的风险

风险隔离在开展 PPP 项目资产证券化过程中至关重要，而信用评级机制则是保障其实现的手段。不仅需要通过制定真实出售、破产隔离等手段将 PPP 项目公司与资产证券化 SPV 的风险互相隔离，而且也需要避免风险的过度转移，合理分配风险才是产品需要实现的目标。虽然针对不同的项目，设计的分配规则也应该有所不同，但是最核心的是要做到互惠互利、风险共担、利益共享。[②]

（四）持续加强引入中长期机构投资者

虽然 PPP 项目的特性符合银行等中长期机构投资者的要求，又契合保险和企业年金等资金投资要求，但是因为利益的驱使和准入政策的限制，中长期投资者往往放弃了这种资产证券化产品。由于中长期投资者如社保基金、保险资金、养老金、住房公积金等机构投资者能够推动 PPP 项目资产证券化产品的实现，政府应该对这些机构提供补偿措施或者降低市场准入标准，并且可以考虑将包含 PPP 基金在内的各类社会资金引入市场，促进 PPP 模式多元化、可持续性的发展。

---

① 参见侯丽、张超、盛国军:《PPP 项目资产证券化实务解析》，载《中国商论》2017 年第 4 期。

② 参见孙燕芳、王晓月、肖茗徽:《PPP 项目应用资产证券化融资的问题与对策》，载《管理现代化》2017 年第 5 期。

（五）借鉴国外全业务证券化模式，创新破产隔离方式

破产隔离方式是英国 WBS 模式中一种真实控制模式，且利用的是英国破产法系中独特的行政接管人制度，[①] 研究 WBS 模式的真实控制模式，有助于我国资产证券化发展。需要注意的是 2016 年 5 月企业资产证券化市场出现首单违约，以大成西黄河大桥通行费收入收益权作为基础资产的优先级证券“14 益优 02”，未能在到期日实现兑付。进一步推进资产证券化在 PPP 项目应用，除了从国家政策和法律层面，不断完善相关法律政策和证券化实施方案，还需特别关注项目运营风险和项目现金流，对风险进行准确的识别、评估和分担，进而推动进一步发展。[②]

八、相关法律法规

1.《国务院关于创新重点领域投融资机制鼓励社会投资的指导意见》（国发〔2014〕60 号）

2.《国务院办公厅转发财政部、发展改革委、人民银行关于在公共服务领域推广政府和社会资本合作模式指导意见的通知》（国发办〔2015〕42 号）

3.《关于开展政府和社会资本合作的指导意见》（发改投资〔2014〕2724 号）

4.《关于切实做好传统基础设施领域政府和社会资本合作有关工作的通知》（发改投资〔2016〕1744 号）

5.《传统基础设施领域实施政府和社会资本合作项目工作导则》（发改投资〔2016〕2231 号）

6.《国家发展改革委　中国证监会关于推进传统基础设施领域政府和社会资本合作（PPP）项目资产证券化相关工作的通知》（发改投资〔2016〕2698 号）

7.《政府和社会资本合作（PPP）项目专项债券发行指引》（发改办财金〔2017〕730 号）

---

① 政策规定，担保物权的债券持有人可在发起方破产的情况下，不必寻求法院批准而直接指定行政接管人，由他接管破产债务人所有的资产和业务。这种制度真正地做到了风险的隔离，排除了发起方因经营不善给债权人造成的不利影响。

② 参见孙燕芳、王晓月、肖茗徽:《PPP 项目应用资产证券化融资的问题与对策》，载《管理现代化》2017 年第 5 期。

第十七章

PPP 项目的境外融资

一、PPP 项目的境外融资概况

近年来，国际市场呈现出了一些新的特点，包括市场规模扩大、开放程度提高，国际市场大型、超大型项目急剧增加，承包项目的方式也发生了一系列的变革，国际招标项目中带资项目的数量日益增多，采用的方式也从传统的要求承包商 EPC 总承包，逐步发展为由项目主办人采用项目融资如公私合作伙伴关系（Public-Private-Partnership，PPP）方式承建，这对承包商项目融资、项目管理和运营能力的要求逐渐提高，国际市场的竞争已逐渐成为承包商之间融资、管理等综合能力的竞争。

但是，我国的对外项目承包企业负债率普遍较高，而国内商业银行经营的风险意识普遍加强，贷款审批更加严格，而且通常要求抵押或担保。此外，银行在为企业开立投标保函、履约保函时，经常要求企业提供高额的保证金，在流动资金紧张的情况下，企业拿出这笔保证金往往比较困难，这也制约了企业的业务拓展。由此可见，资金短缺问题已影响了我国企业业务的拓展。“十二五”利用外资和境外投资规划提出随着国内经济与世界经济互动增强，只有进一步推进涉外经济体制改革，构建更加适应开放型经济发展的体制机制，才能不断提高对外开放的能力和水平。同时，国际环境变化对国内发展的影响也将深化，需要更加注重统筹国内发展和对外开放，在有效防范风险的前提下更好地利用外资和境外投资。

对外 PPP 项目融资渠道有很多，本章将对世行贷款、亚行贷款、国外金融机构贷款、境外发债、境外发行商业信托和全球基础设施基金六种融资渠道进行简要分析。

二、世行贷款

（一）世行贷款概述

世界银行集团成立于 1945 年 12 月 27 日，1946 年 6 月开始营业。总部设在美国首都华盛顿。凡是参加世界银行的国家必须首先是国际货币基金组织的会员国。世界银行集团由五个成员机构组成。国际复兴开发银行（IBRD）向中等收入国家政府和信誉良好的低收入国家提供贷款；国际开发协会（IDA）向最贫困国家的政府提供无息贷款（也称信贷）和赠款，IBRA 和 IDA 一起组成了世界银行；国际金融公司（IFC）是专注于私营部门的全球最大发展机构，通过投融资、动员国际金融市场资金以及为企业和政府提供咨询服务，帮助发展中国家实现可持续增长；多边投资担保机构（MIGA）成立于 1988 年，目的是促进发展中国家的外国直接投资，通过向投资者和贷款方提供政治风险担保履行其使命；国际投资争端解决中心（ICSID）提供针对国际投资争端的调解和仲裁机制。

世界银行贷款的有关规定：贷款对象为会员国官方、国营企业、私营企业。若借款人不是政府，则要政府担保。贷款用途多为项目贷款。银行只提供项目建设总投资的 30%–40%，其余部分由借款国自己筹措。银行借款必须专款专用，借款国必须接受银行监督。贷款期限为 20–30 年，宽限期 5–10 年。贷款利率要根据世界银行从资金市场筹资的利率来确定。每三个月或半年调整一次。贷款利率比市场利率要低一些，对贷款收取的杂费也较少。贷款额度根据借款国人均国民生产总值、债务信用强弱、借款国发展目标和需要、投资项目的可行性及在世界经济发展中的次序而定。贷款种类主要有具体投资贷款、部门贷款、结构调整贷款、技术援助贷款、紧急复兴贷款。贷款手续烦琐，要求严格，一般需要一年半到两年的时间。到期归还贷款，不得拖欠，且不得改变还款日期并由借款国家承担汇率变动的风险。

（二）世行贷款融资方式的特点

1. 世行贷款的利率比较低，一般是参考伦敦银行同业拆借利率，还款期在 20 年左右，有 3–4 年的还款宽限期仅还利息不还本。近年来，世行贷款没有承诺费了，但还有贷款总额 0.25% 的先征费。贷款的币种有美元、欧元和日元可以选择。

2. 世行贷款项目实施的整个过程都必须接受世行和国内相关部门的监督和审批。除贷款协议签订前世行要求必须完成的工作外，在贷款协议签订后建设项目进入招标的实质性阶段时，标书的编制、评标报告、与承包人签订合同等，均要得到世行的不反对意见后方可进行下一步程序，而报送世行之前又必须先经过国际咨询专家的审查。

3. 世行明确规定招标采用“公平、公正、公开”的原则，其中最主要的中标原则是“低价中标”。所谓“低价中标”即在所有投标人的报价中，报价最低的获得第一优先谈判权，即使他的报价低得别人难以置信，如果没有十分充足的理由，世行不会因为他的报价远远低于概算及其他投标人的报价而废掉他。

4. 世界银行与其他商业银行不同的一点是，它要求借款人在项目计划、执行、评价、管理和运营等方面采用国际上通常的做法，尤其强调在向借款人输入资金的同时，要求借款人在机构加强、财务平衡和项目运行等方面满足世行的要求。世行认为只有采取企业管理，独立核算，才能保证贷款项目的经济效益和平稳运行。世行贷款倾向于能改善环境、基础设施建设和教育类的项目，这正符合我国调整结构的经济发展战略。①

（三）世行贷款的投资决策流程

1. 项目的选定。作为项目周期的第一阶段，项目的选定至关重要，能否从借款国众多的项目中选出可行的项目，直接关系到世界银行贷款业务的成败，因此，世界银行对项目的选定工作历来非常重视。世界银行对项目的选定主要采取以下几种方式：①与借款国开展各个方面的经济调研工作；②制定贷款原则，明确贷款方向；③与借款国商讨贷款计划；④派出项目鉴定团。

2. 项目的准备。在世界银行与借款国进行项目鉴定，并共同选定贷款项目之后，项目进入准备阶段。在项目准备阶段，世界银行会派出由各方面专家组成的代表团，与借款国一起正式开展对项目利用贷款的准备工作，为下一阶段的可行性分析和评估打下基础。项目准备工作一般由借款国承担直接和主要责任。

---

① 参见马成华、孙健：《浅谈世行贷款项目特点及经验》，载《资本运营》2014 年第 5 期。

3. 项目的评估。项目准备完成之后，即进入评估阶段。项目评估基本上是由世界银行自己来完成的。世界银行评估的内容主要有六个方面，即技术、经济、财务、机构、社会和环境。

4. 项目的谈判。项目谈判一般先由世界银行和借款国双方商定谈判时间，然后由世界银行邀请借款国派出代表团到华盛顿进行谈判。双方一般就贷款协议和项目协定两个法律文件的条款进行确认，并就有关技术问题展开讨论。

5. 项目的执行。谈判结束后，借款国和项目受益人要对谈判达成的贷款协议和项目协定进行正式确认。在此基础上，世界银行管理部门根据贷款计划，将所谈项目提交世界银行执行董事会批准。项目获批准后，世界银行和借款国在协议上正式签字。协议经正式签字后，借款国方面就可根据贷款生效所需条件，办理有关的法律证明手续并将生效所需的法律文件送世界银行进行审查。如手续齐备，世界银行宣布贷款协议正式生效，项目进入执行阶段。

6. 项目的后评价。在一个项目贷款的账户关闭后的一定时间内，世界银行要对该项目进行总结，即项目的后评价。通过对完工项目执行清款，进行回顾，总结项目前几个周期过程中得出的经验和教训，评价项目预期受益的实现程度。

（四）典型案例

乌鲁木齐市外环路项目由所在地政府（乌鲁木齐市政府）根据项目投资具体情况向新疆维吾尔自治区发改委申报，经自治区发改委同意后再向国家发展委员会审批立项，并委托专业咨询公司开展项目的可行性研究和报批。由财政部将资金贷给新疆维吾尔自治区（通过财政厅），而后由新疆维吾尔自治区再贷给乌鲁木齐市政府。贷款类型是伦敦银行浮动利率单一货币美元贷款（USD）。外环路项目办和新疆维吾尔自治区财政厅（RFB）将处理项目财务管理，自治区财政厅财务处将负责监督、维护和核对专用账户；检查和监督提款申请；并证实支付请求符合世界银行的要求。

项目融资第一阶段为国内专家协同地方专家做可行性研究准备阶段，此阶段资金自筹；第二阶段为项目建设施工准备阶段，包含审查项目设计、编写招标文件、人员培训等环节；第三阶段为编写可行性研究报告和完成评估阶段，使用国内资金。

乌鲁木齐市外环路项目建成后，由市政市容管理局所属市政设施有偿收费办公室对乌鲁木齐市本地车辆及外地进入乌鲁木齐市区车辆收费，以此偿还世行贷款。其中，对乌鲁木齐市车辆采用政策性收费，即在运营期内每年年审时收费；外地进入乌鲁木齐市区的车辆则在乌鲁木齐市对外联络的主要干线上设站收费。车辆收费标准的规定，在考虑建设项目总投资费用、按期偿还借款本息、项目投资利率、道路使用者受益程度、使用者负担程度及收费标准对交通量的影响等诸多因素的基础上进行测算。外环路项目贷款通过国家发改委立项，国家财政部与世界银行达成贷款协定，贷款人为乌鲁木齐市外环项目办。在申请世行贷款的同时，乌鲁木齐市人民政府通过实施积极有效的财政补贴保证政策，为项目贷款的按期偿还提供了合法、有效的保障，对贷款合同的最终签订起到了强有力的推动作用。

（五）世行贷款项目的融资障碍及解决

1. 项目可行性研究不充分。根据世行贷款管理程序，项目签约前，要经历项目选定、准备、评估、谈判等几个步骤，这个阶段是整个世行贷款工作开展的基础。在这个阶段中，项目单位要负责组织可行性研究，编写可行性研究报告，并准备向世行提供各种资料。可行性研究不充分容易造成项目建成后，不能发挥预期的经济效益和社会效益，经营性的项目无力偿还贷款。对此问题，项目单位应该充分意识到世行贷款项目是代表政府对外形象的工程，在可行性研究的过程中要充分参与、密切配合，强化项目风险意识，增加项目执行的责任感；应积极利用有丰富世行项目经验的社会中介力量对新上项目的可行性进行评估；要遵循国际惯例，聘用优秀的咨询专家，成立专家技术指导小组对项目的可行性研究进行指导；同时要充分重视外方的项目论证程序，加强与外方专家的密切合作。

2. 国内配套资金不到位。世界银行给世行项目的贷款，并不是贷给项目资金的全部，而是只提供一部分，其余则由国内配套资金解决，这个是世行贷款区别于国内银行贷款的一个重要区别。世行贷款城建项目的国内配套资金主要是财政资金和项目单位自筹。其中绝大多数为固定资产投资项目，项目的建设不仅可以完成利用外资的考核指标，而且可以大规模带动 GDP 的增长，所以在项目申请过程中，承诺的很好，但是项目执行的时候，大都有种种理由不落实配套资金。对此，项目单位应该积极与财政部门沟通，多渠道筹措配套资金，财政性配套资金的筹措应该根据地方财力区分进行，对于有一定财力的，建议上级政府将配套资金的筹措作为工作任务来考核，确保配套资金落实到位；对于财力确有困难的，项目单位可以建议上级政府除考虑区域内统筹资金的落实外，会同相关主管部门为项目单位自筹配套资金创造良好的融资环境，如可以积极安排银行信贷，国内银行贷款可以实行低利率，差额部分可以由财政补贴，可以与国内相关项目相结合，资金捆绑使用，以保证国内配套资金的落实和项目的顺利实施。

3. 项目管理难度大。世行贷款城建项目往往规模比较大，涉及面广，需要跨部门、跨行业进行。财政部作为中国政府的法定代表人与世界银行签订贷款协议，然后在国内层层转贷，这就造成了参与贷款管理的政府层级较多，同时，设计、施工、监理等单位也参与到项目的过程中，整个项目的管理协调难度加大。有时候会出现，部门间、行业间、地区间的扯皮。目前我国的工程管理人员具有世行贷款项目管理经验的不多，也在一定程度上影响了项目的实施。对此，项目单位应适时组织项目培训、研讨和交流，培养一批既精通世行项目管理，又熟悉国内政策条款，并且具有较好外语水平的复合型人才，增强对世行贷款项目的管理水平；同时项目单位也要积极同相关的各政府部门和其他单位沟通，协调各个环节，以便在整个过程中推动项目贷款资金的顺利发放，提高贷款效率。①

三、亚行贷款

（一）亚行贷款概述

亚行的全称是亚洲开发银行，它是一个致力于促进亚洲及太平洋地区发展中成员的社会和经济发展的区域性政府间金融开发机构，它创建于 1966 年，总部设在菲律宾的首都马尼拉。以贷款条件划分，亚行贷款可分为硬贷款、软贷款和赠款三大类。硬贷款是用亚行普通资金提供的贷款，采取浮动利率，每半年调整一次。贷款期限为 10–30 年，含 2–7 年宽限期；软贷款，即优惠贷款，是用亚洲开发基金提供的贷款，而且还债能力有限的亚行成员，贷款期限为 40 年，

---

① 参见杨麟：《我国世行贷款城建项目存在的问题与对策》，载《时代金融》2013 年第 3 期。

含10年宽限期，不收取利息，仅收1%的手续费；赠款用于技术援助，资金由技术援助特别基金提供，但金额有限制。

中国于1986年3月10日正式加入亚行，并任命亚行中国理事和副理事，1987年开始使用亚行贷款。亚行对中国贷款是采取国家政府贷（债务人），并由其为贷款担保，国家将此贷款交中国人民银行总行具体转贷给项目单位（借款单位或金融机构），因此，中国人民银行是我国政府指定的亚行贷款的借款人，是办理亚行贷款的窗口单位，是代表中国政府与亚行签订贷款协议的第一债务人，人民银行总行行长是指定的贷款人代表。

（二）亚行贷款融资的特点

1. 重视扶贫开发。亚行除提供一般商业性贷款外，还提供大量的优惠贷款和赠款。所提供的贷款，把开发落后地区经济和扶贫作为贷款的战略重点，一直给予高度重视。

2. 重视基础设施和农业的发展。亚行贷款的主要领域是发展中成员国经济发展最为重要的部门，重点是能源、动力工业、交通运输、通信项目，以及农业和乡村发展，特别是水利灌溉、谷物增产等计划。

3. 贷款方式多样、灵活。亚行贷款有带有经济收益的硬贷款，也有不以营利为目的的软贷款和捐款；有政府担保的贷款，也有无政府担保的贷款。无政府担保的贷款主要是股本投资和为私营企业或部门的贷款执行机构设立的技术援助赠款。亚行在融资方式上十分灵活，既可直接贷款，也可将资金作为股本投资，还可将信贷与投资结合起来发放给企业或机构。

4. 要求借款国提供配套资金。所谓配套资金，是指亚行对某一项目只提供该项目所需全部资金的一部分，其余部分由借款国本身用当地货币提供，这样既调动借款国的积极性，又有利于亚行向更多的国家贷款。亚行一般提供该贷款项目所需资金总额的40%-80%，远高于世界银行只提供30%-40%的比例。显然，对借款国来讲，它的国内配套资金的压力较世界银行小得多。因此，具有较大的吸引力。①

---

① 参见周启元：《亚行贷款特点及我国利用亚行贷款的现状》，载《国际经济合作》1994年第5期。

（三）亚行贷款的投资决策流程

1. 选项。亚行与我国政府在每年年初进行规划磋商。磋商内容包括年度计划（筛选最有发展前途的贷款项目，确定当年项目清单）和三年滚动计划。

2. 项目准备。亚行对列入当年项目清单的项目，进行评估审查，通常包括以下五个方面：技术可行性、组织体制可行性、财务可行性、经济可行性、社会可行性。

3. 实地考察。如果项目基本成熟，在对可行性研究报告进行详细审查的同时，由亚行官员组成考察团赴借款国实地考察，补充遗漏与修正错误，并索取最新资料和数据，进一步对项目进行综合分析（Fact Finding Appraisal）。考察团成员业务范围广泛，包括财务官员、环境评估官员等各方面人员。

4. 评估。在项目实地考察完成两个月至三个月后，亚行组织各类专家组成评估团再赴借款国进行深入的磋商讨论。在评估结束时，评估团将与中国政府有关部门和项目执行机构进行一次总结性会谈并共同签署一份谅解备忘录。

5. 谈判。谈判之前，由亚行业务部门草拟项目建议报告和项目评估报告、贷款协议和项目协议书等，同时寄送借款国，以便双方都可以进行充分的谈判准备。在项目评估的两个月至三个月后，亚行正式发电邀请借款国当局派代表团赴亚行总部谈判。达成贷款协议和项目协议，由亚行和借款国政府代表签字。协议经亚行董事会讨论通过并履行了必要的法律手续后即告生效。[①]

（四）典型案例

2002年9月26日上午9点40分，水柏铁路全线正式通车。水柏铁路全线位于六盘水市境内，北起贵昆线六盘水站，与内昆线相连，南接盘西支线的柏果站，经红果与南昆铁路相接，是我国西南铁路网中又一条南北干线中重要的一段，构筑了又一条出海捷径，使成都经内昆线到广西的出海口的距离缩短360多公里。水柏铁路穿越了六盘水市境内总储量达50亿吨以上的格木底、杨梅——发耳和松河三大煤田，解决了这些煤田的运输问题，对六盘水资源的开发和沿线地区脱贫致富有着重要意义。水柏铁路总投资32.47亿元，由贵州省和铁道部

---

① 参见杨永平、丁进：《如何利用亚行贷款》，载《中国投资与建设》1995年第3期。

筹集资本金，贵州省出资9.2亿元，铁道部出资8.8亿元，另外，国家开发银行贷款6亿元人民币，亚洲开发银行贷款1.05亿美元，折合人民币8.5亿元。水柏铁路是西南地区铁路建设中第一个利用外资直接参与建设的项目，而且外资投资量很大，占总投资的25%。通过利用亚行贷款，贵州省和六盘水市不仅找到了融资渠道，而且在利用国际金融机构进行融资方面积累了一定的经验。

水柏铁路向亚行的贷款，从开始写项目书到最后的落实，一共只花了1年半的时间。其主要原因是六盘水市委市政府在前期材料准备方面做得比较深入、全面。利用亚行资金与国内筹集资金有很大的区别。亚行主要关注两个问题：扶贫效益和环保。

针对扶贫效益的问题，六盘水市委市政府从3个方面进行了充分的准备。第一，按照亚行的要求和考察的主要内容，把所有的详细资料列出清单。仅扶贫资料一项，就整理有1万多字。第二，关于地方政府为了解决沿线区域反贫困问题都采取了哪些措施，目前在反贫困方面还面临哪些问题。第三，为什么要提出修建水柏铁路。针对亚行关注扶贫效益的贷款特点，重点就解决沿线地区脱贫问题作了调查。当他们通过程序将这些资料递交给亚行时，亚行代表看后非常满意。于是，亚行派专家到水柏铁路沿线进行了实地考察，听取了当地老百姓的意见。在和老百姓的直接交谈中，感受到了老百姓对于修建这条路的期盼和欢欣鼓舞。

关于沿线的环保问题，主要是沿线的水土保持问题，铁二院的专家们自始至终都陪着亚行专家进行考察，他们一提出问题，马上就给出解决方案。

考察结束后，亚行专家认为水柏铁路在扶贫、扶贫效果和水土保持方面给亚行交了一个满意的答案，同时他们对在铁路施工搬迁中老百姓的安置也非常满意，所以在不到8个月的时间里，亚行总部批准了对这个项目的贷款，贷款期限为20年。①

（五）亚行贷款的融资障碍及解决

“亚行”贷款是外币贷款，作为外币贷款必然存在汇兑损益，这里的汇兑损益基本上是汇兑损失，因为银行对外汇是低买高卖，而且这种损失不只在一个

---

① 参见张霞：《水柏铁路项目如何获得亚行贷款》，载《国际融资》2002年第12期。

环节发生。首先，在外币贷款支付到位时，要将外币折算成人民币，此时，对借款人来说是外汇卖出，银行是外汇买入，借款要发生汇兑损失。其次，当“亚行”贷款到期在偿还本金利息时，我们不得不再将人民币折算成外币，此时对借款人而言是外汇买入，银行为外汇卖出，所以借款人再一次发生汇兑损失。而且，我国是外汇管制国，对于每一笔外汇业务都要经过外汇管理部门的严格审查，在获得外汇管理部门的批件后方可办理。外汇管理部门的审查也不是一件易事。对于“亚行”贷款，由于是外币贷款，若想提前还款，也要经过外汇管理部门的核准，而对此种情况外汇管理部门很难批准。这也会给借款人带来不必要的损失。

为减小外汇风险，项目单位应该积极利用亚洲开发银行推出的一系列新政策和融资产品。这些新产品包括分期融资、次主权和非主权融资以及本地货币贷款。所谓分期融资，就是亚行给贷款对象一个授信额度，按照项目进展情况，分期分批发放，而不是像以前那样一笔贷款不论多少，一次性直接给贷款对象。这样可以加大资金利用效率，控制风险。而次主权和非主权融资是指以前亚行在发放贷款时，一般都要发放贷款对象的主权国家做主权担保。实行新的贷款产品之后，亚行对国有企业的贷款可能就不再需要担保，或者省级政府的信用就可以担保发放贷款。另外，所谓本地货币贷款，则主要指今后亚行可以发放人民币贷款，而人民币贷款的来源则主要是亚行在境内发行的人民币债券。

四、境外金融机构贷款

（一）境外金融机构贷款概述

境外金融机构贷款是指境外的金融机构（包括银行、非银行金融机构）及中资金融机构海外分支机构提供的贷款，包括国际银团贷款（境内机构份额除外）。以欧洲货币市场为例，欧洲货币市场是国际货币市场的中心，欧洲货币市场上的商业银行贷款分为短、中、长期三种。短期一般不超过一年，其中以 30 天到 90 天为期的短期借贷较多。借贷利率经双方商定，一般低于国内商业银行对客户的放款利率，借入单位的资信条件对借款额度、期限、利率均有影响。存放款利率一般相差 0.25% 到 1%。

中、长期信贷的期限一般为2年、3年、5年、7年，最高为10年。贷款额度较大、期限较长的长期贷款有时由多家银行组成银团联合放贷，这样既可加强资金供应能力，又可分担可能的风险。贷款利率还要附加利率，大多定为浮动利率，每三个月或半年调整一次，把利率定死不变的虽也有，但为数极少。

（二）境外金融机构贷款的特点

1. 境外金融机构是非限制性贷款，不限贷款用途、不限贷款金额、不限贷款币种。

2. 境外贷款利率较高，按国际金融市场平均利率计算。

3. 境外金融机构贷款更加看重贷款人的信誉。

4. 在还款方式上，境外金融机构贷款相对灵活：贷款方可以与金融机构协商，根据现金流状况，按月、按季或者每半年归还。

（三）境外金融机构贷款的融资流程

1. 申请前的准备工作：编写项目建议书、进行项目可行性研究、编制项目可行性研究报告、确定国内筹资途径、组建对外谈判队伍（包括律师，工程技术人员，会计师和市场营销专家），并准备好所需的材料、选择贷款银行，借款公司根据项目的具体情况、金融市场状况、及其资金实力等来确定恰当的贷款银行。

2. 向境外金融机构提出贷款申请。借款方在完成上述准备工作之后，即可向国外商业银行提出贷款申请，同时提交以下文件：借款人法律地位证明文件、律师建议书、项目可行性研究报告和资产负债表以及境外金融机构需要的其他文件。

3. 与境外金融机构进行谈判。借款双方就有关贷款金额、期限、利率、费用、偿还方法等问题进行谈判，达成协议后双方签订借款合同。

4. 借款人按照合同的规定分期或一次性提取贷款。

（四）典型案例

2015年8月14日，大横琴公司完成一笔跨境人民币贷款，上海浦东发展银行香港分行在完成了贷款发放手续后，将2.74亿元跨境人民币贷款资金顺利汇入了珠海大横琴投资有限公司专户。该笔贷款期限五年，并可以根据实际情况进一步延展五年，贷款期最长可达十年。本次跨境人民币贷款是 2015 年 7 月 13 日中国人民银行广州分行颁布关于《广东南沙、横琴新区跨境人民币贷款业务试点管理暂行办法》以来，珠海单笔金额最大，期限最长的跨境人民币贷款，也是大横琴公司继赴香港发行 15 亿元人民币债券后在跨境融资方面的再次创新。此次跨境人民币直贷在中国人民银行广州分行跨境办、中国人民银行珠海市中心支行的大力支持下，由上海浦东发展银行香港分行作为贷款银行，向大横琴公司发放贷款。项目的顺利完成，将为横琴新区内企业直接从境外市场融入低成本的离岸人民币资金提供可参考、可借鉴的案例。

2016 年 1 月 22 日上午，珠海大横琴股份有限公司与香港恒生银行跨境人民币贷款融资业务签约仪式在横琴新区规划建设展示厅横琴道会议厅隆重举行。签约仪式上，大横琴股份有限公司首席财务官李伟君先生与香港恒生银行（中国）副行长区伟权先生分别致辞，并代表双方企业签订了贷款融资函。此次融资合作项目是横琴新区首个与外资银行开展跨境贷款业务的金融创新案例，也是横琴单笔金额最大的外资银行跨境人民币直贷业务，充分彰显了外资金融机构对横琴自贸区蓬勃发展的肯定与信心。

（五）境外金融机构贷款的融资障碍及解决

首先，现阶段，对待境外金融机构贷款往往都将其作为建设不足资金的补充，特别是目前国内金融政策偏紧的情况下，更是将境外金融机构贷款当成了“取款机”，短期目光偏重，对贷款项目带来的“软效益”，如项目质量和管理水平的提高、管理体制的创新等认识不足。其次，为了争取把“蛋糕做大”，最大限度地取得境外金融机构贷款，往往对项目不做科学论证，在借用境外金融机构贷款初期，对境外贷款的币种汇率波动等方面缺乏相应的汇率风险管理工具的应用，对潜在的风险重视程度不够。最后，对境外贷款项目操作程序的复杂性也缺乏必要的了解。从境外贷款期限结构上来看，长期境外贷款比重明显偏大，债务期限分布不尽合理，导致偿还期限过于集中，容易积聚境外贷款的偿还风险。还有，境外贷款管理体制需进一步理顺，境外贷款主要由政府承担担保责任，增加了政府还贷风险，也严重影响了项目的顺利实施。同时缺乏规避风险方面的手段，对境外贷款如何进行展期和续贷研究过少，对如何充分利用借新还旧等降低贷款风险工具缺乏认识，对未来发生的风险缺少准备，还没有建立必要的偿债基金，容易出现过度使用境外贷款而可能引发到期无法偿还的矛盾。

因而，我们应辩证地对待境外金融机构贷款，合理使用，充分发挥其使用效益。一是要根据经济和社会发展的需要，以及国家配套和偿还能力，合理确定借用境外金融机构贷款的规模和结构，将境外贷款的主要财务指标控制在安全线以内，加大债务清偿力度，确保对外信誉。二是规范和加强监管，切实防范金融和境外贷款的风险。全面提升和改善利用境外贷款的产业层次和结构，提高境外贷款的质量和效益。三是做好境外贷款项目规划，结合境外贷款的特点，注重提高申报项目的质量，做好项目的前期准备工作，提高贷款工作效率。继续加强境外贷款项目系统化、高效化的管理，进一步完善项目申报、审批制度，以建立起科学高效的工作运行机制。[①]

五、境外发债

（一）境外发债概述

境外发行债券，即国际债券，是一国政府、金融机构、公司或国际组织为筹措和融通资金，在国外债券市场上发行的以外国货币为记值单位的有价证券。在境外证券市场发行债券是国内筹资主体海外融资的主要渠道之一。国际债券的利率低，还款期限更长，适合于基础设施的资金需求。其适用主体广泛，风险较小，是境外投资者更为安全的投资选择。

国家宏观政策目前也积极支持境外发行证券，其中《国务院办公厅关于当前金融促进经济发展的若干意见》（国办发〔2008〕126号）（“国办三十条”）之第13条规定“扩大债券发行规模，积极发展企业债、公司债、短期融资券和中期票据等债务融资工具。优先安排与基础设施、民生工程、生态环境建设和灾后重建等相关的债券发行。积极鼓励参与国家重点建设项目的上市公司发行公司债券和可转换债券。稳步发展中小企业集合债券，开展中小企业短期融资券

---

① 参见王敏:《谈谈利用国外贷款中存在的问题及对策思考——基于昆明技术开发区的实践》，载《区域经济》2011年第26期。

试点。推进上市商业银行进入交易所债券市场试点。研究境外机构和企业在境内发行人民币债券，允许在内地有较多业务的香港企业或金融机构在港发行人民币债券。完善债券市场发行规则与监管标准"。国办三十条重点提出允许在内地有较多业务的香港企业或金融机构在港发行人民币债券。

目前，我国境内企业海外发行债券的案例较少，但随着中国企业海外股权融资的增多，海外上市的中国企业发行的外币债券或可转债，成为中国企业海外发行债券的主体，如中海油、中移动、上海实业、招商局集团已在海外发行债券。但中国企业海外发行债券的总体比例还不高。按照目前实务操作的案例，境外发行债券的情形包括在境内注册的公司在境外发行债券，以及在境外注册的公司在境外发行债券但涉及相关中国境内权益（如红筹公司在境外发行债券）。

（二）境外发债的特点

首先，境外发债的资金成本较低。主要原因有：一是债券融资有财务杠杆效益。二是投资债券的收益率低。三是债券通过国际承销团在多国发行，广泛的资金来源有助于发行计划的成功以及融资成本的降低。其次，境外发债的发行规模即筹资金额较大，且资金使用灵活。在国际成熟的资本市场上，债券融资额通常是股权融资的 3–10 倍。从世界范围来看，国际债券融资额约占国际融资总额的 60%。[①] 对于发行外国债券所筹集的资金，债权国一般对其具体用途和使用进度并无严格限制，因此相对较为灵活。再次，境外发债有助于企业规避汇率风险。如在境外发行美元债券筹集的美元资金可以直接使用，无须兑换成其他币种，有助于规避汇率风险。最后，境外发债属于债务融资，股东权益不会被稀释，不影响股东的持股比例，公司的控制权不会受到影响，而且还具有财务杠杆优势，有助于优化企业的资本结构。

（三）境外发债的融资流程

一是公司内部审批和发行结构设计。企业在境外发债前需要对自身现金流进行分析，根据资金需求情况确定债务融资的金额和期限，同时对债务资本市场进行相对长期的跟踪分析，以便选择在合适的时机融资，在综合考虑后，最

① 参见陈明杰：《境外债券融资潮起》，载《中国石化》2014 年第 8 期。

终就发债规模、期限组合、发债时机等报企业决策层审批。

二是中介机构的聘请和债券发行启动大会。在企业内部审批完成后，即可确定债券发行承销商、企业律师及审计师、债券托管人、债券评级结构等中介机构。

三是评级安排、文件准备和尽责调查。通常境外债券发行需要聘请两家国际评级机构。由于评级机构选择余地有限，评级机构都会按照标准资费进行收费（除非与企业有长期战略合作关系）。通常可请评级承销商协助准备评级工作，一般需要 3 周时间。文件准备主要由文件行负责协调，公司律师及公司提供相关资料和进行审核。首次债券发行的文件准备通常需要 4 周时间。尽责调查包括企业管理层尽责调查，财务尽责调查，业务尽责调查，法律尽责调查，审计师尽责调查，文件尽责调查及交易前、定价前及交割前的尽责调查等。

四是公布债券发行交易及进行定价、分配、交割。在文件准备、评级（通常会在公布交易后公布评级结果）、尽责调查及相关审计师安慰函、律师意见书等完成后，经过企业与承销商在对市场进行充分讨论后，如无重大市场不利影响，企业可在合适的时间宣布债券发行交易。债券通常会在债券定价后的 3–5 天进行交割，即公司委托债券托管人向承销商签发债券，承销商将发债资金汇入发行人账户。由于债券发行通常被视为价格敏感信息，上市公司特别要注意对公布交易、债券定价及交割时的相关信息披露。①

（四）典型案例

2015 年 7 月 15 日，滨海建投集团成功在境外资本市场完成 8 亿美元的外债发行。从 2014 年年底，其就开始在香港搭建境外融资平台，到成功发行，仅用了半年多时间，滨海建投集团此次海外融资之旅走得顺风顺水，这得益于发行主体的高信用等级护航。作为发债主体，滨海建投先后获得穆迪、标普和惠誉三大国际评级机构 A3/A–/A– 的评级。在国际资本市场上，发行主体的信用等级直接决定了发债是否成功以及融资成本高低，发行价格能够充分反馈信用等级等在内的各种风险因素信息。

随着天津滨海新区开发开放、京津冀一体化以及天津自贸区和“一带一路”

---

① 参见匡效兵:《境外融资“全景图”》，载《中国外汇》2015 年第 15 期。

等多个国家级战略的逐步实施，天津以独特地理优势在实施国家战略、带动区域发展中发挥重要作用，经济和财政实力也逐渐增强。对资本市场来说，这无疑是强有力的“隐性”担保，也成为此次发债成功最强的增信。

结合国际信用评级结果，滨海建投聘用了由中银、星展、汇丰、渣打等国际债务资本市场实力雄厚的承销商组建承销团，精心设计发行结构和期限结构，准确把握定价区间与发行时机。在发行结构上，搭建“主体评级 + 维好协议”的发行结构，并提供股权回购和流动性承诺，创新发行模式；在期限结构设置上，分为 3 年期 3 亿美元和 5 年期 5 亿美元，向亚州、欧州市场同时发行。

路演期间，恰逢希腊债务危机、伊朗核谈判以及国内的 A 股市场剧烈震荡，市场交易萎缩，不少企业也暂缓发行节奏。7 月 13 日，欧元区领导人就希腊问题达成一致意见，市场形势转好，抓住转瞬即逝的机会，滨海建投当即决定启动发行。来自亚洲和欧洲的国际投资者，包括商业银行、投资银行、对冲基金、债券基金、资产管理等多元化机构投资者，表现了相当的热情，共收到 200 余笔、总额超过 42 亿美元的订单，最终定价较初始价格指引收窄 20 个基点，确认 169 笔、总额超过 34 亿美元的订单，超额认购达到 4.25 倍，票面利率成功收至 3 年期 3.1%，5 年期 4% 的较低水平，综合票面利率收低至约 3.55%。投资者地域分布为亚洲投资人约占 90%，欧洲投资人约占 10%；投资者类型分布为基金经理和保险公司约占 50%，银行约占 40%，私人银行约占 10%；投资分布均匀，初始定价合理，二级市场表现稳定，7 月 24 日起已在港交所上市公开交易。①

成功发行仅仅是境外发债完成了一半，让资金快速畅通回流，才算完成完整的发行周期。在资本账户尚未完全放开的情况下，滨海建投借助滨海新区金融改革先行先试和自贸区试点等多项政策便利，合理筹划了三条资金回流渠道。以滨海建投旗下外资融资租赁企业为第一条回流渠道，通过一定的外债指标，使得境外发债筹集的资金回流到租赁业，盘活集团的环保产业、基础设施等存量资产。2011 年，天津市发布了《关于本市开展外商投资股权投资企业及其管理机构试点工作的暂行办法》及其实施细则，境外机构投资者在通过资格审批和其外汇资金的监管程序后，可以将境外资本兑换为人民币资金，直接投资于

① 参见盛长琳:《滨海建投打通境外发债创新融资渠道》，载《新金融观察》2015 年 7 月 27 日第 17 版。

国内的 PE/VC 市场，也就是所谓的 QFLP 试点。滨海建投海外募资平台已通过天津市发改委的 QFLP 资格审批，正在发起成立滨海新区战略性新兴产业基金群，支持轨道交通、节能环保、电子信息、生物医药、高端装备制造、文化创意等产业发展和转型升级。另外，借助天津自贸区资本项目开放试点的政策优势，利用跨境人民币双向资金池等创新业务，帮助集团企业打通跨境资金通道，实现集团境内外资金实时归集，提高资金的使用效率。同时，为了防控汇率风险，滨海建投制定了募集资金结汇及套期保值管理制度，锁定汇率风险敞口，确保资金使用安全高效。

如今，滨海建投集团正在抓紧研究欧元债、中期票据计划等多种国际资本市场债项创新融资方案，未来适时实施股权融资，逐步形成股权带动债权、境外补充境内、通道引导非通道、直融促动间融的全方位、立体化的多元融资格局，不断探索滨海新区城市基础设施建设投融资创新模式，充分发挥滨海新区基础设施建设主力军和先锋队的作用，助力新区快速发展，做出更大贡献。

（五）境外发债的融资障碍及解决

首先，我国企业普遍对在境外市场发行债券的具体流程缺乏了解，表现在国内企业的财务制度未完全适应国际化的融资要求，不熟悉需要合作的中介机构等。

其次，内地非金融企业境外发行外币债券或人民币债券，如果通过正常的途径申请，最后在发债完成后通过外汇管理局的批准可以调入境内使用。由于申请流程比较麻烦，很多境内企业常选择“内（担）保外（发）债”进行融资，即在港注册一家壳公司，境内银行或母公司提供担保，由境外公司在港发行人民币债券，从而避开直接发债的诸多政策壁垒。但是这种“内（担）保外（发）债”资金是不允许回流的，这也给企业调动资金带来了困难。

最后，国际金融市场的资金成本受不同币种利率、各币种之间汇率影响很大，甚至也受各种突发事件如战争、自然灾害等的影响，最终也会体现在债券发行利率上。这些市场变化因素使已经在境外发债的企业的偿债成本有所上升，增加了企业的财务压力。

针对这些障碍，首先，有境外发债需求的企业应当积极了解最新政策，在发债之前，要对国际债券市场监管机构对发债相关的审计机构、承销机构、信用评级机构的准入制度和相关政策进行了解，对市场上的中介机构进行充分调查，选择适合本企业的中介机构。

其次，对于选择了“内保外债”方式在境外发行债券的企业，可以通过合法的途径来使“内保外债”资金回流。目前“内保外债”曲线发债行为募集资金回流国内的合规路径主要有以下几种方式：（1）在国内已设有外商投资企业的发行人，可以将境外发债资金对已有的外商投资企业进行增资，将募集资金转入国内，这种方式可实现的入境资金规模较大。债券到期时，可通过境外再融资或转让子公司股权的方式偿付本金。（2）在境外设立 SPV（特殊目的公司）作为发债主体，境外 SPV 与境内主体公司的子公司新设合资公司（或境内设立独资公司）。境外 SPV 成功发债后，以资本金或“资本金 + 借贷方式”将发债资金转入境内合资公司（或独资公司）。新设的合资公司（或独资公司）根据相关要求，提供合同、发票等实际资金需求凭证，逐笔结汇。（3）采用融资租赁公司的通道进入，由境内融资租赁公司通过其外债额度向境外借款，由融资租赁公司投放给发行人。

最后，企业要积极应对汇率和利率风险，选择最优发债计划。人民币汇率下降的风险仍然是我国发行外债所面临的最大挑战之一。企业应积极关注国际金融宏观和微观政策，关注人民币汇率的中长期走势，综合比较国内和国际的融资利率变化趋势，结合企业自身的融资需求，选择适当的时间窗口在境外发债。同时企业应积极关注各种币种的利率和汇率，选择适合自己的债券发行币种。[①]

六、境外发行商业信托

（一）商业信托概述

商事信托，即信托的商业化运作，泛指一切在商事活动中所采取的信托手段，区别于赠予性质、传统意义的私益信托，是内涵很宽的上位概念。在美国，商业信托仅特指以信托形式组织起来的一种自愿联合体，以区别于依法成立的

① 参见杨国强：《中国企业境外发债特点、问题及建议》，载《债券》2016 年第 3 期。

公司、合伙企业组织。[①] 商业信托是商事信托的一种高级形态，《布莱克法律辞典》（Black's Law Dictionary）对商业信托的定义是："一种类似公司的商业组织，但其投资者所持有的是可转让的收益权凭证，而非股票。"[②] 在我国，商业信托因为翻译不同而经常与商事信托、营业信托混用，实际上，我国对信托的认识还处于"传统的商事信托"阶段，仅仅把信托视为契约关系，作为商业领域的工具。商业信托的本质是以信托形式成立的一种企业经营组织，即商业联合体，是指以信托原理经营商业，以契约成立的一种自愿性的，有别于公司、合伙的企业组织形式。商业信托的本质至少包括：具备商业投资目的、信托经营形式、商业经营组织这三大法律特征。其基本运作方式是：受益人投资形成信托财产，对价换取受托人发行的信托受益凭证，由受托人为了受益人的利益管理经营。商业信托集中信托运作方式和企业组织经营的特色，从信托运作方式而言：所有权和受益权相分离，信托财产独立性，破产隔离；从企业组织形式而言：当事人有限责任，受益权大众化、有偿对价且自由转让，专业受托人实行积极的外部管理，商业信托具有商事主体地位。

（二）境外发行商业信托的融资流程

以境外房地产投资信托为例：

1. 建立资产池。确认首次公开发行商业信托的目标物业（资产），宜锁定在房地产产业链中相对成熟的收租型商业物业中。然后，挑选理想的物业进行组合，建立资产池，资产池的大小据实际情况而定。

2. 进行审计及资产评估。对物业（资产）进行评估的过程中，宜与国外知名投资银行紧密合作，并与审计师事务所、律师事务所及评估行等机构共同对物业（资产）的状况、财务、税务和法律等方面进行尽职调查，出具相应报告。

3. 上市前的融资安排根据实际情况，为国内资产设计过桥融资方案，安排上市前融资。

4. 实施资产重组。在方案操作过程中，为了获得上市融资的最大化效果，可根据物业（资产）的基本特征（所在城市、具体地段、出租率、物业业态、

---

① 参见沈四宝：《商事信托制度的现代发展》，载《甘肃政法学院学报》2005 年第 7 期。

② 参见 Black' s Law Dictionary（8th Ed. 2004）。

建筑年代等）以及整个资产池的总体特征，对交易结构进行微调，大致包括以下方面：①制订在国外注册公司的具体方案；②信托的融资比率；③信托基金单位的定价，以及对不同的机构投资者的优惠认购价；④承销商上市路演的具体方案。在作出上述可能的微调之后，便可确定信托上市的最终交易结构。

5. 签订协议成立相关公司并与信托公司签订信托服务协议，包括以下几方面：①在国外设立公司，将资产转移至设在国外的公司；②设立资产管理公司；③与信托公司签订信托服务协议。

6. 发行地当局审核。这是信托上市前的重要环节，必须把准备好的所有材料送达拟上市国家或地区有关管理当局审核。主要内容包括上市条件、资产管理人和受托人的资格以及信息披露等。

7. 向公众发售信托基金单位。设立信托的申请获得有关管理当局批准后，信托海外上市业务就进入最后一个环节了，即向公众发售基金单位。发起人将认购一定比例的基金单位。除了一般公众以外，基金单位认购者还包括机构投资者和战略投资者。[①]

（三）典型案例

2015 年 12 月 11 日，新交所迎来了今年首个主板上市公司，北京华联集团旗下商场以房地产信托形式，北京华联商业信托（BHG Retail Reit）在新首次售股上市。该信托发售价为每股 0.8 新元，发售超过 4.9272 亿股，其中供公众认购的超过 1.5116 亿股，总计约 1.2 亿新元。

根据披露，北京华联连同赞助商深交所挂牌的北京华联商厦、战略投资者北京华联集团（新）国际贸易私人有限公司（北京华联商厦大股东）以及中国恒天集团、中国人寿保险、招商银行资产管理公司以及华彬集团和中国红牛集团董事长严彬 4 个基石投资者共认购该信托 69.9% 股权。该信托 2016 年预测股息收益率为 4.5%，但由于赞助商和战略投资者承诺 2016 年将不拿股息，股息收益率增加至 6.3%。北京华联由此向海外投资者表明对该信托的支持以及长期增长和发展做出承诺。

---

① 参见赵力群:《关于离岸式房地产投资信托基金的组件》，载《管理学报》2007 年第 4 卷增刊。

本次进入华联商业信托的5个商场分别为北京华联万柳购物中心、合肥蒙城路购物中心、成都空港购物中心、大连金三角店以及西宁花园店。上述5个商场楼面总计26.3万平方米，估值约28亿元（6.059亿新元）。根据北京华联方面披露的信息显示，北京华联商厦在中国拥有及管理着29个商场，其中12个商场属于它所拥有，并且另有14个正在发展。在商业地产运营层面，北京华联团队整体中规中矩，但在集团背景与战略业态布局层面，国内鲜有地产商可达到"华联标准"。北京华联集团超市产品线包括大量BHG生活超市和精品超市，门店大部分位于一线城市；位于CBD商圈的高端百货北京SKP，一直保持全国销售老大地位；国际咖啡连锁巨头Costa也是北京华联的重要成员。

按照商业运营经验看，华联商业信托上市成功后，BHG MALL无疑通过前移起跑线，在购物中心竞争中保持优势。这也为BHG MALL产品线今后发展释放了一定财务成本压力。2015年10月，华联商厦发布公告，以4.88元/股非公开发行约4.66亿股，合计作价约22.74亿元收购上海熔尚及中信夹层合计持有的安徽华联、青岛海融、银川华联等5家公司的全部或部分股权。交易所涉及的标的公司均为在建购物中心，且位于所在地区省会或重点发展城市。华联方面指出，收购5个项目的固定资产、土地使用权等评估值在30亿元左右，且未来仍需募集配套资金18亿元，继续投入项目建设，建设完成后各年度的折旧、摊销金额均较大。[①] 由于5家公司尚未营业，华联方面缺乏当地经营可供参考的项目，未来经营水平、盈利能力难以估计。商业地产讲究长线发展，北京华联有了好的融资渠道、财务压力缓解后，需要更快复制成熟运营团队，为门店扩张创造条件。同时，企业还要加速开发、收购更多项目。收购有助于缩短周期，对于投资人而言也能在最短时间获得最大效益。

七、全球基础设施基金

（一）全球基础设施基金概述

2014年10月9日，世界银行集团（World Bank Group，以下简称世行）成立了全球基础设施基金（Global Infrastructure Facility，简称GIF）。我国向GIF出

① 参见刘宇:《华联商业信托轻资产登陆新交所》，载《北京商报》2015年12月14日第3版。

资 2000 万美元。

对新兴市场和发展中经济体（EMDEs）而言，基础设施建设对增加基本公共服务、提高居民生活水平、实现可持续发展具有重要意义，但这些基础设施建设需求因公共资金使用存在诸多限制、社会资本投资缺乏畅通渠道，而无法得到满足。解决 EMDEs 基础设施建设的融资困难，需要各国政府、金融机构和私人投资者加强多边协作，整合各自掌握的资本、技术、知识等资源，吸引更多社会资本投资基础设施项目，推动 EMDEs 的基础设施水平。在此背景下，世行为在全球基础设施领域发挥影响力，倡议成立 GIF。

2015 年 4 月 20 日，GIF 第一次治理委员会（Governing Council）会议在美国华盛顿举行。会议讨论并通过了《GIF 伙伴关系框架》《GIF 操作指南》以及《GIF2016—2018 年战略规划》，并就 GIF 2016 年的工作进行了安排。2015 年 10 月 22 日，GIF 第二次治理委员会会议在新加坡举行，会议就 GIF 项目进展、《GIF 操作指南》的附件及有关后续工作事项进行了讨论。至此，GIF 的治理模式和结构建构已经初具模型。

从 2016 年 9 月开始，GIF 开放项目申请。

（二）全球基础设施基金的特点

1. 扩大有可能动员私人投资的基础设施项目的范围。全球基础设施基金致力于设计、筹备和构建可行且可持续的基础设施项目。这些项目的设计将使其尽量吸引机构投资者等私营部门长期投资基金。

2. 全球基础设施基金支持各国政府将结构合理、具有融资吸引力的基础设施项目投放市场。全球基础设施基金平台协调和整合多方努力（比如，对新兴市场和发展中经济体的基础设施投资感兴趣的多边开发银行、私营部门投资者和融资人以及各国政府），帮助开发单个机构无法独立完成的复杂项目，促进有关各方的合作和集体行动。

3. 能够为项目提供的支持涵盖了设计、筹备、构建和交易执行等环节，汲取了全球基础设施基金的技术合作伙伴和咨询合作伙伴的组合专长，并重点关注项目结构能否吸引广大私有部门投资者。诸如对提供电力、交通、水、卫生设施等基本服务的基础设施投资，这些项目有利用社会资本的潜力，且具有政府的坚定承诺。

（三）全球基础设施基金的投资决策流程

1. 项目定义和创造有利环境：前期工作以确定投资优先顺序，通过“预可行性”分析测试项目概念；为必要的法律、监管或制度改革提供支持，从而使长期社会资本能成功地建立或参与特定项目的融资结构。

2. 项目筹备和投资可行性评估：为各种必要的项目筹备和评估提供支持，使政府具备足够的信息制定明智的决策，进而执行交易。支持范围包括技术、经济及其他可行性研究、社会和环境影响评估、投资评估和风险分析，以及构建公私合作伙伴关系（PPP）。

3. 交易设计和执行：为制作交易文件和管理竞争性交易流程提供支持，包括风险缓释、信用增强工具的初步设计。

4. 融资：在项目从商务流程结束到资金到位期间，为政府客户提供持续支持，包括协调公有部门和私营部门的融资安排、安排和设计风险缓释工具，以协助商业融资参与。

（四）典型案例：QIC 基础设施基金

2017 年 3 月，澳最大机构投资管理人之一昆士兰投资公司（QIC）宣告，QIC 全球基础设施基金（QGIF）成功完成基金募集，18 个月内的金额达到 23.5 亿澳元，既定目标为 17.5 亿澳元。自 2015 年 8 月以来 QGIF 基金已经投资于三项资产，分别是 Lochard 能源公司（拥有并运营 Iona 天然气资产）、澳大利亚可再生能源动力基金（简称 PARF，与 AGL 能源集团、澳政府未来基金 Future Fund 联投），以及墨尔本港。

QGIF 成功完成基金募集彰显出机构投资者对另类投资的支持，以及他们对 QIC 多元化另类投资策略的认可。QGIF 是 QIC 运营战略的一部分，投资者能够凭借 QIC 全球基础设施部门的投资管理能力——以基础设施为关注点，积极、核心式管理策略，获得诸多澳亚地区投资者支持，包括来自中国、日本、韩国、美国和欧洲的投资者。

正是基于诸多国际性机构投资者的信赖与认可，QIC 在一些巨大规模、国际性基础设施投资交易上展现出强大的融合与协调能力。国际财团对墨尔本港表现出的浓厚兴趣凸显出中澳贸易升温大背景下，商业机会持续快速放大，促使关键基础设施资产的商业价值进一步凸显。QGIF 由 QIC 团队管理，投资策略久经考验且业绩坚实，过去十年来聚焦三大核心领域：交通、能源与公用事业、公私合营（PPP）。作为澳大利亚最大的机构投资者和基金管理人之一，昆士兰投资公司（Queensland Investment Corporation，QIC）是澳大利亚具有政府背景的全球资产管理机构，目前全球管理资产规模超过 795 亿澳元，为包括养老金、主权财富基金和保险金在内的 100 多家机构提供投资与资产管理服务。

QIC 正持续加强与中国资本市场互动。2016 年 11 月与中国最大资产管理公司之一的平安资产管理公司（PAAMC）在沪签署战略合作谅解备忘录。在金融创新与亚太金融市场开放融合的大背景下，中国与澳大利亚两大投资管理巨头达成战略合作意向，可谓中澳金融业互动的里程碑式事件，向外界释放出的积极信号尤其引人瞩目。

八、相关法律法规

1.《国务院办公厅关于当前金融促进经济发展的若干意见》（国办发〔2008〕126 号）

2.《国务院办公厅转发国家计委、人民银行关于进一步加强对外发债管理意见的通知》（国办发〔2000〕23 号）

3.《中国人民银行关于在全国范围内实施全口径跨境融资宏观审慎管理的通知》（银发〔2016〕132 号）

4.《中国人民银行、发展改革委、工业和信息化部等关于金融支持工业稳增长调结构增效益的若干意见》（银发〔2016〕42 号）

图书在版编目(CIP)数据

政府与社会资本合作(PPP)融资新渠道/康珑，李晴编著. —北京：中国法制出版社，2019.10

ISBN 978-7-5216-0547-1

Ⅰ.①政… Ⅱ.①康… ②李… Ⅲ.①政府投资—合作—社会资本—融资渠道—研究—中国 Ⅳ.①F832.21

中国版本图书馆CIP数据核字(2019)第203307号

策划编辑：刘 悦

责任编辑：潘孝莉 刘 悦　　封面设计：李 宁

政府与社会资本合作(PPP)融资新渠道

ZHENGFU YU SHEHUI ZIBEN HEZUO (PPP) RONGZI XIN QUDAO

著者/康珑 李晴

经销/新华书店

印刷/三河市紫恒印装有限公司

开本/730毫米×1030毫米 16开　　印张/21.25 字数/347千

版次/2019年10月第1版　　2019年10月第1次印刷

中国法制出版社出版

书号 ISBN 978-7-5216-0547-1　　定价：89.00元

北京西单横二条2号 邮政编码100031　　传真：010-66031119

网址：http://www.zgfzs.com　　**编辑部电话：010-66073673**

市场营销部电话：010-66017726　　**邮购部电话：010-66033288**

(如有印装质量问题，请与本社印务部联系调换。电话：010-66032926)